# L'ALGÉRIE

## DEVANT

# L'EMPEREUR

POUR FAIRE SUITE A

## L'ALGÉRIE DEVANT LE SÉNAT

ET A

## L'ALGÉRIE DEVANT L'OPINION PUBLIQUE

### Par le Dr A. WARNIER

OFFICIER DE LA LÉGION D'HONNEUR

MÉDECIN MILITAIRE EN RETRAITE, MEMBRE DE LA COMMISSION SCIENTIFIQUE DE L'ALGÉRIE

ANCIEN DIRECTEUR DES AFFAIRES CIVILES DE LA PROVINCE D'ORAN

ANCIEN MEMBRE DU CONSEIL DU GOUVERNEMENT DE L'ALGÉRIE

« Tout ou rien : *Ense et aratro.* »
(MARÉCHAL BUGEAUD.)

## PARIS

### CHALLAMEL AÎNÉ, LIBRAIRE-ÉDITEUR

COMMISSIONNAIRE POUR L'ALGÉRIE ET L'ÉTRANGER

30, RUE DES BOULANGERS, 30

## Octobre 1865

# L'ALGÉRIE

## DEVANT

# L'EMPEREUR

POUR FAIRE SUITE A

## L'ALGÉRIE DEVANT LE SÉNAT

ET A

## L'ALGÉRIE DEVANT L'OPINION PUBLIQUE

### Par le Dr A. WARNIER

OFFICIER DE LA LÉGION D'HONNEUR
MÉDECIN MILITAIRE EN RETRAITE, MEMBRE DE LA COMMISSION SCIENTIFIQUE DE L'ALGÉRIE
ANCIEN DIRECTEUR DES AFFAIRES CIVILES DE LA PROVINCE D'ORAN
ANCIEN MEMBRE DU CONSEIL DU GOUVERNEMENT DE L'ALGÉRIE

Tout ou rien : *Ense et aratro.*
(MARÉCHAL BUGEAUD.)

PARIS

CHALLAMEL AÎNÉ, LIBRAIRE-ÉDITEUR

COMMISSIONNAIRE POUR L'ALGÉRIE ET L'ÉTRANGER

30, rue des Boulangers, 30

—

Octobre 1865

# L'ALGÉRIE

DEVANT

# L'EMPEREUR

IMPRIMÉ PAR CHARLES NOBLET, RUE SOUFFLOT, 18.

# L'ALGÉRIE

## DEVANT

# L'EMPEREUR

POUR FAIRE SUITE A

## L'ALGÉRIE DEVANT LE SÉNAT

ET A

## L'ALGÉRIE DEVANT L'OPINION PUBLIQUE

### Par le Dʳ A. WARNIER

OFFICIER DE LA LÉGION D'HONNEUR

MÉDECIN MILITAIRE EN RETRAITE, MEMBRE DE LA COMMISSION SCIENTIFIQUE DE L'ALGÉRIE

ANCIEN DIRECTEUR DES AFFAIRES CIVILES DE LA PROVINCE D'ORAN

ANCIEN MEMBRE DU CONSEIL DU GOUVERNEMENT DE L'ALGÉRIE

« Tout ou rien: *Ense et aratro.*
(MARÉCHAL BUGEAUD.)

---

## PARIS

### CHALLAMEL AINÉ, LIBRAIRE-ÉDITEUR

COMMISSIONNAIRE POUR L'ALGÉRIE ET L'ÉTRANGER

30, rue des Boulangers, 30

—

### Octobre 1865

# AVANT-PROPOS

———

Pour la troisième fois, depuis le commencement de 1863, je suis détourné d'autres travaux pour prendre la défense des intérêts de l'Algérie. J'espère, à l'avenir, ne plus avoir à improviser, au courant de la plume, de nouveaux plaidoyers en faveur d'une cause jugée depuis trente-cinq ans, et qui, s'il plaît à Dieu, va enfin recevoir une solution irrévocable et conforme aux vœux de tous.

En 1830, après avoir vengé l'insulte faite à notre consul général, la France pouvait quitter Alger, en laissant au pays le soin de se gouverner lui-même. La question fut posée et résolue négativement. L'opinion unanime du pays se prononça pour la colonisation.

La conquête par les armes devait précéder la prise de possession par le travail. Elle fut difficile, nos soldats n'ayant pas seulement à soumettre des peuplades belliqueuses, mais ayant encore à lutter, sous un climat alors inhospitalier, contre une nature sauvage plus redoutable que l'ennemi.

De l'avis des chefs de l'armée, on fit immédiatement appel aux premiers pionniers de la colonisation, afin de diminuer, par la division du travail, la tâche dévolue aux troupes.

Tout d'abord, l'œuvre civile fut complétement subordonnée aux besoins de l'occupation militaire ; de là, des débuts dans des conditions les plus défavorables à son développement : ici, sur des hauteurs arides, là, dans des marais dont l'assainissement devait exiger dix années de travaux continus.

Dans ces positions ingrates, la colonisation rendait de grands services à l'armée, mais les sacrifices en hommes et en argent, qu'on lui imposait, devaient jeter plus de discrédit sur ses entreprises que provoquer l'appel de nouveaux immigrants.

Cependant, elle n'a jamais failli à sa tâche laborieuse : toujours son dévouement a été supérieur aux obstacles rencontrés, toujours elle a trouvé des bras pour conquérir sur la friche ou sur l'insalubrité les terres mises à sa disposition.

S'il y a eu, en Algérie, une affirmation qui fasse honneur à la France, c'est celle de la colonisation : le chiffre de son commerce, les récompenses exception-

nelles décernées à ses produits dans toutes les exposi-
tions, l'hommage rendu à ses efforts et à ses succès par
l'Empereur, à son dernier voyage, en sont le témoignage éclatant.

Sans doute, l'armée d'Afrique a ajouté de belles
pages aux fastes militaires de la France, — elle ne
pouvait introduire une exception dans nos annales de
gloire et de bravoure.

La colonisation, elle, avait à démontrer, contrairement à l'opinion générale, que la France possède dans
ses enfants, — je ne dis pas dans son gouvernement,
— les éléments d'une puissance colonisatrice de premier
ordre, et elle l'a surabondamment prouvé, car, malgré
bien des obstacles, aucune colonie étrangère, à l'âge
actuel de l'Algérie, n'était dans de meilleures conditions de prospérité matérielle.

Comme l'armée, elle a aussi sa part de gloire militaire. La seule commune de Relizane, dans la dernière
insurrection, a perdu 17 hommes en défendant, contre
les Flita, ses foyers et ses récoltes.

La colonisation a donc fait ses preuves matérielles et
morales.

En 1865, sa situation est celle-ci :
Elle possède, soit par concessions domaniales, soit
par achats faits aux indigènes, environ 700,000 hectares et elle compte 225,000 colons, Français ou Européens.

La loi du peuplement est subordonnée à celle de la
disponibilité des terres, à raison de trois hectares par
tête, moyenne de la plupart des contrées exclusive-

ment agricoles de l'Europe : Espagne, Portugal, Po-
logne, Danemark, etc., etc.

On trouve le chiffre de 33 habitants par kilomètre
carré un peu trop modeste, quoiqu'il y ait en France
plus d'un département dont la population n'atteint pas
cette moyenne de densité. On ne réfléchit sans doute
pas qu'une colonie, à sa fondation, ne peut se resserrer dans les limites de 2 hectares par tête, comme en
Prusse, en Suisse, en Autriche, dont les habitants, faute
de terres, sont obligés à s'expatrier, ou dans celles
de riches États, comme l'Italie, la France, la Hollande,
l'Angleterre et la Belgique, où une partie notable de la
population demande ses moyens d'existence à l'industrie, au commerce, aux sciences, aux arts, aux lettres,
voire même à des rentes servies par tous les points du
globe.

En Algérie, les 225,000 colons qui s'y trouvent gagnent leur pain à la sueur de leur front ; alors un peu
d'espace leur est nécessaire pour pouvoir y respirer à
l'aise.

D'ailleurs, la science économique reconnaît, comme
vérité parfaitement démontrée aujourd'hui, qu'un minimum de trois hectares, par tête d'habitant, est nécessaire
dans les pays agricoles, et qu'il y a nécessité de recourir
à l'émigration ou à d'autres moyens d'existence dès que
ces rapports entre la terre et la population n'existent
plus.

Le peuplement de l'Algérie se développe donc dans
les conditions normales et séculaires des contrées agricoles d'Europe.

Une moyenne annuelle de 20,000 hectares a été mise

à la disposition de la colonisation ; l'accroissement annuel moyen de la population a été de 6,428 âmes.

Peut-on reprocher à cette prudente progression d'avoir, par sa rapidité, jeté la perturbation dans les moyens d'existence des indigènes ?

Peut-on, en continuant à respecter les habitudes de culture pastorale de ces derniers, accélérer un peu plus le développement de la colonisation et de la population, en augmentant le chiffre moyen des terres mises à la disposition de l'une et de l'autre ?

Des chiffres authentiques répondent à ces deux questions.

Le Tell, c'est-à-dire la zone colonisable par des Européens, compte 140,000 kilomètres carrés, soit 14 millions d'hectares, et sa population indigène est de 2,200,000 âmes.

A la densité de 3 hectares par tête d'habitant, il y a place pour 4,600,000 âmes.

A supposer que la population musulmane, — dont chaque recensement constate la diminution, — se maintienne à son chiffre actuel, on pourrait encore y admettre 2,200,000 Européens, en sus du nombre déjà établi sur les 700,000 hectares, propriété des colons actuels.

Mais la colonisation n'élève pas ses prétentions territoriales jusque-là. Elle se déclare satisfaite si, à ce qu'elle possède aujourd'hui, on ajoute 1,300,000 hectares, pour compléter son lot à 2 millions.

L'Etat ayant encore une réserve de 900,000 hectares de terres provenant du domaine des Turcs, il suffit, pour satisfaire à ce vœu, de demander aux indigènes, soit par acquisition, soit par expropriation, un complément de 400,000 hectares.

Restreinte dans ces limites, la colonisation laisse aux indigènes, défalcation faite des forêts et des non-valeurs, savoir :

Dans le Tell  .   .   10,000,000 hectares.
Dans le Sahara  .   40,000,000      »

Avec un tel espace, un total de 2,761,848 indigènes (chiffre du dernier recensement et comprenant les citadins, les oasiens, trente mille israélites non cultivateurs, avec toutes les tribus du Tell et du Sahara), ne peuvent nous accuser, ni de les spolier, ni de les resserrer, ni de les opprimer au profit de la colonisation.

Quant à cette dernière, si on met à sa disposition des terres fertiles, assainies, pourvues de chemins et d'eaux d'irrigation, conformément aux promesses de la loi du 12 juillet et du décret impérial du 18 septembre dernier; si on les lui donne dans des lieux d'élection, sa population ne tardera pas à arriver à l'équilibre des forces des indigènes et, alors, elle se charge de sa propre défense.

D'ailleurs, la France est-elle, en Algérie, dans une condition à devoir sacrifier constamment ses intérêts à ceux des indigènes ?

Nous leur avons octroyé la qualité de Français, sans les soumettre à nos lois;

Nous respectons leur religion, même dans ce qu'elle a d'incompatible avec nos institutions;

Notre justice est plutôt indulgente que sévère pour leurs nombreux méfaits ;

Nous leur donnons l'instruction publique aussi libéralement que possible, plus même qu'ils n'en sentent le besoin ;

Nous leur ouvrons l'accès à tous les emplois civils en Algérie, à tous les grades militaires dans l'armée française ;

Nous les avons rendus propriétaires incommutables de toutes les terres dont la nue-propriété appartenait à l'État, et sur lesquelles ils n'avaient qu'un simple droit d'usufruit limité à l'espace couvert de leurs récoltes ;

Pour mieux respecter leur organisation politique, administrative et religieuse, le gouvernement a maintenu les colons sous un régime exceptionnel qui contraste, d'une manière assez singulière, avec le respect de toutes les libertés indigènes ;

Pour maintenir la paix dans leurs tribus, la France dépense, sur son budget, 21 fr. par tête de ses nouveaux sujets, et elle est assez débonnaire pour se contenter, en impôts de toute nature, d'un remboursement de 7 fr. 70 c., soit le tiers environ de ce que coûte la police de leur pays.

Vainqueurs de nos armes, les indigènes n'eussent jamais osé nous imposer de telles conditions ; quant à nous, après la défaite, nous eussions préféré périr que de subir de telles exigences.

Mais si le gouvernement a le droit incontestable d'être libéral, ultra-libéral même, envers les indigènes de l'Algérie, n'a-t-il pas des devoirs à remplir envers la France, qui supporte toutes les charges de la conquête, envers les colons français surtout, qui, répondant à ses appels et confiants dans ses promesses, sont allés, « en face de Marseille, coopérer à l'assimilation d'un vaste royaume à la France? »

Ouvrons donc, une fois pour toutes, le grand livre des comptes de l'Algérie avec la France.

Voici ce que j'y trouve :

Effectif moyen de 63,770 hommes composant l'armée d'occupation, depuis 1830 jusqu'en 1865, à raison de 1,000 fr. par homme et par an, donnant une dépense à la charge du trésor de DEUX MILLIARDS, DEUX CENT TRENTE-DEUX MILLIONS ;

Effectif moyen de 60,000 hommes à y entretenir, jusqu'à ce que la colonisation soit assez forte pour maintenir les indigènes en respect, dépense à la charge du trésor, égale à l'intérêt d'un capital de UN MILLIARD DEUX CENTS MILLIONS ;

OEuvre des colons, représentée par des richesses mobilières et immobilières, urbaines et rurales, commerciales, industrielles et agricoles, dont la valeur est estimée aujourd'hui à DEUX MILLIARDS, appartenant en presque totalité à des Français ;

Domaine public, créé, partie avec des subsides du budget de l'État, partie avec les ressources des budgets provinciaux, partie avec les fonds des budgets communaux et consistant en ports, phares, routes, ponts, chemins, canaux de dessèchement, barrages de rivières, canaux d'irrigation, puits artésiens, monuments, palais, églises, temples, synagogues, mosquées, édifices publics de toutes natures, création de 300 centres de population, le tout représentant, à l'heure présente, une somme *minimum* de CINQ CENTS MILLIONS.

Réseau des chemins de fer algériens, concédé avec subvention et garantie d'un minimum d'intérêt, environ DEUX CENTS MILLIONS.

Société financière algérienne (1) créée par la loi du 12 juillet 1865 et autorisée, sous la garantie d'un minimum d'intérêt, à mettre un capital de DEUX CENTS MILLIONS à la disposition, soit de l'État pour les travaux publics, soit de la colonisation pour des entreprises particulières.

Toutes ces sommes réunies établissent que la fortune de la France est aujourd'hui engagée dans les affaires de l'Algérie pour un total de SIX MILLIARDS, TROIS CENT TRENTE-DEUX MILLIONS.

De plus, la conquête a coûté, au *minimum*, 150,000 soldats tués par l'ennemi ou morts des fatigues de la guerre, et 150,000 colons victimes de l'assainissement du pays. Total, TROIS CENT MILLE hommes valides, dans la force de l'âge viril, qui font un vide très-notable dans la population de la métropole.

En tout pays, le gouvernement compte avec une entreprise de cette importance et pour laquelle de tels sacrifices en hommes, pesant sur presque toutes les familles de France, depuis la plus humble jusqu'à la plus élevée, ne peuvent pas être stériles.

Sans doute, le gouvernement doit compter avec l'in-

(1) D'après une note du *Moniteur algérien* du 24 octobre, l'institution dont il est ici question a pris le titre de *Société générale algérienne*, et a porté son capital à *deux cent vingt millions*.

digénat. Mais, si son chiffre de population est dix fois supérieur en nombre à celui de la colonisation, on reconnaîtra bien, je l'espère, que pour nous, Français, un colon vaut, en qualité, dix indigènes.

D'ailleurs, la valeur intrinsèque que j'assigne au colon, comparée à celle de l'indigène, n'est pas arbitraire : dans un précédent travail, *l'Algérie devant l'opinion publique*, j'ai démontré mathématiquement, par des chiffres officiels, que le cultivateur européen, à peine installé, produisait six fois autant que le cultivateur indigène, et qu'en tenant compte du travail industriel de l'Européen non cultivateur, il y avait une production totale supérieure à la proportion de un à dix.

Une contre-épreuve, basée sur les impôts de toute nature, payés en 1862 par les Européens et les indigènes, donne les proportions suivantes :

204,877 Européens ont payé 17,452,311 fr. 50 c., soit 85 fr. 15 par tête.
2,761,848 indigènes         19,292,817 fr. 15 c.         7 fr. 70

La différence, correspondant à l'activité relative des deux éléments en présence, assigne encore à l'Européen une valeur contributive dix fois supérieure à celle de l'indigène.

Comment en serait-il autrement, avec la disproportion si grande entre le capital déjà engagé par la France en Algérie et celui que représente la richesse totale des indigènes, en estimant ce qu'ils possèdent à des prix qui seraient certainement irréalisables.

J'ai dressé, l'année dernière, dans le travail précité, l'inventaire de la richesse totale des indigènes d'après les statistiques officielles.

Il donne un chiffre de deux milliards de valeurs mobilières et immobilières. Si on y ajoute une somme de huit cents millions en numéraire improductif, on aura toute la fortune accumulée, depuis des siècles, par un peuple ennemi du travail.

Quand on compare cet actif séculaire à la somme de six milliards trois cent trente-deux millions consacrée par la France, en 35 années, à la mise en valeur de l'Algérie, on a la qualité proportionnelle de l'importance relative de l'indigénat et de la colonisation.

Dans les mesures qui vont être soumises à l'appréciation des grands corps de l'État et dont l'adoption va servir de loi constitutionnelle à l'Algérie, la balance est-elle équitablement tenue entre l'intérêt de la France d'un côté et celui des indigènes de l'autre ?

Telle est la question posée.

Le travail qui suit a pour but de l'éclairer.

Il a d'abord été publié dans un grand journal de Paris : l'*Opinion nationale.*

Ce mode de communication préalable avec le public a pour résultat de mettre l'auteur en rapport avec les personnes qui ont à lui adresser des observations pour ou contre.

Ainsi que je m'y attendais, j'ai reçu, tant de France que de l'Algérie, beaucoup de lettres sur les matières objet de mon examen.

Ce nouveau travail contient donc les articles déjà publiés par l'*Opinion nationale,* mais amendés, rectifiés et notablement augmentés de tous les renseignements complémentaires et de toutes les observations reçus pendant le cours de la première publication.

Moi-même, n'étant plus limité à l'espace qu'un journal peut accorder à un article, j'ai donné à quelques-uns de mes chapitres un développement plus large.

Puisse, en cet état, le nouvel effort que je tente en faveur de l'Algérie être agréé des personnes qui ont souci de la grandeur et de la dignité d'une grande nation comme la France.

Paris, 25 octobre 1865.

Docteur A. WARNIER.

# L'ALGÉRIE

### DEVANT

# L'EMPEREUR

***

Un sénatus-consulte vient d'octroyer le bénéfice de la nationalité française aux indigènes de l'Algérie, musulmans et israélites, et de rendre plus grandes les facilités de la naturalisation aux Européens étrangers qui entrent pour une part notable — les deux cinquièmes — dans le chiffre de la population coloniale.

Ce sénatus-consulte est un indice nouveau et plus précis de la volonté de l'Empereur d'assimiler l'Algérie à la France et de préparer les voies à une annexion qui, tôt ou tard, fera de la colonie une France transméditerranéenne, comme la Corse est une France insulaire.

Cette interprétation de la pensée initiatrice du souverain, conforme d'ailleurs aux promesses de son voyage et aux aspirations éclairées de la colonie et de la métropole, m'amène à examiner quels obstacles chacun des trois éléments en présence sur le sol algérien, les *indigènes*, les *colons* et l'*armée*, opposent à l'assimilation progressive, et quelles sont les meilleures mesures à adopter pour hâter le moment où, toute résistance vaincue, l'annexion deviendra possible.

Le moment, pour étudier ces questions, est opportun, car l'Empereur lui-même vient d'en saisir les conseils de son gouvernement, et, avant peu, des résolutions capitales seront prises. Tous les hommes de bonne volonté — surtout ceux qui ont passé de longues années en Algérie et en ont étudié les affaires — ont aussi le devoir de contribuer, si faire se peut, à jeter quelque lumière dans le débat, car *la vérité sur les affaires de l'Algérie n'est pas facile à connaître*. L'Empereur a dû le constater lui-même plus d'une fois dans le cours de son voyage.

Je commencerai cette étude par celle des indigènes, pierre d'achoppement de toutes les tentatives de conciliation essayées jusqu'à ce jour.

# PREMIÈRE PARTIE

## INDIGÈNES

## I

Berbères et Arabes. — Erreur capitale de ceux qui donnent la prépondérance aux Arabes en Algérie.

Les indigènes de l'Algérie comprennent deux peuples
d'origines très-différentes qu'on a, à tort, confondus
entre eux et qu'il importe, au plus haut degré, de distinguer aujourd'hui, car les résolutions à prendre à leur
égard doivent varier comme leurs aptitudes à recevoir
notre civilisation, comme les conditions sociales dans
lesquelles ils se trouvent placés.

De ces deux peuples, l'un, le plus méconnu, le plus
sacrifié, quoiqu'il soit le plus important par le nombre,
non-seulement en Algérie, mais encore dans toute l'Afrique septentrionale, est autochthone, né des entrailles

même de la terre africaine; l'autre, d'origine asiatique, sorti des déserts de l'Arabie, dans le VIII<sup>e</sup> et dans le XI<sup>e</sup> siècle, est étranger, et là où il ne s'est pas mélangé avec le peuple aborigène, il semble encore étranger, car il est à peine fixé au sol par l'habitation, par la propriété et par la culture.

L'autochthone est le peuple berbère (1).
L'étranger est le peuple arabe.

A notre arrivée en Algérie, nous avons trouvé l'Arabe ligué avec le Turc contre l'élément national, et, guidés par une tradition erronée, — qui attribue aux Arabes (2) la conquête de l'Espagne, ainsi que les magnifiques monuments de Cordoue et de Séville, alors qu'ils sont principalement l'œuvre des Berbères au milieu desquels a été recrutée la presque totalité de la première armée d'invasion, et des princes berbères appelés, dès la prise de possession, à remplacer les généraux arabes et à gouverner le pays, — nous avons cru à une puissance qui n'existait pas, nous avons fondé, sur une erreur classique, des espérances de rédemption, de résurrection, de régénération qui nous ont fait, jusqu'en ces derniers temps, ne voir que des Arabes dans les indigènes de l'Algérie.

(1) Vulgairement connu sous le nom de *Kabyles*, qui est celui d'une des fractions les plus importantes du peuple berbère.

(2) Tous les ouvrages de science, d'histoire, de philosophie, de littérature écrits en langue arabe, tous les monuments sur lesquels on lit des versets du Coran, sont attribués aux Arabes, ce mot étant pris comme synonyme de *musulmans*. De cette manière, on englobe sous un nom commun, — celui de la race qui y a peut-être pris la moindre part, — tous les travaux des peuples qui ont embrassé l'islamisme, notamment ceux très-considérables des Berbères, qui, de temps immémorial, ont dominé par le nombre dans l'Afrique septentrionale et ont été, pendant des siècles, ses seuls habitants.

De là, ces mots de *nationalité arabe* (1), de *bureaux arabes*, de *royaume arabe*, véritables non-sens pour tous les hommes qui ont étudié, dans le seul but de connaître la vérité, l'histoire de la conquête de l'Afrique septentrionale et de l'Espagne méridionale par les hordes nomades de l'Arabie, conquête opérée, le Coran dans une main et le glaive dans l'autre.

Cette histoire, puisée à ses sources originelles, nous apprend qu'en Espagne, comme dans tout le nord de l'Afrique, les Arabes ont passé sur les populations comme un torrent dévastateur, détruisant, pillant, égorgeant tout sur leur passage, et que si les ruines ont été réparées par des princes musulmans, ces princes appartenaient à la race berbère, vaincue par surprise, mais réagissant bientôt contre la barbarie de conquérants dont ils avaient cependant accepté la religion, parce qu'elle mettait fin aux nombreux schismes chrétiens qui divisaient alors les peuples de l'Afrique septentrionale.

Cette histoire nous apprend encore que, depuis l'invasion de la Berbérie, les Arabes n'ont jamais cessé d'y être un élément de désordre, sans avoir jamais pu y fonder quoi que ce soit, sans avoir pu prêter un concours utile aux Turcs, qui les avaient acceptés comme auxiliaires.

L'état dans lequel nous avons trouvé les Berbères et les Arabes correspond à ce que l'histoire et la tradition nous apprennent de leur passé.

Les Berbères, commerçants, industriels, horticulteurs plutôt que cultivateurs, généralement sédentaires, habi-

---

(1) Le mot *nationalité* est si peu connu des Arabes que l'interprète chargé de la traduction de la dernière proclamation de l'Empereur aux indigènes, celle du 5 mai 1865, a dû remplacer ce mot par ceux de *réunion de ses habitants*. C'est que les Arabes constituent des tribus et non une nationalité.

tent des maisons dont l'agglomération constitue des villes, des bourgs, des villages, des hameaux.

Les Arabes, au contraire, principalement pasteurs, accessoirement agriculteurs, n'habitent que la tente et changent de résidence aussi souvent que les besoins de leurs troupeaux l'exigent.

Le Berbère, attaché au sol par le lien de la propriété privée et individuelle, a un véritable culte pour la terre, et rien ne coûte à ses efforts pour en augmenter la richesse et la fécondité.

En pays berbère, les champs sont assainis, nivelés, irrigués, fumés, plantés d'arbres fruitiers, délimités, entourés de haies défensives, et les titres de propriétés mentionnent même le nombre d'arbres de chaque espèce que les héritages contiennent.

L'Arabe, sans lien sérieux avec le sol, car il ne le possède pas, mais l'occupe simplement en commun avec tous les membres de sa tribu, traite la terre en enfant prodigue, se bornant à user et à abuser de ses fruits, sans jamais lui donner le plus petit soin.

Aussi quel contraste entre les cantons abandonnés à l'incurie arabe et ceux restés au pouvoir des Berbères !

En pays arabe, aussi loin que la vue peut porter, on ne voit ni une limite, ni un arbre, mais partout des palmiers nains, des jujubiers sauvages, des broussailles rongées par la dent des troupeaux ; partout des sentiers qui se croisent et s'entrecroisent pour indiquer que là règne, par excellence, le régime du libre parcours.

Si, de loin en loin, apparaît quelque culture passagère, l'araire y a superficiellement égratigné la couche arable, en respectant toutes les plantes persistantes, même l'asphodèle, l'oignon de scille et l'artichaut sauvage dont les champs sont couverts.

Les mêmes différences se remarquent dans les soins donnés au bétail, l'un des principaux produits de l'Algérie.

Les Berbères, réduits en moyenne à deux et à trois hectares par tête, possèdent peu de troupeaux, mais ils ont des étables pour les abriter ; ils font des provisions pour les nourrir, et, à défaut de fourrages de prairies, ils récoltent les feuilles de frêne et de vigne, qu'ils emmeulent par couches saupoudrées de sel marin.

Dans les mauvais jours de l'hiver, les animaux mangent ces feuilles avec avidité.

Grâce à ces soins, les Berbères ont su conserver à leurs espèces animales les caractères qui les rendent si précieuses pour le pays.

Les Arabes, au contraire, possesseurs de parcours sans limites, n'ont aucun abri pour leurs troupeaux et ne récoltent pour eux aucune provision. Adviennent des sécheresses prolongées qui empêchent l'herbe de pousser ou des pluies torrentielles, avec grand froid, qui glacent le sang dans les veines des animaux, les pertes s'élèvent en quelques semaines à plusieurs millions de têtes.

Dans les trente-cinq années écoulées depuis l'occupation française, l'imprévoyance arabe a déjà reçu cinq ou six leçons de cette nature. Quand de telles catastrophes se produisent, c'est Dieu, dit-on, qui l'a voulu et on s'en console pour sa plus grande gloire.

Cependant, le bétail est la principale richesse de l'Arabe, celle qu'il affectionne le plus, car, entre le jour où une bête naît et celui où il la conduit au marché, elle ne lui a pas demandé une heure de travail, et elle lui a donné le lait dont il se nourrit, la laine et le poil avec lesquels les femmes, — les seules qui travaillent sous la tente, — ont fabriqué les vêtements, les principaux meubles et l'habitation même de la famille.

Autre différence radicale entre les méthodes d'amendement des terres chez les deux peuples :

L'incendie périodique des terres où paissent les troupeaux, — en vue d'en renouveler les pacages, — est une des pratiques culturales des Arabes qui doit être signalée surtout comme un témoignage de leur amour de la destruction.

A l'automne, quand le vent brûlant du sud souffle avec le plus de violence, on les voit promener la torche dans les makis et, en peu d'instants, les flammes couvrent de vastes espaces, dévorant tout, bonnes et mauvaises herbes, arbres et broussailles, animaux domestiques, gibier et bêtes fauves.

Malheur au colon européen dont les propriétés sont placées sous le vent de ces incendies! il ne parvient pas toujours, malgré les plus grands efforts, à préserver sa fortune de leurs ravages.

Des pertes, s'élevant à plusieurs millions de francs, viennent trop souvent révéler le danger de cette pratique barbare; mais les prescriptions les plus sévères ont été jusqu'à ce jour impuissantes à prévenir le mal et à en découvrir les auteurs (1).

En pays berbère, le procédé de l'amendement des terres par l'incendie est réprouvé : la propriété privée, les

---

(1) Depuis quelques années, les incendies de broussailles prennent des proportions inconnues jusque-là, surtout dans les périmètres de la colonisation européenne.

A la manière dont ces incendies se développent, on dirait qu'ils ont été allumés en vue de ruiner nos établissements.

En août dernier, toutes les correspondances et les journaux de la colonie ne parlaient que d'incendies de fermes et de récoltes brûlées, ainsi que des efforts souvent inutiles des colons et de l'armée pour préserver nos fermes et nos villages de ce fléau destructeur.

Un paragraphe spécial est consacré à cette question.

grands vergers d'arbres fruitiers (1), les forêts n'y existant qu'à cette condition.

Fait caractéristique : En Algérie, on peut, sans craindre de se tromper, affirmer que là où le sol présente un aspect désolé, sans arbres, on est en territoire arabe ; au contraire, là où existent de belles cultures, de beaux arbres, des bois et des forêts, on est en territoire berbère.

La conclusion de ce paragraphe est que le Berbère, le véritable indigène du pays, est bien plus rapproché de notre civilisation que l'Arabe ; qu'une erreur très-grave a été commise par nous jusqu'à ce jour, en ne distinguant pas entre deux peuples si différents de race et de caractère, et surtout en songeant à greffer notre domination sur l'élément arabe, alors que tout indique l'élément berbère comme offrant une base bien plus solide à toutes nos tentatives d'amélioration (2).

(1) « Je préfère voir un homme mort qu'un arbre coupé, » disait un chef kabyle au général Lapasset.

(*Les Kabyles et la colonisation de l'Algérie*, par le sous-lieutenant Aucapitaine, p. 31.)

(2) Je suis heureux de voir cette opinion partagée par un de nos plus savants historiens, M. Henri Martin, que je remercie beaucoup de la lettre adressée à ce sujet, par lui, à l'honorable député, directeur de l'*Opinion Nationale* :

« 30 juillet 1865.

« Mon cher Monsieur Guéroult,

« Je vous félicite, au nom de l'ethnographie comme de la politique,
« de l'excellent article publié ce soir par l'*Opinion Nationale*, et du
« grand service que vous avez rendu en provoquant le travail de M. le
« docteur Warnier. Enfin, voici la vérité sur l'Algérie et sur la chimé-
« rique nationalité arabe d'Afrique; voici la distinction solidement éta-
« blie entre les Arabes, conquérants nomades, dont le temps n'a pu
« légitimer la conquête, puisqu'elle n'a rien fondé, rien fécondé, et les
« Berbères indigènes, restes d'un peuple civilisé et agricole, descen-

Cette vérité fondamentale va être plus amplement démontrée.

« dants, selon toute apparence, de cette vieille race de Cham, qui a
« civilisé le monde primitif. L'organisation à la fois communiste et
« aristocratique de la tribu arabe est une organisation ennemie que
« nous n'avons point à respecter, mais à briser, parce qu'elle empêche
« la restauration de la civilisation africaine, et qu'elle n'est que le legs
« de l'invasion barbare ; l'organisation démocratique et individualiste
« de la *commune* berbère, car leurs tribus méritent ce nom, est, au
« contraire, une alliée naturelle en rapport intime avec l'esprit euro-
« péen.

« On ne peut qu'attendre, avec un vif intérêt, la continuation d'une
« étude qui éclairera le public français sur des choses qu'il lui importe
« tant de connaître.

« Tout à vous cordialement.

« H. MARTIN. »

L'opinion que j'émets dans ce chapitre ne m'appartient pas en propre ; elle est aussi celle de la plupart des personnes qui ont écrit sur les
Berbères de l'Algérie : *Études sur la Kabylie*, de M. le colonel Carette ;
*Époques militaires de la grande Kabylie*, de M. Berbrugger ; *les Kabyles et la colonisation de l'Algérie*, de M. le baron Aucapitaine.

## II

Nombre de Berbères et d'Arabes. — Berbères anciens chrétiens, anciens colons des Romains, encore attachés aux pratiques et aux institutions romaines. — Arabes, restés fils d'Ismaël, menant encore la vie vagabonde de leurs ancêtres.

Ceux qui, jusqu'à ce jour, n'ont vu que des Arabes en Algérie, me demandent ce que j'entends par Berbères.

Malgré la naïveté de la question, je leur dois une réponse. Elle sera aussi simple que la demande.

J'appelle Berbère le peuple africain qui, avant la création factice d'une Arabie algérienne, constituait et constitue encore la majorité des habitants de l'immense zone que tous les traités de géographie élémentaire appellent Etats berbéresques, et, par corruption, *Etats barbaresques*, lesquels comprennent la régence de Tripoli, la Tunisie, l'Algérie et le Maroc.

J'appelle encore Berbères : les Touareg, la presque totalité des habitants du Touat, la majorité des Maures de la côte de l'Océan Atlantique et du Sénégal, la totalité des individus de race blanche qui peuplent les villes de l'Afrique centrale.

Dans l'immense quadrilatère que ce peuple embrasse, j'ai beau regarder avec la loupe la plus favorable aux Arabes, je ne puis y trouver, appartenant à cette race, que des tribus éparses çà et là, donnant au dénombrement cinq millions d'âmes au *maximum*, contre dix millions de Berbères au *minimum*.

M. le colonel du génie Carette a consacré, dans le travail de la commission scientifique de l'Algérie, un volume de 500 pages à l'étude de l'*Origine* et des *Migrations des tribus du nord de l'Afrique*, et, d'après les autorités les plus compétentes, il donne, à diverses époques, le chiffre de la totalité de la population arabe dans toute l'Afrique septentrionale, savoir :

Au XI° siècle : 1,000,000 âmes, de tout sexe et de tout âge, parmi lesquelles 150,000 combattants ;

Au XVI° siècle : 4,650,000 âmes, dont 1,037,000 hommes armés ;

Au XIX° siècle : 4,800,000 âmes.

Ces chiffres, je le répète, représentent la totalité des Arabes dans les quatre Etats berbéresques. Ceux qui ont affirmé à l'Empereur que le nombre des Arabes s'y élève à plus de quinze millions veulent sans doute dire *musulmans*, ou bien ils confondent les Berbères avec les Arabes.

D'après la même autorité, celle de M. le colonel Carette, il n'y avait, en Algérie, que 900,000 Arabes au XVI° siècle et 1,000,000 au XIX° ; mais, d'après les éléments constitutifs des tableaux de l'auteur, on reconnaît qu'il considère comme Arabes de pure origine des tribus berbères parlant la langue arabe, et que j'appelle Berbères arabisants ou arabisés, d'accord en cela avec les meilleurs historiens arabes.

Après avoir refait le même travail avec des matériaux plus récents et plus certains, je ne puis estimer au-delà de 500,000 âmes le chiffre de la population véritablement arabe. Le reste est berbère ou berbère arabisé à différents degrés.

Le titre de Berbère pur doit être exclusivement réservé aux tribus de cette race qui, avec d'autres caractères particuliers, ont conservé l'usage de leur langue nationale, le *berbère*, dont nous possédons aujourd'hui des grammaires et des dictionnaires, du moins pour les principaux dialectes.

D'après un inventaire dressé par M. le colonel Hanoteau, avec carte à l'appui de M. le général de Neveu, il y a, en Algérie, 855,159 individus parlant cette langue, conséquemment Berbères berbérisants. Mais, dans le travail de ces deux officiers, remontant déjà à 6 ou 7 années, j'ai constaté de nombreuses lacunes qui m'autorisent à élever à un million, en nombre rond, le chiffre des indigènes parlant l'un des dialectes berbères et notoirement attachés aux traditions et aux institutions de leur race.

Les tribus de cette catégorie sont répandues, savoir :

Sur le littoral méditerranéen, de la frontière de Tunis à celle du Maroc, où elles sont connues sous le nom de *Kabyles* ;

Dans le sud de la province de Constantine, où elles portent le nom de *Chaouia* ;

Dans les principaux massifs de montagnes des provinces d'Alger et d'Oran, où elles sont appelées du nom général de *Djebelia*, montagnards, *Jubaleni*, *Jubalènes* des Romains ;

Dans le Sahara oriental, notamment dans l'Oued-

Righ et le pays d'Ouargla, où elles sont désignées sous le nom de *Rouagha*, synonyme de *Nigrites* des Romains et des Grecs ;

Dans le Sahara central, où elles ont pris le nom du lieu qu'elles habitent : *Beni-Mezab* ;

Enfin, dans le Sahara occidental, où on leur donne le nom de leur race, celui de *Braber*.

Le nombre des tribus berbères qui, en devenant musulmanes, ont adopté la langue du Coran et une partie des habitudes des Arabes, celles que j'appelle berbères arabisants, sont bien plus nombreuses que les berbères berbérisants. Bien qu'elles aient pour la plupart la prétention de se donner une origine arabe, réputée plus noble, il est cependant facile de reconnattre en elles, abstraction faite des caractères physiques dominants, quelques traces de la tradition berbère, soit dans leur mode d'habitation, soit dans leurs procédés de culture, mais plus particulièrement dans leur attachement au sol, dans le désir de le posséder à titre privé, enfin dans une moins grande répugnance pour le travail.

Ces caractères, incertains, je le reconnais, pour le vulgaire, ne laissent aucun doute dans l'esprit des observateurs attentifs qui ont embrassé dans leurs études les trois provinces de l'Algérie et les États voisins.

Quant à moi, après avoir soumis trente années d'observation directe au contrôle de l'opinion des indigènes sur eux-mêmes, je n'hésite pas à classer ceux de l'Algérie, quant à leur origine, ainsi qu'il suit :

| | |
|---|---|
| Berbères berbérisants, | 1,000,000 âmes. |
| Berbères arabisants, | 1,200,000 — |
| Arabes purs, | 500,000 — |
| Total, | 2,700,000 âmes |

Les recherches, en se multipliant, pourront apporter quelques petites variations, en plus ou en moins, dans ces chiffres, mais dès aujourd'hui la science ethnologique admet, comme fait démontré, que l'élément berbère est en grande majorité en Algérie, et que l'élément arabe y est en grande minorité.

Cette constatation est très-importante pour la règle de conduite à adopter par le gouvernement à l'égard des indigènes de l'Algérie.

En effet, les Berbères sont *d'anciens chrétiens*, musulmans aussi peu que possible, car les uns sont schismatiques et les autres mangent très-bien la soupe au lard, dans nos fermes, avec nos ouvriers européens (1).

Le Coran n'est pour eux qu'un livre religieux et non un Code civil, encore moins un Code politique. En matières civiles et politiques, ils sont régis par des *kanoun*, dont le nom, *canon*, révèle une origine romaine et chrétienne. Ces kanoun, comme dans l'Église primitive, sont arrêtés par la communauté des fidèles.

Presque tous portent une croix en tatouage sur le front ou sur une des joues.

Enfin, preuve de leur tolérance en matière de religion: dans l'île tunisienne de Djerba, appartenant à des Berbères, il y a une église, un curé et une paroisse pour les besoins religieux des chrétiens qui viennent y commercer (2).

(1) On le sait : le Coran interdit l'usage de la viande de porc à tous les musulmans. Les Arabes ont pour elle une répugnance instinctive.

(2) Une des personnes les plus autorisées dans les affaires religieuses de l'Algérie m'adresse les lignes suivantes :

« Les Berbères du Djerdjera montrent aussi, autour de Fort-Napoléon, les plus heureuses dispositions pour un *retour complet* au christianisme. Il est tel village dont les chefs, après avoir étudié l'Évangile auprès du curé de notre établissement, demandent à devenir chrétiens

Les Berbères sont, en outre, *d'anciens colons des Romains* ayant conservé de leurs relations six fois séculaires avec le peuple-roi, d'abord le régime municipal et la propriété individuelle, puis l'art de travailler les métaux et de les extraire du sein de la terre, la plupart des métiers qui ont pour objet l'exploitation des bois et leur mise en œuvre, le goût de la navigation et des voyages, une certaine aptitude au grand commerce, quelques-unes des méthodes et industries agricoles décrites dans les auteurs latins, enfin la science des irrigations et de l'aménagement des eaux.

Moins la religion musulmane introduite par les Arabes, la civilisation berbère procède de la civilisation romaine et chrétienne, comme celle de toute l'Europe occidentale. Aveugles sont ceux qui ne le voient pas.

Quand la Providence a su maintenir intactes, pendant douze siècles, de telles traditions, pour que nous puissions en tirer parti au profit de l'œuvre que nous avons à accomplir en Algérie, comment pourrions-nous être assez insensés pour méconnaître l'élément berbère (1) et donner la préférence aux Arabes qui, depuis l'origine du monde,

par le baptême ; un chef important est même venu offrir le terrain pour bâtir une église. S'il n'y a pas eu de conversions complètes jusqu'à présent, c'est qu'on les veut bien réfléchies et bien éclairées. »

(1) La lecture de ces lignes m'a valu l'envoi d'une brochure de M. le baron P. G. de Dumast, correspondant de l'Institut, publiée en 1865 et ayant pour titre : *Enseignement supérieur en France et extension à lui donner.* Comme moi, l'auteur regrette qu'on ait pendant si longtemps méconnu les caractères distinctifs de la langue et de la race berbères et propose la création d'une chaire de berbère au Collége de France. Il apprécie dans les lignes suivantes les conséquences de l'erreur commise. Je crois devoir les reproduire dans l'intérêt de l'opinion que j'émets ici. L'approbation des hommes de science est toujours un excellent point d'appui.

« En ethnographie comme en linguistique, dit M. de Dumast, la

n'ont pu s'élever au-dessus du régime de la vie patriarcale ; qui, en tout temps et en tout lieu, ont repoussé le progrès comme antipathique à leur nature et n'ont jamais semé que des ruines sur leur passage.

Voyons combien notre tâche se simplifie, en renonçant aux errements du passé, à ceux qui sont encore en faveur aujourd'hui, — *à l'arabomanie*, en un mot, cause de tous nos insuccès, — pour prendre comme base de nos efforts

bévue était risible sans doute, mais en politique elle était funeste. S'être figuré analogue ce qui était foncièrement divergent,—avoir confondu le feu avec l'eau,— ç'a été l'origine d'une foule de mesures déraisonnables, par conséquent dangereuses.

« Que d'argent, que de sang, tristement dépensés sans motifs, auraient pu ne pas l'être, si seulement, moins ignorants, et ne partant point d'une fausse idée préconçue, nous n'eussions pas tenu en suspicion, pas traité avec défaveur, comme complices présumés de nos ennemis, les hommes que la Providence nous donnait pour alliés naturels !

« Hélas ! le manque de justesse entraîne le manque de justice. Par nos défiances mal placées, nous avons semblé prendre à tâche de repousser les sympathies berbères. Par nos procédés inintelligents, nous avons éloigné de nous, et quelquefois forcé comme à plaisir à s'allier avec nos adversaires, une race honnête, laborieuse, généreuse, qui, d'une moralité plus haute que celle de ses anciens vainqueurs arabes, ne demandait qu'à venir à nous ; une race qui tenait surtout à être payée en marques d'estime ; et qui,—pour peu qu'au lieu de la froisser dans ses fières délicatesses, nous eussions paru comprendre ses instincts loyaux et ses sentiments élevés, — nous aurait fidèlement secondés contre les Sémites mauresques, de la même façon dont ses aïeux, les braves sujets de Massinissa, aidaient Rome contre les Sémites carthaginois.

« Mais enfin, mieux vaut tard que jamais. Instruits que nous devons être par nos fautes, livrons-nous du moins, à présent, à la féconde étude du bérébère ; du bérébère, l'une des mailles du réseau glossal de ces Imzighs ou Libyens dont les Tawaregs sont une branche, et qui avaient jadis étendu leurs établissements, d'un côté jusqu'au voisinage de la Nubie, de l'autre jusqu'à celui du Sénégal.

« Aussi bien est-il temps d'en finir avec les gaucheries. La *confusion* que nous avons faite par ignorance, ne la laissons point se transformer à la longue en *fusion* réelle : — il y va de notre avenir en Algérie. »

de régénération l'état social des Berbères les plus rapprochés de notre centre d'action, les Kabyles du Djerdjera.

Tout ce groupe berbère est composé de *communes* (kebyla), comme en France ;

La commune est administrée par un *maire* (amin), assisté par un *conseil municipal* (djemâa) ;

L'amin et les membres de la djemâa sont nommés à l'élection par *tous les individus majeurs de la commune;*

Chaque commune a son budget de recettes et dépenses, ainsi que ses biens communaux.

La seule différence entre l'organisation communale des Berbères et notre loi municipale française est que, à défaut du pouvoir départemental ou central qui nomme les maires et contrôle la gestion des communes, c'est le suffrage universel qui élit le maire, c'est le corps électoral qui approuve ou improuve les comptes-rendus annuels, comme, dans nos sociétés commerciales, les gérants rendent compte de leur gestion aux assemblées générales d'actionnaires.

Le défaut de l'organisation municipale des Berbères est dans l'indépendance absolue des communes et dans une trop grande part d'initiative et de contrôle attribuée à chaque membre actif de la kebyla. C'était, dans le passé, une conséquence obligée de l'absence d'une autorité supérieure; mais, dans l'avenir, ce vice, qui se traduisait souvent par des coups de fusil, doit disparaître avec l'organisation départementale, complément civilisateur de la commune.

Déjà un rudiment d'administration départementale existe dans le commandement (1) et dans les bureaux mi-

----

(1). Le territoire militaire de l'Algérie est divisé en circonscriptions territoriales connues sous les noms de divisions, subdivisions et cercles. Dans chaque circonscription, il y a un état-major particulier chargé du *commandement* et correspondant aux préfectures et sous-préfectures

litaires institués au chef-lieu de chaque cercle et de chaque subdivision; il n'y a qu'à améliorer et à perfectionner cette institution pour que l'administration des départements berbères soit assimilée à celle de nos territoires de colonisation en Algérie et de nos divisions territoriales en France, ce qui est un point capital.

La tribu arabe, au contraire, avec son organisation patriarcale qui *confisque l'individu dans la famille*, au profit de l'aîné, *cheikh*, du plus vieux, *senior*, et dans la tribu, au profit de l'aîné d'une famille aristocratique, *douaouda, djouad*, ou *marabout*, suivant son origine militaire ou religieuse, nous met aux prises avec un communisme dissolvant, devant lequel tous nos efforts ont échoué et échoueront, parce que la responsabilité n'existe pas et ne peut exister dans un tel milieu.

La dernière insurrection nous en fournit la preuve. Une querelle personnelle s'élève entre Si-Sliman et le représentant de l'autorité française à Geryville, et, dans un moment de colère, Si-Sliman en appelle au jugement des armes.

Aussitôt, sans examen de la cause, la totalité des Ouled-Sidi-Cheikh est à cheval, et toutes les tribus qui reconnaissent la suprématie de ces marabouts suivent leur exemple, sans savoir dans quel intérêt ni pour quel motif elles vont engager une lutte insoutenable.

Si-Sliman est tué; la guerre ne cesse pas avec la vie de celui qui l'a provoquée.

A Si-Sliman succède son frère Si-Mohammed, qui est tué à son tour, et la révolte n'est pas apaisée, parce que Si-Mohammed a encore des frères, des oncles, des cousins, qui héritent de l'autorité et aussi des passions de leurs prédécesseurs.

de France, plus des *bureaux arabes*, dont les attributions se rapprochent de celles des administrations départementales de la métropole.

Quand, à bout de moyens de résistance, les Ouled-Sidi-Cheikh demanderont l'*aman*, le pardon, qu'on accorde généralement trop facilement et à des conditions trop débonnaires, nous nous trouverons encore dans l'obligation — pour respecter la loi du pays — de donner l'investiture du commandement de la tribu à celui auquel elle revient par droit de naissance, et, si nous imposons aux révoltés une contribution de guerre, ce sera la plèbe, innocente de la prise d'armes, qui la paiera, et, de plus, les marabouts chargés de sa perception en profiteront pour se couvrir des dépenses qu'ils auront faites pour nous combattre.

La tribu arabe qu'on veut respecter, avec son organisation aristocratique, est un État dans l'État, tandis que la tribu berbère n'est qu'une commune dans un département.

Pourrions-nous hésiter, éclairés comme nous le sommes par l'expérience, à persévérer dans une erreur fatale !

Mais, me dira-t-on, les Kabyles sont habitués, depuis des siècles, à l'indépendance la plus absolue, et ils ne sont soumis à notre domination que depuis quelques années.

Cela est vrai.

Les Kabyles sont restés indépendants depuis l'époque romaine jusqu'à nos jours, parce qu'aucun pouvoir n'a eu la puissance de les soumettre.

Sous les Romains, ils se sont révoltés plusieurs fois, pour un motif ou pour un autre, que nous connaissons mal.

Quoi qu'il en soit, depuis leur soumission à la France, ils sont restés tranquilles (1).

(1) Cette région, dit M. Aucapitaine, qui y a longtemps tenu garnison,

Les Arabes les ont sollicités à la révolte, et ils ont répondu, en montrant la crête de leurs montagnes : « Les Français sont montés là-haut avec leurs canons ! »

L'impression que ce fait, réputé impossible, a laissée dans leur esprit, s'y est profondément gravée.

D'après les Arabes, les Kabyles ont *une pierre pour cervelle*. Soit. Ils sont lents à comprendre, mais ils ont compris qu'avant nous personne n'avait franchi les aspérités de leurs montagnes *barrées de fer*, comme disaient les géographes romains : *Mons ferratus*. Cela doit nous suffire pour le moment.

D'après les Kabyles, les Arabes ont, dans la tête, non pas une pierre, mais *une peau de tambour*, qui résonne au moindre souffle du vent et les rend fous.

Des entêtés valent mieux, dans tous les cas, que des hommes n'ayant pas la moindre fixité dans les idées.

Entre les deux, nous n'avons pas à hésiter.

est plus franchement et plus solidement soumise à la France que les tribus arabes campées depuis trente ans aux portes de nos villes, quoiqu'elle soit conquise depuis 1857 seulement.

# III

De la constitution de la propriété individuelle chez les Berbères et chez les Arabes.


Poursuivons l'étude comparée de l'état social des Berbères et des Arabes, afin de faire cesser une confusion, cause de beaucoup de conceptions regrettables et de fausses manœuvres, et aussi, afin que le doute n'existe plus sur le choix à faire entre la civilisation berbère et la civilisation arabe, comme base de la révolution morale et matérielle à tenter sur les indigènes de l'Algérie.

En vertu d'un sénatus-consulte de 1863, la propriété du sol qu'elles occupent a été dévolue aux tribus indigènes, et des commissions d'exécution, qui fonctionnent depuis deux ans sur le terrain, fixent d'abord les limites des territoires de chaque tribu, de chaque fraction de tribu, de chaque famille même, en vue d'arriver ultérieurement à la constitution de la propriété individuelle.

Le but de ce sénatus-consulte est la constitution de la

propriété privée qui mettra chaque individu face à face avec un lot de terre à améliorer et permettra au gouvernement de transformer l'impôt actuel, très-inégalement réparti et dont la perception est si défectueuse, en un impôt foncier, le seul qui puisse mettre fin à tous les abus signalés et reconnus par tous les hommes impartiaux.

Jamais plus noble but ne pouvait être poursuivi, car c'est par l'équité des rapports financiers de l'État avec les contribuables indigènes que notre domination doit surtout différer de celle des États musulmans voisins, et se faire accepter malgré notre qualité d'étrangers et de chrétiens.

M. le premier président de Vaulx, aujourd'hui conseiller à la Cour de cassation, dans un discours qui a fait époque en Algérie, l'a très-bien établi : « Notre domination ne sera solidement assise dans la colonie que le jour où l'impôt reposera sur des bases équitables et reconnues telles par les indigènes eux-mêmes. »

Pour la solution de ce problème délicat, les tribus berbères n'avaient pas besoin d'un sénatus-consulte, de commissions de délimitation et d'attribution de la propriété ; chez elles, le sol a continué à être régi comme il l'était à l'époque romaine, comme il l'est en France d'après les traditions du droit romain ; il suffisait d'y envoyer des géomètres pour procéder au cadastre et dresser l'inventaire des propriétés privées, des propriétés communales et des propriétés pouvant être revendiquées par l'État à divers titres. Tout au plus, y avait-il lieu à nommer des commissions mixtes pour apprécier, déterminer et préciser les droits d'usage des habitants dans les forêts n'appartenant à personne et revenant légalement à l'État.

Le cadastre terminé, l'impôt foncier pouvait être appliqué sans retards et sans difficultés dans les territoires berbères.

Autre est la situation dans les territoires arabes.

Là, le sol est réputé appartenir à Dieu, et le droit d'en disposer est dévolu au représentant de Dieu, c'est-à-dire au souverain dans l'État, au seigneur dans la tribu, à l'aîné dans la famille.

Tant que les commissions d'application du sénatus-consulte se bornent à délimiter les territoires des tribus, des fractions de tribu ou de *douars* généralement composés d'une famille consanguine; tant qu'elles se bornent à attribuer exclusivement à la tribu, à la fraction de tribu, à la famille, la possession collective de telle ou telle portion de terres, les droits des chefs de la tribu et de la famille restent les mêmes, et l'application du sénatus-consulte ne soulève aucune opposition.

Mais vienne l'heure où un décret impérial ordonnera la création de la propriété individuelle dans les tribus arabes, c'est tout une révolution sociale qui sera édictée, et il n'est pas certain que les tribus habituées au joug des seigneurs dans la tribu, des aînés dans la famille, menacées d'ailleurs par ces ayant-droit en vertu d'une tradition séculaire appuyée sur les préceptes du Coran, ne répudient pas elles-mêmes les bienfaits de la propriété individuelle, pour conserver le communisme de la possession collective plus en harmonie avec leurs mœurs nomades, avec leurs besoins de déplacements périodiques, avec leur imprévoyance fataliste qui rend Dieu responsable de tout ce qui arrive en bien ou en mal, enfin et surtout avec l'impersonnalité, la non-individualité de l'homme de la tribu, caractère qui distingue essentiellement l'Arabe du Berbère (1).

_______

(1) Je ne puis indiquer ici tous les caractères distinctifs des Berbères

Je l'ai déjà dit ailleurs et je le répète, parce qu'on méconnaît trop cette vérité : l'impersonnalité de l'Arabe est telle qu'on ne peut écrire la biographie d'aucun d'eux, sans faire en même temps l'histoire de sa tribu ou de sa famille.

L'individu n'existe pas dans la famille arabe, et il faut le créer avant de pouvoir y constituer la propriété individuelle, pour arriver ensuite à l'impôt foncier, but de tous nos efforts.

Ce ne sera pas chose facile, surtout si on continue à proclamer, d'une part, qu'on ne peut reculer devant les principes surannés de l'islamisme exposés ci-dessus, et à professer, d'autre part, que l'insuccès dans nos tentatives d'amélioration du sort des indigènes tient à ce qu'on a déconsidéré ou annihilé l'influence des chefs auxquels ils étaient habitués à obéir depuis des siècles.

L'exécution du sénatus-consulte constitutif de la propriété du sol en Algérie détruit la tribu, change tous les rapports des masses avec la minorité théocratique ou aristocratique qui la gouvernait, supprime la classe inférieure des *raya* et des *kheddam*, qui ne travaillait guère que pour les seigneurs ou pour la plus grande gloire de Dieu ; elle transforme la famille, réduit à néant le droit d'aînesse, modifie radicalement les conditions d'existence des cadets, des femmes et des mineurs. Aussi, les sei-

et des Arabes, surtout les caractères moraux, quoiqu'ils aient une grande importance. Cependant je dois signaler les suivants :

Le Berbère est généralement monogame, d'où résulte une famille mieux constituée qu'avec la polygamie arabe.

La femme, dans la société berbère, est réellement une femme, une mère de famille, et non un meuble ou une bête de somme, comme dans la société arabe.

Enfin, l'esclave, indispensable pour les travaux domestiques dans la famille arabe, a toujours été repoussé de la famille laborieuse de la plupart des Berbères.

gneurs et les aînés ont-ils déjà qualifié de spoliation les prescriptions si religieusement équitables du sénatus-consulte de 1863.

Tandis, donc, que la constitution de la propriété, cette grande mesure de salut, se borne à consacrer l'état actuel du régime foncier dans la société berbère, elle a tous les caractères d'un acte brutalement révolutionnaire dans la société arabe, et son application exige les plus grands ménagements et une prudence que la marche irrésistible du progrès ne permettra pas toujours d'observer.

Malheureusement, les Berbères purs, ceux chez lesquels la propriété privée procède de la tradition romaine, ne détiennent pas une part du sol proportionnelle à leur nombre. Dans quelques groupes, on compte à peine un hectare exploitable par tête (1), trois en moyenne, et cinq, en y comprenant les communaux propres seulement au parcours des troupeaux. Tout le reste, c'est-à-dire six fois plus, est dévolu aux Arabes et aux Berbères arabisés, et, si on les en croyait, ils n'en ont pas encore assez.

C'est que la terre, même pour produire l'herbe nécessaires aux troupeaux, exige du travail d'entretien. Or, les Arabes ayant horreur du travail, la terre devient stérile en leurs mains.

Quand ils sont arrivés dans le pays, des villes luxueuses, édifiées par les Romains, le couvraient, et les campagnes étaient à l'unisson des villes. Partout où ces enfants des déserts de l'Arabie se sont abattus, notamment dans le

(1) Le massif kabyle du Djerdjera, circonscrit par la Méditerranée, l'Isser et l'Oued-Sahel, embrasse, d'après M. Aucapitaine, 930,000 hectares pour une population qu'il estime à 435,000 âmes réparties en 2,800 villages ou hameaux. Mais, dans la superficie totale, il n'y a que 650,000 hectares cultivables, le reste consistant en crêtes dénudées ou en précipices.

sud de la Tunisie, qui était très-florissant, ils ont créé des déserts inhabitables aujourd'hui.

D'après M. le colonel de Colomb, ancien commandant supérieur du cercle de Geryville et auteur de travaux remarquables, le territoire des Ouled-Sidi-Cheikh, cette tribu aujourd'hui en insurrection, était autrefois une sorte de paradis terrestre que les légendes couvrent de bosquets et de riches pâturages, arrosés par des cours d'eau fécondants. Aujourd'hui cette contrée est un désert stérile, nu et sans eau, que tous appellent le *pays de la soif*.

Rien d'étonnant en cela : avec l'incendie périodique de toute la végétation ligneuse, avec le libre parcours des troupeaux, la France elle-même, si prospère, serait bientôt un désert, si elle était aux mains des Arabes.

En évoquant ces faits, je n'entends nullement blâmer la libéralité qui a octroyé aux Arabes la propriété incommutable d'aussi grands espaces sur lesquels ils n'avaient qu'un droit traditionnel de parcours. Au contraire, je salue le sénatus-consulte de 1863, comme un acte de rédemption de la terre, car, avec la propriété individuelle, l'impôt foncier obligera les Arabes à se cantonner dans des espaces restreints et à vendre le reste à de nouveaux venus, qui sauront restaurer la vie là où règne la mort.

Au moins, quand les Arabes auront vendu, contre beaux deniers, les terres dont ils sont aujourd'hui propriétaires, ils ne pourront plus se plaindre de spoliation. C'est là un immense progrès dû à l'initiative personnelle de l'Empereur et dont la colonisation algérienne lui sera éternellement reconnaissante.

Mais, je le répète, il faut que la propriété individuelle et l'impôt foncier atteignent les terres des Arabes comme celles des Berbères et des Européens (1), et ce ne sera pas chose facile ; du moins, je le crains.

(1) S'il faut en croire quelques journaux se disant bien informés, on

Deux points importants sont désormais acquis à ces débats : la municipalité élective et la constitution de la propriété privée chez les Berbères sont les deux premiers degrés de l'échelle d'assimilation de l'Algérie à la France, tandis que le régime patriarcal, avec la possession collective du sol, chez les Arabes, en sont les derniers échelons.

Si mes déductions ne sont pas fausses, il est hors de doute, la vérité étant désormais connue, qu'on ne continuera plus à essayer de gravir l'échelle au rebours de toutes les lois de l'ascension. L'expérience de trente-cinq années démontre surabondamment qu'on a fait fausse route jusque-là. Sans témérité, on peut tenter de suivre la voie inverse qu'indiquent la logique et la raison.

D'autres motifs me font considérer la voie nouvelle que j'indique comme féconde en résultats de toutes natures. Je vais les exposer.

serait disposé à ne plus soumettre les indigènes à l'impôt foncier et à se borner à ne leur demander qu'un abonnement basé sur la moyenne des contributions payées par eux dans les dix dernières années.

Par contre, l'impôt foncier devrait être appliqué, le plus tôt possible, sur les propriétés européennes, cultivées ou non, pour obliger les détenteurs de makis à les défricher ou à les vendre.

Une telle inégalité entre les Français originaires de la métropole et les Français indigènes de l'Algérie, si elle était jamais décrétée, serait non-seulement contraire au principe fondamental de toutes nos lois, mais constituerait un véritable déni de justice envers les colons, surtout s'il était appliqué en vue d'obliger à la culture, alors qu'on laisserait les indigènes libres d'exploiter leurs terres comme ils l'entendent.

Egalité de tous devant la loi ; hors de là, pas de salut.

# IV

Les Berbères, en possession du commerce trans-saharien, mettent à notre
disposition leurs caravanes; les Arabes les pillent. — Les Berbères
nous donnent de bons ouvriers, de bons soldats, nous promettent
d'excellents matelots; les Arabes ne peuvent nous offrir aucun concours.

Dans ces derniers temps et dans les plus hautes régions
du pouvoir, on a émis l'opinion très-heureuse de donner
plus de développement à la colonisation commerciale et
industrielle de l'Algérie, sans limiter cependant les progrès de la colonisation agricole, la seule qui attache réellement les immigrants au sol, la seule qui nous permette
d'arriver à l'équilibre numérique des forces en présence
et de réduire progressivement l'armée d'occupation,
lourde charge pour la France.

Le traité de commerce, passé le 26 novembre 1862
avec les Touareg, en vue d'ouvrir à nos produits la principale voie vers les marchés de l'Afrique centrale, et la loi
qui charge une puissante compagnie de concourir, avec

de grands capitaux, à l'exploitation des richesses naturelles du pays, sont des jalons indicateurs de nouveaux efforts que le gouvernement veut seconder.

Des auxiliaires indigènes sont nécessaires pour atteindre le but indiqué. Où les trouve-t-on?

Pour le commerce avec l'intérieur du continent, nous avons dans les Berbères des oasis algériennes du Souf, de l'Oued-Righ, d'Ouargla, du Beni-Mezab, de Bou-Semghroun, des deux Moghrar et de Tiout, des armateurs de caravanes depuis longtemps en relations d'échanges avec les Berbères de Ghadamès et de Rhat, avec les Berbères Touareg, avec les Berbères du Touat, avec les Berbères des oasis marocaines de Figuig et de Tafilelt.

Non-seulement les armateurs de ces caravanes viennent sur nos marchés, entretiennent les meilleures et les plus sûres relations avec le commerce colonial (1), mais ils le sollicitent à venir dans leurs oasis, et ceux d'entre nous qui se sont confiés à leur hospitalité, comme aux renseignements qu'ils leur ont demandés, n'ont eu qu'à s'en féliciter.

Au-delà de la zone qu'atteignent les caravanes de nos oasis, sur les grands marchés de l'Afrique centrale, à Agadez, à Kouka, à Kano, à Sokoto, à Timbouctou, où nous tendons à faire arriver nos produits manufacturés, en concurrence de ceux des Anglais, qui donc achète et

---

(1) Dernièrement, un négociant d'Alger avait remis une somme de 20,000 francs à un Berbère Kabyle du Djerdjera pour aller dans son pays passer des marchés d'huile, à livrer après la récolte, et donner des arrhes, en conclusion de ces marchés.

La récolte des olives ayant eu à souffrir des grandes chaleurs de l'été et les Kabyles ne voulant pas prendre d'engagements sans être certains de pouvoir les tenir, la somme engagée dans cette affaire a été religieusement rapportée à son propriétaire.

Nous verrons qu'il n'en est pas ainsi des avances faites aux Arabes pour des laines à livrer.

vend? Des Berbères, partout et toujours des Berbères et pas d'Arabes.

Pas d'Arabes, je me trompe. On en trouve sur les routes pour détrousser les voyageurs, pour attaquer les caravanes, car ils n'hésitent pas à franchir des espaces de quatre cents et de cinq cents lieues pour venir attendre une proie. N'était la sécurité donnée aux routes par les chefs berbères, le commerce des produits européens avec l'Afrique centrale serait à peu près impossible.

Mais, me dira-t-on, l'éventualité de relations commerciales avec l'intérieur du continent est fort incertaine, et les hommes pratiques auxquels le gouvernement a confié l'administration des indigènes de l'Algérie pensent qu'il n'y a pas lieu à s'en préoccuper en ce moment.

J'accorderai volontiers qu'il n'y a pas à songer au commerce de l'Afrique centrale, tant que le gouvernement variera, du jour au lendemain, sur la politique à suivre en Algérie.

Toutefois, dans les limites de nos possessions, il y a à développer les relations avec l'Europe et la France, par la mise en valeur de toutes les richesses naturelles du pays.

Des produits à exploiter par le double concours de la science et des capitaux français avec la main-d'œuvre indigène! Mais il n'y en a de réellement exploitables, il n'y a de main-d'œuvre indigène possible que dans les territoires berbères.

Là sont les forêts, les mines, les carrières, les oliviers, les cultures spéciales, les bras, les forces hydrauliques que la science et les capitaux peuvent vérifier.

Ailleurs, je ne vois que l'Arabe avec son coursier; des bergers avec des troupeaux que gardent des chiens; des hommes graves, assis à l'orientale, tuant le temps en égrepant leur chapelet à cent et un grains ou en devisant sur les variations bisannuelles de la politique française; des femmes, pauvres esclaves de rois fainéants, vaquant à tous les besoins de la famille, brossant et équipant même ce fameux coursier dont les flancs seront bientôt en sang sous l'éperon du maître, qu'il porte partout et toujours, car si l'Arabe marche, c'est avec les jambes de son cheval.

Si puissante que soit ma longue-vue, je ne vois, dans les immenses espaces occupés par les Arabes, que des makis sans arbres, des montagnes dénudées, des rivières sans eau, quelques cultures de céréales, des toisons de laines, des peaux brutes, des poils dans des sacs, du lait aigre dans des outres, du beurre rance, — mais d'un rance *sui generis*, — dans des terrines recouvertes d'argile, enfin un tas de petits riens sans nom, toutes choses qui ont leur placement naturel, sans qu'il soit besoin de l'intervention d'une grande compagnie commerciale pour accroître leur valeur intrinsèque.

Quoique la garantie et les primes de l'Etat n'aient pas été offertes jusqu'alors aux capitaux à engager dans des opérations industrielles en Algérie, nos pauvres colons n'ont pas attendu les avantages exceptionnels accordés à la compagnie Fremy-Talabot pour se mettre à l'œuvre. A leurs risques et périls, ils ont déjà doté les cantons oléifères du pays berbère de moulins à huile d'une grande puissance, ou suscité des entreprises rivales qui ont donné à chaque olivier une plus-value considérable ; ces mêmes colons exploitent aussi et principalement, avec la main-d'œuvre berbère, les forêts de chêne-liége, de chêne-zéen, de cèdre ; ils extraient aussi, de même, des entrailles du sol, des minerais de fer, de cuivre, de plomb, de plomb argentifère et aurifère, de mercure, etc. Quelques-uns de ces minerais sont transformés en métaux sur place, d'autres sont exportés ou en France ou à l'étranger. Ces entreprises n'ont pas encore pris de grandes proportions, cela est vrai, mais, en toutes choses, il y a un commencement.

Parallèlement à ces créations industrielles en pays berbère, créations qui témoignent au moins d'une certaine confiance et d'un certain concours de la population indigène, qu'ont pu entreprendre les colons en pays arabe ? Rien, sauf quelques moulins à farine, créés pour les besoins de la colonisation européenne et où les Arabes viennent aussi faire moudre des blés à façon.

Ce n'est pas ici le lieu de dresser le bilan comparé de l'état de l'industrie dans les territoires berbères et dans les territoires arabes. On peut trouver ce document et la confirmation de mes assertions dans les *Tableaux de la situation de l'Algérie* que le gouvernement publie tous les ans pour être distribués au Corps législatif et au Sénat. Les indications officielles se résument dans les deux termes suivants : industrie active chez les Berbères, nulle ou à peu près chez les Arabes.

Ce même document, en constatant que les Berbères permettent à l'industrie française de pénétrer dans leurs tribus avec un personnel de maîtres, de contre-maîtres et d'ouvriers chrétiens, démontre également que, chaque année, des ouvriers berbères viennent, dans nos villes, dans nos villages, dans nos fermes, prendre une part active à tous nos travaux.

On estime à quinze et vingt mille le nombre des Kabyles du Djerdjera qui descendent annuellement de leurs montagnes pour venir faire la moisson dans les plaines, et à six mille le nombre de marchands colporteurs que la seule tribu des Zouaoua met en mouvement pour aller échanger, à de grandes distances, les produits de leur industrie contre les matières premières dont ils ont besoin.

Dans ce contact incessant des Européens et des Berbères, soit chez eux, soit chez nous, de bonnes relations s'établissent, et, peu à peu, notre langue, nos pratiques, nos mœurs (1), notre civilisation, en un mot, s'implante dans le milieu autochthone.

Avec les Arabes, rien de semblable : ils viennent bien sur nos marchés échanger, contre des écus, les produits de leurs troupeaux et de leurs récoltes, mais ils ne manquent jamais de nous y donner un témoignage de leur méfiance en soumettant chacune de nos pièces de monnaie à un contrôle sévère. Affaire d'habitude sans doute, car ils ont fait subir les mêmes épreuves aux pièces d'or dont l'Empereur les a si libéralement gratifiés sur sa route.

Quant à des travailleurs, ils ne nous en fournissent jamais, attendu qu'eux-mêmes ont recours aux bras des Kabyles dès qu'ils ont le moindre travail à exécuter.

Le seul produit sérieux que les Arabes offrent à la colonisation est la laine, parce qu'ils l'obtiennent sans travail.

Mais combien de difficultés de toutes natures les Européens ont à surmonter pour la faire entrer dans le commerce !

Le plus souvent, les Arabes vendent en hiver pour livrer en été, et ils se font payer à l'avance pour être assurés que le marché sera tenu par l'acheteur européen.

Il y a, il est vrai, un écart assez grand entre les prix payés en hiver et ceux des cours des marchés en été.

Mais voici ce qui se passe ordinairement :

Les Arabes, chacun le sait, vendent à la toison et non au poids.

Quand l'écart entre le prix de vente en hiver et celui

(1) D'après M. le baron Aucapitaine, il y a plus de 500 abonnés volontaires au journal le *Mobacher* dans le seul groupe berbère du Djerdjera.

des cours en été est considérable, ils dédoublent leurs toisons de manière à rétablir la balance, ou bien ils vendent à un autre, et quand ils sont honnêtes, ils remboursent la somme touchée en hiver, en payant un dédit.

Quand il y a baisse et perte pour l'acheteur,— ce qui est arrivé souvent, — les laines sont toujours livrées.

Depuis trois ans,—mais seulement depuis cette époque, — beaucoup d'Arabes ont cru pouvoir s'abstenir de livrer les laines vendues et de rembourser les sommes perçues !

Il y a deux ans, une somme de 170,000 fr. était redue de cette manière à M. Carlos Mazurel, chef d'une honorable maison de Tourcoing. Après avoir inutilement essayé de tous les moyens pour rentrer dans ses débours, M. Mazurel s'est adressé à l'Empereur, par voie de pétition, et ses plaintes ont retenti dans l'enceinte même du Corps législatif, dans sa séance du 23 janvier 1864.

M. le général Allard, commissaire du gouvernement, après avoir reconnu que M. Mazurel était réellement créancier des Arabes pour la somme de 170,000 fr.; qu'il s'était adressé d'abord aux tribunaux, puis aux autorités locales, sans obtenir justice, annonça qu'à la date du 23 septembre 1863, M. le ministre de l'agriculture et du commerce avait invité M. le gouverneur général d'instruire la réclamation de M. Mazurel.

Un communiqué du gouvernement général, daté du 17 février et inséré dans le *Courrier de l'Algérie*, interdit aux journaux de la colonie de s'occuper de l'affaire Mazurel, attendu qu'une instruction est commencée.

Nonobstant, les résultats de l'enquête ne sont pas connus. M. Mazurel et bien d'autres comme lui, tant à Alger qu'à Oran, ne sont pas remboursés, quoique leurs créanciers soient solvables, quoiqu'ils soient même étonnés de ne pas avoir été contraints à remboursement, quoique la dette remonte aujourd'hui à trois années.

Voilà ce qu'est le commerce avec les Arabes. L'Européen est à leur discrétion.

Dans ces dernières années, surtout depuis qu'on a constaté le concours utile des tirailleurs indigènes de l'Algérie dans nos expéditions lointaines, et qu'on songe à modifier en France l'inscription maritime, le gouvernement se propose de recruter en Algérie des soldats et des matelots pour diminuer d'autant la lourde charge que les contingents annuels font peser sur la partie de la population française qui a le plus besoin de conserver la libre disposition de tous ses bras. C'est là une idée doublement juste, en ce qu'elle est réalisable, mais aussi en ce qu'elle indemnise la France du sang qu'elle a versé pour la conquête de l'Algérie.

Le sénatus-consulte qui vient d'octroyer la qualité de Français aux indigènes de l'Algérie, leur ouvre aussi les rangs de l'armée de terre et de mer. Déjà, dit-on, on prend des mesures pour donner une suite immédiate à cette dernière disposition.

Ici se pose une question : qui des Arabes ou des Berbères répondra à l'appel du gouvernement ?

Je n'hésite pas à répondre : les Berbères seuls.

Voici sur quoi je fonde mon opinion :

Les armées carthaginoises qui, sous la conduite d'Annibal et autres généraux, ont envahi l'Espagne, le midi de la France et de l'Italie, étaient exclusivement composées de Berbères ;

La flotte de Carthage, l'une des principales de l'antiquité, n'avait que des Berbères dans ses équipages ;

Les Romains ont également mis à contribution les aptitudes militaires et maritimes de ce peuple ;

La cavalerie arabe qui a franchi le détroit de Gibraltar pour conquérir l'Espagne, eût renoncé à cette entreprise audacieuse, si elle n'eût été appuyée par des masses d'infanterie berbère ;

La flotte algérienne, sous les Turcs, était construite avec des bois de la Kabylie, par des ouvriers berbères et montée par des matelots berbères ;

Enfin, sous les Turcs, comme aujourd'hui encore en Tunisie, la tribu berbère des Zouaoua, l'une des plus importantes de la Kabylie du Djerdjera, alimentait cette solide infanterie indigène que les zouaves ont remplacée, en conservant leur nom et leur costume.

De tout temps les Berbères ont donc été d'excellents militaires et de bons marins. Par contre, les Arabes n'ont jamais fourni aux armées régulières ni un soldat ni un matelot.

Nous en avons la preuve tous les jours.

En Algérie, il y a deux corps indigènes : les spahis (cavalerie), les tirailleurs (infanterie), recrutés, les premiers, parmi les fils de grandes tentes arabes, les seconds, vulgairement et improprement appelés *turcos*, dans la démocratie berbère.

Eh bien ! nous avons pu, sans difficulté et avec grand succès, envoyer les turcos combattre en Crimée, en Italie, au Sénégal, en Cochinchine, au Mexique ; plus les expéditions étaient lointaines et aventureuses, et plus on trouvait d'hommes de bonne volonté pour suivre le drapeau. On a essayé aussi l'envoi en Crimée d'un peloton de spahis pour y faire un service d'honneur; il a dû être renvoyé en Algérie presque immédiatement. On a appelé également, l'année dernière, un escadron de ce corps à Paris où il a été traité avec les plus grands égards, avec les ménagements les plus délicats; on a dû renoncer à une seconde épreuve.

C'est que le fantassin berbère est un soldat accompli, tandis que le cavalier arabe est à peine apte à un service intermédiaire entre celui de la gendarmerie et de la garde nationale, encore faut-il qu'on ne l'éloigne pas trop de sa tribu, de ses femmes et de ses troupeaux.

On remarque la même différence dans la fidélité au devoir; ainsi, dans la dernière insurrection du Sahara, des spahis ont ouvertement trahi la cause qu'ils servaient, — les archives des conseils de guerre en font foi, — pas un fantassin berbère n'a témoigné la moindre hésitation.

Quand nous voudrons avoir, en Algérie, une cavalerie indigène apte à servir dans toutes les conditions où la guerre peut l'appeler, nous devrons la recruter dans le milieu berbère; alors nous retrouverons en elle les descendants de ces cavaliers numides dont les Romains ont tiré si grand parti et qui ne doivent jamais être confondus avec l'Arabe et son coursier.

Depuis 1830, nous nous sommes privés, sans trop savoir pourquoi, du concours que les Berbères d'un littoral de 250 lieues de longueur pouvaient prêter à notre marine. On revient aujourd'hui sur cette erreur. Bientôt, si on sait renouer (1) la tradition perdue, on trouvera facile-

(1) Le gouvernement vient de créer une grande compagnie financière en vue de développer l'exploitation des richesses naturelles de l'Algérie.

Au nombre des plus importantes des richesses naturelles du pays est le corail, dont la pêche occupe annuellement plusieurs centaines de bateaux étrangers, lesquels enlèvent à notre commerce et à notre industrie une matière première estimée brute à 4 millions.

Ces 4 millions de corail brut, travaillés à l'étranger, rapportent, par échange avec la Russie et l'Inde, environ 20 millions d'autres marchandises.

La compagnie financière algérienne ne pourrait-elle pas essayer de rappeler les Berbères du littoral à la vie maritime, en mettant à leur disposition des bateaux de pêche pour aller disputer à des étrangers l'un des produits naturels les plus riches du littoral algérien?

En réalisant elle-même de grands bénéfices, la compagnie rendrait au gouvernement un grand service, car elle ferait renaître le goût de la navigation chez des hommes qui pourraient servir ultérieurement sur les bâtiments de l'État.

ment dans les montagnes que baigne la Méditerranée une pépinière de 20,000 matelots intrépides (1).

Inutile de le dire : l'Arabe ne connaît que le plancher des chevaux, des chameaux et des moutons. Jamais il n'a vu la mer, et, instinctivement, il lui répugne de confier ses jours à l'onde perfide.

Ainsi, autant le Berbère se montre disposé à jouer un rôle important dans nos entreprises en Algérie, autant l'Arabe semble devoir être réfractaire au progrès, à toute modification d'habitudes très-éloignées de notre civilisation.

C'est pourquoi les colons qui, chaque jour, établissent la différence entre les deux races, ne comprennent pas la préférence que le gouvernement accorde aux Arabes, et malgré les preuves les plus éclatantes du contraire, ils croient, en entendant parler de royaume arabe, à un parti pris de ne faire de l'Algérie qu'une école de guerre.

(1) On estime à 100,000 âmes le trop-plein de la population, par rapport à la superficie qu'elle occupe, dans le seul massif littoralien du Djerdjera.

## V



Dans les paragraphes précédents, j'ai tenu à mettre en parallèle l'état de civilisation des Berbères purs avec celui des Arabes purs, afin que les caractères distinctifs des deux races soient désormais constatés et reconnus; je me suis abstenu de parler des Berbères arabisés, qui constituent la majorité de la population, sorte de terrain de transition, de trait d'union, entre le fonds primitif berbère et l'alluvion arabe, élément mixte, cause de l'erreur qui a fait croire jusqu'à ce jour à une grande prépondérance de l'Arabe en Algérie.

Avant de conclure sur les règles de conduite à adopter à l'égard des indigènes de la colonie, je dois combler une lacune en consacrant quelques pages aux Berbères arabisés.

On se le rappelle, j'ai attribué aux diverses races musulmanes de l'Algérie les chiffres de population suivants :

| | |
|---|---|
| Berbères berbérisants, | 1,000,000 âmes. |
| Berbères arabisants, | 1,200,000 — |
| Arabes purs, | 500,000 — |
| Total, | 2,700,000 — |

Ce total, augmenté de 61,848 Maures, Israélites, Turcs, Coulouglis (fils de Turcs et de Mauresques), nègres et renégats (1), est égal au chiffre de 2,761,848 indigènes dénombrés en Algérie lors du dernier recensement officiel.

Si l'on englobe les Berbères arabisés avec les Arabes, la majorité est à ces derniers ; si, au contraire, on restitue l'élément mixte à sa souche originelle, les Arabes restent en très-grande minorité.

Il importe donc de bien préciser les caractères vrais des Berbères arabisés, pour savoir s'ils sont plus Berbères qu'Arabes, ou plus Arabes que Berbères, autrement on pourrait m'accuser de n'élever qu'une chicane de mots à l'appui d'une cause à défendre.

Il est inutile, je crois, de démontrer que les 1,200,000 âmes qualifiées Arabes dans les statistiques locales et que j'appelle Berbères arabisés, ne sont que des Berbères ayant plus ou moins adopté la langue et les habitudes des Arabes. Les travaux de la commission scientifique de l'Algérie, notamment les *Recherches sur l'origine et les mi-*

(1) Les renégats doivent figurer dans le dénombrement des populations indigènes de l'Algérie, non à raison de leur nombre, mais à cause de l'ardeur et de la passion qu'ils apportent dans la défense des intérêts de leurs coreligionnaires musulmans.

Pour l'honneur de la France, je dois dire que la plupart des renégats sont d'origine étrangère ou des hommes de couleur.

*grations des principales tribus de l'Afrique septentrionale et particulièrement de l'Algérie*, de M. le colonel du génie E. Carette (1), ne laissent aucun doute à cet égard.

En effet, d'après les historiens qui ont écrit sur l'invasion des Arabes dans la Berbérie, — que les conquérants eux-mêmes appelaient *El-Khadra*, la verte, à raison de la richesse de ses cultures, — il est de la dernière évidence que le pays était très-peuplé et que les hordes armées qui y pénétrèrent progressivement étaient très-inférieures en nombre.

El-Kerouani, Cardonne, Ebn-er-Rakik, Marmol, nous font connaître les noms des tribus arabes des diverses invasions, les lieux où elles se sont fixées ; en ajoutant à la liste de ces écrivains les noms des tribus que des recherches plus récentes autorisent à classer d'une manière certaine parmi les immigrants de l'Arabie, on trouve en tout vingt noms de tribus arabes, savoir :

*Province d'Alger*, dans le Tell : Ouled-Taalba, Ouled-Okba, Ouled-Saïd, Ouled-Bellil ; dans le Sahara : Ouled-Yagoub et Ouled-Mimoun. Total : *six tribus.*

*Province d'Oran*, dans le Tell : Ouled-Habra, Ouled-Souïd, Ouled-Hurna, Ouled-Sobaïr et Beni-Amer. Total, *cinq tribus.*

*Province de Constantine*, dans le Tell : Hanencha et Ouled-Yahya ; dans le Sahara : Ouled-Sooula, Drid, Muslim, Saïd-Ouled-Amer, Saïd-Atba, Ouled-Moulat et Toroud. Total, *neuf tribus.*

Total général : vingt tribus sur un chiffre de douze cents environ que donnent les meilleures statistiques.

(1) Ouvrage publié par ordre du gouvernement et avec le concours d'une commission académique. Paris, 1853, Imprimerie impériale. Chez Challamel aîné, libraire-commissionnaire, 30, rue des Boulangers.

En tenant compte des démembrements de ces vingt tribus; en attribuant aux familles de marabouts qui se sont fixées au milieu des Berbères pour leur enseigner la religion musulmane la puissance d'y avoir constitué des tribus; en supposant qu'aucun groupe arabe n'ait disparu soit dans les sanglantes révolutions qui ont si souvent agité le pays, soit dans les épidémies qui l'ont ravagé, soit dans les famines que l'imprévoyance rendait si redoutables, on ne peut arriver au total de tribus arabes donné par les recensements officiels, sur la seule autorité de ce fait que ces tribus parlent la langue arabe.

Ordinairement la langue parlée par un peuple a une grande valeur ethnique, quand ce peuple n'a pas été envahi par un autre peuple lui apportant une religion nouvelle et lui imposant, même pour les actes de la vie privée, l'usage d'une langue réputée sacrée.

L'exclusivisme musulman a été poussé si loin à l'égard de la langue du peuple conquis qu'on a détruit toutes les traductions berbères du Coran, qu'on a interdit les prières en langue berbère. Bien plus, on a fait disparaître, sur tout le littoral méditerranéen, jusqu'au souvenir de l'existence d'un alphabet avec lequel on écrivait jadis cette langue, et si des découvertes récentes ne nous avaient fait retrouver cet alphabet chez les Berbères du plateau central du Sahara, ceux du littoral ignoreraient encore qu'il a existé et qu'il existe.

La disparition complète de tous les ouvrages écrits dans la langue de Carthage indique tout ce que peut le fanatisme dans cette voie.

La langue arabe parlée par la majorité des tribus de l'Algérie ne prouve donc pas que ces tribus soient de race arabe, pas plus que l'usage de la langue latine dans nos églises et dans nos académies ne prouve que nos prêtres et nos savants soient des Romains.

Ainsi, il y a, sinon certitude absolue, du moins très-grande présomption historique que les tribus autres que celles ci-dessus énumérées sont toutes d'origine berbère, mais arabisées.

Je sais que cette opinion rencontre beaucoup de prétentions contraires parmi les musulmans de l'Algérie qui, pour la plupart, veulent descendre ou du prophète Mohammed (1) ou de quelque illustre conquérant arabe.

Sans état civil, sans noms de famille, avec la polygamie et le divorce, il doit être bien difficile, au plus grand nombre des Algériens, Arabes ou Berbères, de savoir quel a été le père de leur aïeul, et c'est probablement parce que la lumière en matière de filiation ne peut être faite, que plus de 100,000 prétendent posséder, d'une manière

(1) Tous les descendants du prophète prennent le titre spécial de *cherif*, au pluriel *chourfa*. En Algérie, il a des tribus entières ou des fractions de tribus qui sont réputées *chourfa*. Abd-el-Kader appartient aux chourfa d'Eghreis, fraction de la tribu des Hachem. Quoiqu'il se prétende Arabe, en sa qualité de *cherif*, considérée, dans ce cas, comme synonyme de *descendant du prophète Mohammed*, Abd-el-Kader n'est lui-même qu'un Berbère arabisé, comme la plupart des hommes éminents dont l'Afrique septentrionale s'honore. Je crois qu'Abd-el-Kader a été lui-même de cet avis, quand il avait intérêt à rallier autour de son drapeau l'élément national des Berbères. A l'époque de la fondation de Takdemt, qui devait être la capitale militaire de la confédération belligérante dont il était le chef, j'ai entendu dire par les siens, et même dans sa famille, que Takdemt avait été l'objet de son choix, parce que l'un de ses ancêtres, Abd-er-Rahman-ben-Roustem, le fondateur de la dynastie berbère des Roustémites, avait jadis (762 de J.-C.) régné à Tahart, la moderne Tiaret des Français, très-voisine de Takdemt. Ainsi, sans être Arabe, Abd-el-Kader lui-même, un homme sans préjugés, se donne une origine arabe. A son imitation, beaucoup font de même.

Il est bon d'expliquer comment on peut être cherif sans être Arabe.

Tout *chrétien* qui devient musulman est *cherif*. Le titre que revendique Abd-el-Kader, et que je lui concède bien volontiers, prouve que ses ancêtres étaient de très-honorables chrétiens à l'époque de la conquête musulmane.

A Damas, il a agi comme un digne fils de ses ancêtres.

certaine, indubitable, leur généalogie jusqu'à Mahomet, et même quelques-uns jusqu'à Noé et Adam.

Quoi qu'il en soit, je dis et je soutiens que parmi les tribus réputées arabes, parce qu'elles en parlent la langue, on retrouve encore aujourd'hui, à un degré plus ou moins complet, les qualités et les aptitudes favorables au progrès qui distinguent les Berbères purs des véritables Arabes.

Ainsi, on remarque dans la plupart de ces tribus une certaine tendance à la stabilité : elles habitent des maisons dans les oasis, des huttes en pierre dans les montagnes, des chaumières (*gourbi*) dans les plaines; elles s'attachent au sol qu'elles cultivent, et quand elles n'en sont pas propriétaires incommutables, elles revendiquent avec ardeur le droit de premier occupant. Par ces côtés, ces tribus se rapprochent bien plus des Berbères que des Arabes qui préfèrent la tente à toute autre demeure et qui ne sont réellement heureux que dans l'espace sans limites.

Chez les Berbères arabisés, il y a égalité entre tous les membres de la tribu; quelques-unes de leurs agglomérations sont régies par des assemblées de notables (1). Ce ca-

---

(1) Sous le gouvernement des Turcs, la plupart des tribus berbères arabisées étaient administrées par des djemâa.

Abd-el-Kader, en fondant un pouvoir théocratique, ne pouvait conserver en même temps le pouvoir démocratique des assemblées de notables. Il les supprima et les remplaça par des chefs nommés par lui et connus sous le nom de *Kaïd*.

On sait que le gouvernement français crut devoir respecter religieusement l'organisation donnée au pays par Abd-el-Kader, quoiqu'elle fût dirigée contre nous.

Dans les tribus du Tell qui ont été soumises au gouvernement d'Abd-el-Kader, nous retrouvons donc peu de djemâa aujourd'hui; mais elles ont continué à fonctionner sur tous les points qui ont échappé aux lois de l'émir. Ainsi, dans la presque totalité des qeçour du Sahara, la djemâa existe encore et a conservé ses anciennes attributions, quoique

ractère révèle encore l'origine berbère, car, chez les Arabes, le régime des castes, sous l'autorité d'un chef aristocratique ou théocratique, a toujours prévalu.

L'idée du juste et de l'injuste, du tien et du mien, domine chez les Berbères arabisés, tandis que les Arabes ne reconnaissent guère que la loi du plus fort et la part du lion.

Le Berbère, quoique arabisé, a conservé, sinon l'amour du travail, du moins quelque aptitude pour certaines professions : ainsi il est terrassier, carrier, chaufournier, plâtrier, potier, charbonnier, goudronnier, tisserand, etc., etc.; l'Arabe, au contraire, a une répugnance instinctive pour tout travail manuel qu'il considère comme servile.

Les tribus auxquelles je donne le nom de Berbères arabisants se distinguent encore des Arabes par leur soumission au fait accompli, par leur docilité à obéir au gouvernement.

Par leurs caractères physiques, par leur costume, par leur régime alimentaire, par leurs méthodes de cultures, les Berbères arabisés se rapprochent donc bien plus des Berbères que des Arabes.

Il n'y a que l'usage de la langue arabe qui permette de confondre ces tribus avec les Arabes. Eh bien ! ce caractère a peu de valeur, car les Berbères arabisés parlent un

des kaïds nommés par nous embrassent tous les indigènes sous leur autorité. Dans les populations sédentaires du Tell également, l'institution des djemâa a été conservée aussi souvent que possible.

En ce moment, on les rétablit dans toutes les tribus pour l'exécution du sénatus-consulte de 1863, et à la facilité avec laquelle elles acceptent ce mode de représentation de leurs intérêts communs, il est facile de constater combien cette institution est dans les mœurs de tous les Berbères, quels que soient les emprunts faits par eux aux habitudes des Arabes.

arabe très-corrompu et entaché d'une corruption berbère (1).

(1) Je suis heureux de me trouver encore d'accord sur ce point avec
M. le baron de Dumast, qui propose la création, à l'école des langues,
d'un cours d'*algérien*, distinct de l'*arabe vulgaire*, qui, d'après l'honorable savant, sont deux langues différentes. Voici comment il motive sa
proposition :

« Originairement, sans doute, lors de la conquête musulmane, la
langue qui *prit règne* en Algérie (à la surface, du moins) fut l'arabe,
que parlaient les vainqueurs; mais, peu à peu, s'y introduisirent des
termes locaux dont le nombre alla toujours croissant. Depuis la chute
des califats et l'affaissement de la culture littéraire, l'invasion des
termes du crû n'a plus eu de limites. Mille locutions vicieuses se sont
ensuite établies; la conjugaison même des verbes s'est profondément
altérée; on a maintenant perdu toute espérance de ramener la gram-
maire barbaresque à ces règles arabes fondamentales, que l'Orient, lui,
n'a pas laissées périr. Il faut donc en prendre son parti, et se résigner
à voir dans l'*algérien* ce qu'on est bien forcé de voir dans le *marocain*;
c'est-à-dire un dialecte magrébite tellement spécialisé, tellement cor-
rompu, *qu'il forme désormais langue à part*.

« Il n'en est pas ainsi de l'*arabe vulgaire*. Celui-ci, bien qu'il se soit
débarrassé des formes compliquées de l'idiome coranesque et classique,
n'en a pas abjuré totalement le caractère... A travers les libertés qu'il
s'est données et l'indépendance d'allures qu'il a prise, c'est la langue
arabe en négligé, mais c'est encore la langue arabe. »

Quoique j'eusse constaté la très-grande différence qui existe entre
l'arabe parlé dans les tribus incontestablement arabes et l'idiome en
usage dans les tribus berbères arabisées, je ne croyais pas, — incompétent que je suis en ces matières, — que la différence fût assez grande
entre l'*arabe vulgaire* et l'arabe parlé en Algérie, — celui que M. de
Dumast appelle l'*algérien*, — pour que l'enseignement de l'un et de
l'autre dût relever de deux chaires distinctes.

Si la proposition de M. de Dumast est fondée, — ce dont je ne doute
pas, — les caractères distinctifs entre les Berbères arabisés et les Arabes
purs seraient bien plus complets que je ne le croyais. Alors trois langues correspondraient à ma classification des indigènes :

Les Berbères berbérisants parleraient le *berbère*;

Les Berbères arabisants, l'*algérien*;

Les Arabes, l'*arabe vulgaire*.

Je constate, avec le plus grand plaisir, que cette distinction, appelée

Entre les Berbères qui ont conservé, dans les montagnes, l'originalité de leur race, avec les traditions de l'époque romaine, moins la religion, et les Berbères des plaines exposées à toutes les invasions, soumises à toutes les révolutions, il n'y a qu'une différence, c'est que les uns ont échappé à l'influence démoralisatrice des Arabes, et que les autres se sont trouvés dans l'impossibilité de l'éviter.

Viendrons-nous, à notre tour, soumettre toute l'Algérie au niveau arabe, en mettant les armées civilisatrices de la France à la disposition du génie immuable de La Mekke, pour achever une œuvre de *dénationalisation*, objet de ses convoitises impuissantes depuis douze siècles?

Poser la question, c'est la résoudre.

Dans un débat de cette nature, l'écrivain le plus consciencieux doit toujours craindre d'être accusé de partialité; c'est pourquoi j'invoque, à l'appui de mon opinion, quelques passages de l'étude la plus complète qui ait été faite sur ces matières. Je veux parler du grand ouvrage de M. le colonel du génie, E. Carette, déjà cité et publié il y a douze ans, alors que le mot *royaume arabe* n'avait jamais été prononcé, alors qu'aucun antagonisme entre l'indigénat et la colonisation n'avait surgi au nom d'une soi-disant *nationalité arabe*.

On lit dans cet ouvrage, pages 412 et 413 :

« Cet ensemble de faits montre ce que fut la seconde apparition des Arabes en Afrique. Si l'invasion du vii⁰ siè-

à rectifier les statistiques des officiers des bureaux arabes, est due à un savant de la métropole, tant il est vrai que le gouvernement et l'administration de l'Algérie ont intérêt à ne pas trop s'isoler de la France, à ne pas trop *s'arabiser*.

cle eut le caractère d'un ouragan qui, en un instant, déracine les arbres et renverse les édifices, l'irruption du xie ressemble à un incendie qui, de proche en proche, réduit tout en cendres, édifices et arbres. Ce que l'ouragan avait épargné, l'incendie le dévore; ce que la *politique arabe* avait laissé debout, *le génie arabe* le démolit.

« Livrées à leurs instincts, les tribus poursuivent et complètent l'œuvre de destruction commencée par le gouvernement des khalifes. Tantôt elles traversent les populations autochthones sans les déplacer, tantôt elles les entraînent avec elles sans leur faire perdre leur type originel; le plus souvent, elles les dissolvent complétement; mais, toujours et partout, leur passage a pour conséquences inévitables la ruine des villes, la dévastation des vergers, la dépopulation et la misère, c'est-à-dire la *barbarie.* »

Dans le passage suivant, page 421, M. Carette nous fait connaître la situation en Algérie au moment de la conquête turque :

« La plupart des massifs montagneux se trouvaient encore au pouvoir des Berbères; les plaines avaient été envahies et dévastées par les Arabes. Quant aux villes, il en restait très-peu; abandonnées par leurs habitants, presque toutes tombaient en ruine. Si, profitant d'un moment de trêve, quelques familles exilées revenaient dans les murs de la cité natale et essayaient de reconstruire leurs demeures, les Arabes accouraient aussitôt et s'y opposaient. Force leur était donc ou de vivre sous la tente en nomades, comme les Arabes, ou d'aller bâtir une hutte dans la montagne. »

Enfin, page 425, M. Carette nous fait connaître quelle

a été la manière d'être des Arabes au Maroc, en Algérie, à Tunis, pendant la période de trois siècles du gouvernement turc. Pour l'Algérie et le Maroc, voici en quatre lignes le résumé des recherches de l'auteur :

« Détrousser les voyageurs, piller les caravanes, ravager le territoire des villes ou des tribus voisines, telles furent, au Maroc et en Algérie, leurs occupations normales : *ils se livrèrent au brigandage.* »

Pour l'honneur des populations musulmanes de l'Algérie, je m'estimerai très-heureux si je suis parvenu à démontrer que les Arabes y sont en très-grande minorité et que la France doit tenir à honneur de témoigner ses sympathies aux Berbères, arabisés ou non, en les relevant de l'oppression qu'ils ont subie pendant de si longues années.

Le principe du droit des nationalités est aujourd'hui en grand honneur dans la politique européenne, et il est hors de doute que l'Empereur s'est surtout inspiré du respect dû à ce droit dans toutes les mesures libérales qu'il propose en faveur des Indigènes.

Seulement l'Empereur, mal renseigné par ceux qui avaient mission de l'éclairer, s'est trompé de nationalité.

Si, au lieu de demander aux colons le respect de la nationalité arabe, respect presque incompatible avec la colonisation, Napoléon III avait revendiqué les droits légitimes de la nationalité berbère, tous eussent applaudi à ses généreuses inspirations, car autant le progrès est difficile, pour ne pas dire impossible, avec le régime arabe, autant il est facile en greffant la civilisation française sur la tradition berbère.

Erreur n'est pas loi avec un prince, ami de la vérité, comme celui auquel la France a confié l'avenir de ses destinées.

Abd-el-Kader. — Caractère de son autorité quand il nous combattait en Algérie. — Obstacles qu'il a rencontrés dans ses lieutenants, dans sa famille, dans sa tribu, dans ses conseillers intimes, dans ses réguliers. — Il n'a même pu, malgré sa volonté, malgré son intérêt, empêcher la reprise des hostilités en 1839. — Nommé *commandeur des croyants* pour combattre les infidèles, il n'a eu de pouvoir qu'à ce titre.

Avant de formuler des conclusions au sujet des indigènes, qu'il me soit permis d'ouvrir une large parenthèse pour dégager de la question un inconnu qui préoccupe vivement l'opinion publique en France ; je veux parler d'Abd-el-Kader, notre hôte, pendant les beaux jours de l'été dernier.

Dans deux documents, émanés de l'Empereur lui-même, l'Algérie est qualifiée de *Royaume arabe*.

A un royaume il faut un roi.

Abd-el-Kader sera-t-il le roi de tout ou partie de l'Algérie ? Sera-t-il le Juba d'un nouvel Auguste, le Maximilien d'un nouveau Mexique ?

Le *Moniteur universel* a démenti cette hypothèse, mais l'opinion publique n'a pas complétement cessé de s'en occuper.

M. Emile de Girardin, dans la *Presse*, demande depuis longtemps que l'Algérie soit rendue à Abd-el-Kader, pour mettre fin à ce qu'on a appelé *l'humiliante négation d'efforts stériles.*

Jusqu'à ce jour, personne n'avait vu dans la proposition de M. de Girardin qu'une formule originale pour obliger le gouvernement à doter l'Algérie des institutions sans lesquelles aucune colonie ne peut prospérer.

Mais, à l'occasion de l'arrivée d'Abd-el-Kader à Paris, au moment où l'Empereur s'occupait de l'Algérie pour lui donner une constitution, pour y inaugurer une ère nouvelle, des écrivains officieux ont semblé considérer comme sérieuse la proposition de M. de Girardin et se sont mis en frais d'imagination pour poser la candidature de l'ex-émir à un trône quelconque.

Les radicaux, nous ramenant à vingt ans en arrière et effaçant d'un trait de plume toutes les difficultés issues du traité de la Tafna, semblaient disposés à accepter qu'il fût fait de l'Algérie deux parts : l'une, limitée à quelques cantons du littoral et affectée à la colonisation européenne ; l'autre, abandonnée aux indigènes sous le gouvernement d'Abd-el-Kader.

Les plus modérés, considérant que le Sahara, à raison de son immense étendue, de sa pauvreté et du petit nombre de ses habitants, est difficilement gouvernable par des agents français, trouvaient que ce serait une excellente affaire pour nous si Abd-el-Kader consentait à nous débarrasser de ce soin et à obliger les tribus qui parcourent les landes désertiques à respecter notre établissement.

Ces deux propositions, différentes quant à la limite seulement, présupposent chez Abd-el-Kader une influence personnelle assez grande pour le faire accepter sans contestation par tous ses coreligionnaires.

En est-il ainsi?

De 1832 à 1847, Abd-el-Kader a disposé d'un levier puissant : son pays était envahi par des étrangers et par des infidèles; il était marabout et il a prêché la guerre sainte, comme tous les autres marabouts. Il a été distingué entre tous, parce qu'il était supérieur à tous, et on l'a proclamé *Émir-el-Moumenin*, commandeur des croyants, titre spécial des *généraux musulmans qui combattent les infidèles*.

A ce titre, il a commandé à la façon d'un général en chef, dans un pays en état de siége, et il a disposé, dans l'intérêt de la guerre, soit par lui-même, soit par ses lieutenants, de toutes les forces vives du pays à défendre contre l'ennemi.

Au centre de la province d'Oran, dans le pays qui relevait de l'autorité de Mascara, Abd-el-Kader était réellement puissant, souverain même, si l'on veut, parce que la tribu des Hachem, dans laquelle il était né, mettait à sa disposition une force supérieure à celle des tribus qui auraient pu avoir la velléité de lui résister; parce que le khalifa qui commandait cette province, Moustafa-ben-Thami, était son cousin-germain par sa mère, et son beau-frère comme époux de Lella-Khéra, sœur aînée de l'émir; parce qu'enfin la zaouiya métropolitaine de l'Oued-el-Hammam mettait à sa disposition toute l'élite de la jeunesse lettrée du pays dont l'éducation avait été faite dans cette zaouiya, soit par Sidi-Mahi-ed-Din, père d'Abd-el-Kader, soit par Sidi-Mohammed-Saïd, frère aîné de l'émir.

Mais à Tlemcen, à Miliana, à Médéa, les populations relevaient des grands chefs de ces pays, de Bou-Hamedi, de Ben-Allal, de Berkani, soumis, il est vrai, à l'autorité supérieure de l'émir, parce que, dans l'intérêt de la lutte à soutenir contre nous, ces hommes considérables avaient accepté d'être ses khalifes ou lieutenants. Pour toutes les affaires autres que celles de la guerre, ces lieutenants étaient réellement indépendants.

Abd-el-Kader a eu bien souvent à se plaindre d'eux; il ne lui est jamais venu à l'idée de les changer, parce que, l'eût-il voulu, il ne l'eût pas pu.

Chaque khalifalik était à peu près autonome et disposait, pour sa défense propre, de ses troupes régulières et irrégulières, ainsi que des impôts payés par les tribus. Quand, dans un intérêt général, l'émir réclamait des secours en hommes ou en argent, on ne les lui envoyait pas toujours, et le plus souvent il était obligé de s'en passer.

Voici un fait probant de l'indépendance des provinces :

Par le traité de la Tafna (1837), Abd-el-Kader avait fait cession à la France des villes de Blida et de Coléa, et il devait nous en faire remise immédiate. Je fus désigné par le général Bugeaud, signataire du traité, pour me rendre, en qualité de commissaire du gouvernement français, à Blida et à Coléa, avec Abd-el-Kader ou l'un de ses fondés de pouvoirs, pour prendre possession de ces deux villes et constater par un procès-verbal leur remise régulière, comme avait fait M. le commandant de Menonville pour la remise de Tlemcen au khalifa Bou-Hamédi. Mais Blida et Coléa appartenaient au khalifalik de Ben-Allal et ce chef, dont le gouvernement siégeait à Miliana, contesta à Abd-el-Kader le droit qu'il s'était arrogé de disposer de deux villes situées dans sa province et lui refusa de concourir à l'exécution de cette clause du traité. J'attendis dans la capitale de l'émir, avec bagages prêts pour le départ, l'avis d'Abd-el-Kader, pour aller le rejoindre et remplir la mission qui m'était confiée; mais Ben-Allal

ne voulut jamais se désister de ses prétentions à conserver ces deux villes, et, malgré la clause formelle d'un
traité revêtu de la signature du commandeur des croyants,
M. le maréchal Valée, alors gouverneur de l'Algérie, dut
envoyer des troupes à Blida et à Coléa pour prendre ces
villes de gré ou de force.

Abd-el-Kader n'était pas de mauvaise foi dans cette circonstance, il était réellement impuissant.

Ce que nous, Français, nous avons toujours appelé le
gouvernement d'Abd-el-Kader n'était qu'une ligue de
quatre provinces, ayant leurs chefs, leur gouvernement
et leurs ressources distincts, mais d'accord entre elles,
— afin qu'il y eût unité dans l'action contre l'ennemi
commun, — pour reconnaître la suprématie du chef de la
province centrale.

Puis, dans ces quatre provinces, toutes les tribus étaient
loin de reconnaître l'autorité des chefs provinciaux, encore moins celle de l'émir. Les Berbères des massifs montagneux et les Sahariens ont toujours résisté aux tentatives de domination, et, malgré des efforts réitérés, ils
ont conservé leur indépendance. Tout au plus, en leur
qualité de musulmans, ont-ils promis de concourir à la
défense commune, si l'ennemi s'approchait de leurs retraites.

Même dans sa famille, comme dans sa tribu, Abd-el-
Kader a vu plus d'une fois son autorité méconnue, et la
ferme volonté de ne pas compromettre sa mission par des
luttes intestines, lui a été souvent nécessaire pour conjurer des révoltes ouvertes.

Un de ses oncles, Sidi-Ali-Bou-Taleb, le frère de son
père, le père de son unique femme légitime, avec trois de
ses fils, conséquemment cousins germains et beaux-frères
de l'émir, ont conspiré ouvertement contre lui, depuis le
jour de son avénement au pouvoir, jusqu'au moment où

ces membres de sa famille, ses plus proches parents, après avoir fait leur soumission à la France, se sont réfugiés au Maroc.

L'un de ces cousins, Sidi-Abd-el-Kader-Bou-Taleb, était chef de la secte politique des Derkaoua à laquelle ses statuts ordonnent de ne reconnaître que Dieu pour souverain et de combattre tout homme exerçant un commandement politique sur ses semblables.

Sa tribu, celle des Hachem, ne lui a épargné non plus aucune avanie.

L'épisode que je cite ci-après est authentique :

En décembre 1835, Abd-el-Kader ne peut disputer au maréchal Clauzel le passage de Sidi-Embarek, par lequel l'armée française gagnait Mascara ; aussitôt il est abandonné de tous les siens.

Seul, il rentre chez les Hachem, au milieu desquels se trouve son foyer domestique.

« Tu n'es plus notre sultan ! » lui disent les chefs, et ils déchirent en pièces et en morceaux son parasol, insigne de sa dignité ;

« Tu n'es plus digne de monter à cheval ! » lui crient les cavaliers, et on lui arrache les éperons de sa chaussure ;

« Tu n'es plus même un homme ! » profère la foule et elle le dépouille du vêtement que portent les hommes ;

« Tu ne peux plus être le mari d'une de nos femmes,» et on lui enlève sa femme qui rentre dans sa famille paternelle ;

« Tu ne mérites pas d'être père ! » et ses enfants, qu'il aimait tant, suivent leur mère dans un foyer d'intrigues qu'il n'a jamais pu rallier à sa cause.

On lui avait laissé son cheval, sa besace contenant quelques figues sèches, son fusil et sa cartouchière. Avec ces seuls débris de sa fortune, il revient sur ses pas observer la marche de nos colonnes.

Pendant trois jours, elles occupent Mascara, sa capitale ; pendant trois jours, Abd-el-Kader reste immobile, sur un tertre qui domine Mascara, au pied d'une touffe de palmiers nains à laquelle il a attaché son cheval ; il médite et prie.

Son cheval vit de feuilles de palmier, lui de figues.

Bientôt l'armée française, après avoir détruit et incendié Mascara, se retire sur Mostaganem, et, pendant que son peuple le croit en fuite vers le Maroc, Abd-el-Kader suit à deux cents mètres notre arrière-garde, signalant de temps à autre sa présence par un coup de fusil isolé.

Avant la fin de la journée, quelques groupes de cavaliers, attirés par l'espoir d'un peu de butin à faire sur notre convoi, retrouvent leur sultan en lutte, seul, contre une armée ; ils forment une première escorte au vaincu de Sidi-Embarek, et, avant la rentrée de nos troupes à Oran, cette escorte, par des renforts successifs, est devenue une armée avec laquelle l'Emir va, sous les murs du chef-lieu de la province, enlever les troupeaux de ceux de nos auxiliaires indigènes qui suivaient la colonne du maréchal Clauzel.

Ainsi, il se vengeait des outrages de ceux qui auraient dû s'honorer d'être ses très-humbles serviteurs.

Au sein même de son gouvernement, Abd-el-Kader était chaque jour obligé de céder à la pression despotique de ses meilleurs amis.

Un jeune Français, intelligent et instruit, renégat et transfuge, avait conquis l'amitié et la confiance d'Abd-el-Kader en lui rendant les plus grands services. Avec le temps, l'amitié devint une étroite intimité, et notre compatriote était considéré par le plus grand nombre comme un *alter ego* de l'émir.

Toutefois, ceux qui constituaient sa cour n'avaient pas vu sans jalousie s'élever à côté d'eux un étranger dont les conseils étaient toujours écoutés et souvent suivis. Bientôt Abd-el-Kader avait à défendre son ami contre de nombreuses accusations et même à protéger sa vie contre des dangers réels. Malgré l'appui très-dévoué de l'émir, la position cessa d'être tenable, et, après deux années de séjour dans le camp des vrais croyants, le jeune néophyte fut obligé de tout risquer pour rentrer parmi nous.

Avec ses réguliers, qu'il appelait ses fils et qu'il aimait comme tels, Abd-el-Kader n'était guère plus heureux quand, la caisse vide, il n'avait pas d'argent pour les payer. Plus d'une fois, le *Pas d'argent, pas de réguliers,* a retenti péniblement à ses oreilles, à ce point qu'en un certain jour, il a été obligé de dépouiller sa mère, sa femme, ses filles de leurs bijoux et de leurs vêtements de luxe, pour les envoyer au marché et en donner le prix de vente à ceux qui menaçaient de l'abandonner.

Autre preuve et plus concluante des difficultés que rencontrait Abd-el-Kader dans le gouvernement de ses prétendus États, car il s'agit ici d'une décision qui doit le conduire à sa perte.

En 1839, l'interprétation du traité de la Tafna donne lieu à quelques dissentiments entre les contractants. Abd-el-Kader avait raison, il défendait son droit, mais il ne voulait pas la guerre. De son côté, le maréchal Valée était convaincu qu'elle ne pouvait pas surgir d'un différend sans importance réelle au fond. Mais les indigènes venaient de jouir de deux années de paix; ils avaient réparé leurs pertes en chevaux et en hommes, renouvelé leurs munitions, et aucun d'eux, chefs en tête ne voulut entendre raison. Malgré l'avis contraire d'Abd-el-Kader, il fut décidé que la guerre recommencerait de suite. Seul, l'émir ne pouvait se faire illusion sur ses résultats ultérieurs (1).

A peine eut-il le temps de prévenir le maréchal Valée qu'il était débordé par le fanatisme de ses sujets et que la Mitidja allait être envahie par les cavaliers des tribus sous les ordres de son khalifa Ben-Allal. Il lui répugnait, en ennemi loyal, de laisser surprendre son adversaire sans défense. La correspondance officielle du temps confirme tout ce que j'avance ici (2).

Si, dans une question aussi grave, Abd-el-Kader a dû, lui aussi, contre son intérêt, contre sa volonté, subir la guerre, c'est qu'il n'avait pas été élu pour fonder un royaume, mais pour combattre les infidèles, sans trêve ni merci, et les obliger à quitter le pays, si telle était la volonté de Dieu.

(1) Le 14 novembre 1839, l'israélite Ben-Durand arrivait près de l'émir à Médéa, pour lui représenter au nom du maréchal Valée les dangers de la guerre :

« Vous avez tort, dit notre envoyé, la France est un pays puissant, et, vous le savez, son armée est brave et fort instruite dans les choses de la guerre. »

« Tout cela, je le sais, réplique Abd-el-Kader; mais *les khalifas veulent la guerre*, et le peuple me traite déjà d'infidèle (*kafer*) parce qu'elle n'est pas commencée. Les Français en sont la cause, *je ne la désirais pas.* »

(*Vie d'Abd-el-Kader* par M. A. Bellemare, d'après les documents officiels déposés aux archives du ministère de la guerre. Paris, 1863).

(2) Le 3 novembre, Abd-el-Kader avait écrit au maréchal Valée une lettre qui se termine ainsi :

« La rupture vient de vous. Mais pour que vous ne m'accusiez pas de trahison, je vous préviens que je vais recommencer la guerre. *Préparez-vous donc, prévenez vos voyageurs, vos isolés, en un mot, prenez toutes vos précautions comme vous l'entendrez.* »

Abd-el-Kader a été à la hauteur de cette mission, et, certes, il a déployé plus de génie pour lutter contre les obstacles à l'union qu'il rencontrait dans son propre peuple, que pour faire face aux colonnes françaises qui l'assaillaient de toutes parts.

L'histoire de cette double lutte d'Abd-el-Kader contre ses sujets indisciplinés et contre la puissance militaire la plus formidable de l'Europe sera écrite un jour; elle le serait déjà, si j'avais pu supposer un instant que nous pussions jamais revenir à l'idée d'un nouveau traité de la Tafna.

En France (1), nous ne connaissons que le côté de ce gigantesque effort qui nous a obligé à entretenir en Algérie une armée de cent mille hommes pour tenir tête à un héros toujours battu, mais toujours sur la brèche, et qui n'a jamais eu, sous son autorité, un million de sujets réels pour alimenter et renouveler ses contingents épuisés.

Mais cet homme avait la foi qui transporte les montagnes, il était armé du Coran qui lui donnait une force égale à sa foi; il combattait des étrangers et des infidèles et il avait pour auxiliaires tous ceux auxquels on avait appris dans les zaouiya que la guerre sainte est le premier devoir de tout bon musulman.

Nonobstant, il a dû être grand entre les grands, pour ne pas faillir à sa tâche, tant il était entouré de rivalités, d'intrigues, de compétitions de toute nature.

---

(1) Abd-el-Kader est bien plus grand à nos yeux qu'à ceux de ses anciens compagnons d'armes dont les souvenirs se bornent à se rappeler les sacrifices et les pertes d'une guerre inutile.

En 1848, j'ai parcouru la province d'Oran en qualité de directeur des affaires civiles de cette province, et j'ai profité de cette circonstance pour me rendre compte de l'effet produit par la soumission de l'émir dans sa propre tribu, chez les Hachem. Mon impression a été celle-ci : Abd-el-Kader était tombé. On ne pensait même plus à lui.

Et c'est au héros de cette glorieuse épopée qui l'a rendu l'objet de l'admiration de l'univers musulman et chrétien que l'on proposerait de changer son titre de *commandeur des croyants* contre celui de *vice-roi de la puissance chrétienne* à laquelle il a disputé, pas à pas, la conquête de son pays !

Ou Abd-el-Kader accepterait sans arrière- pensée, — ce dont on ne peut douter, — et alors, avant trois ans, débordé par le fanatisme de ses sujets, assailli par les prétentions rivales d'autres marabouts, il serait obligé, non plus comme en 1839, de nous avertir de prendre des mesures de conservation, mais de venir chercher un asile dans nos rangs.

Ou... le respect que je professe hautement pour le caractère d'Abd-el-Kader ne me permet pas d'examiner l'autre hypothèse.

Lui-même, d'après plusieurs journaux se prétendant bien informés, aurait déclaré à l'Empereur ne pouvoir jouer aucun rôle politique en Algérie, car il serait immédiatement mis en demeure, par ses anciens compagnons d'armes, de reprendre l'offensive contre nous.

Pour moi, il y a encore un argument plus puissant contre une restauration impossible : Abd-el-Kader est un homme et non une dynastie ; il a cinquante-huit ans, et les fatigues de sa vie passée ne lui permettent pas de vivre éternellement. A sa mort, nous serions obligés de procéder de nouveau à la conquête de sa vice-royauté. Une telle éventualité résout la question.

# VII

Conclusions. — Étendre le régime municipal et départemental qui existe à l'état rudimentaire. — Compléter l'organisation par quelques réformes en matière d'impôt et de justice.

Nous avons dans le Maroc et dans la Tunisie un exemple de ce que serait l'Algérie si elle était gouvernée, en totalité ou en partie, par un musulman, Abd-el-Kader ou tout autre. La révolte et l'insubordination y régneraient. Cependant notre drapeau ne saurait abriter l'anarchie, encore moins depuis qu'un sénatus-consulte a attribué la qualité de Français à tous les indigènes de la colonie. Nous sommes donc contraints, par la force des choses, à gouverner et à administrer par nous-mêmes toute l'étendue de nos possessions, conformément au programme du maréchal Bugeaud : *Tout ou rien.*

Est-ce donc si difficile ?

Je ne le pense pas, si on veut bien ne voir dans les indigènes de l'Algérie que ce qu'il y a : une démocratie docile, aspirant à l'ordre, à la paix, à la richesse, et représentant les quatre cinquièmes des habitants, et une aristocratie inquiète, turbulente, avide et tellement en minorité, qu'elle est inférieure même au cinquième de la population totale ; je ne doute pas du succès, si après avoir pris un parti, même le plus mauvais, on y persévère avec suite, en appliquant la justice à tous, sans faiblesse et sans pusillanimité.

Entre tous les systèmes de gouvernement et d'administration à adopter, le meilleur est celui qui créera l'unité entre tous les indigènes et les rapprochera le plus de nous, progressivement, successivement, de manière à arriver, avec le temps, à l'assimilation complète.

La soumission des indigènes à un régime unique me semble une conséquence forcée du titre de Français qui vient de leur être conféré, car, parmi eux, il n'y a plus aujourd'hui ni Berbères ni Arabes, de même qu'en France, il n'y a plus ni Alsaciens, ni Flamands, ni Bretons, ni Provençaux. Tous, en Algérie, nous sommes désormais Français.

Cela étant, il y a à voir, dans l'ancien régime arabe et dans l'ancien régime berbère, quelles sont, parmi les institutions à conserver, celles qui rapprochent ou éloignent les indigènes le plus de nous ; il y a à faire choix entre la constitution sociale des Berbères basée sur la démocratie et celle des Arabes fondée sur l'aristocratie.

Le choix, ce me semble, ne saurait être douteux : les institutions des Berbères purs et des Berbères arabisés, dont le nombre s'élève à 2,200,000 âmes, ne peuvent, sans injustice, être sacrifiées à celles de 500,000 Arabes. Les institutions des Berbères, issues du droit romain, comme les nôtres, sont bien plus rapprochées des principes de 1789 que les institutions aristocratiques des Arabes, condamnées par ces mêmes principes et aujourd'hui fortement ébranlées par le sénatus-consulte qui constitue la propriété privée dans toutes les tribus de l'Algérie, et par la loi déjà ancienne et acceptée de tous, qui rend les criminels indigènes, sans exception, justiciables des Codes français, civils ou militaires.

D'ailleurs, si, dans la société arabe, il y a une classe privilégiée, mais déjà soumise au droit commun en bien des matières, il y a une classe très-nombreuse d'opprimés qui aspire à l'émancipation, et qui, par ses plaintes journalières, témoigne qu'elle attend de nous son affranchissement.

A raison de la turbulence de l'aristocratie arabe et du prestige traditionnel qu'elle exerce sur les populations asservies à son joug, on pourrait peut-être hésiter à lui imposer le sacrifice de ses priviléges, dans la crainte de nouvelles hostilités. Heureusement nous n'en sommes pas là : d'abord, en proclamant l'égalité entre tous, nous pouvons maintenir, dans une haute position administrative ou gouvernementale, ceux des grands seigneurs arabes qui nous ont rendu des services, ainsi que ceux qui en sont dignes et capables ; puis, il faut qu'on le sache, les rangs de cette aristocratie ont été bien souvent décimés depuis 1830.

Dans la lutte de quinze années engagée par Abd-el-Kader contre nous, la plus grande partie de la noblesse indigène, militaire ou religieuse, a péri les armes à la main ; ceux que le fer et le plomb de nos soldats ont épargnés, se sont volontairement exilés ou au Maroc, ou en Tunisie, ou en Orient.

Dans les nombreuses insurrections que cette aristocratie a fomentées depuis la capitulation d'Abd-el-Kader, elle a toujours payé un large tribut à la répression.

Nos tribunaux et les commissions militaires de discipline ont aussi fait des vides dans ses rangs.

Un compte sévère reste à régler avec ceux des membres de cette aristocratie qui suivent encore la bannière des Ouled-Sidi-Cheikh en révolte (1).

Que reste-t-il désormais de ces grands seigneurs dont les priviléges auraient dû être respectés, si, pour la défense de ces priviléges plus que dans une pensée nationale ou religieuse, ils n'avaient continuellement combattu ou conspiré contre notre domination.

Je crois connaître ce qui reste de grandes familles de l'Algérie ou du moins le plus grand nombre, et je ne me trompe pas en affirmant qu'elles étaient, il y a quelques années, très-résignées à subir les conséquences d'une conquête conforme à la volonté de Dieu, puisque tous leurs efforts avaient échoué contre la valeur de nos soldats et contre le progrès incessant de la colonisation. Depuis, les irrésolutions, les incertitudes du gouvernement ont réveillé, il est vrai, quelques prétentions, vagues encore, que l'adoption définitive d'un système politique quelconque fera bientôt disparaître.

Soyons bons, justes, patients avec les indigènes ; trai-

(1) Un négociant d'Oran, depuis longtemps dans le pays et faisant de grandes affaires de laines avec les Arabes, m'écrit à ce sujet :

« A l'exception des membres de la famille de Si-Hamza des Ouled-Sidi-Cheikh, il n'y a plus, à notre service, dans la province d'Oran, un seul chef indigène ayant appartenu à l'ancienne aristocratie. L'autorité militaire semble même, à dessein, écarter les hommes influents et intelligents qui ont quelque action sur les populations.

« J'en faisais dernièrement la remarque à un officier des bureaux arabes. « C'est avec intention, me répondit-il, que nous choisissons des agents sans valeur personnelle. Nous sommes mieux servis, mieux obéis. Et puis, il n'y a pas grand mal à déconsidérer l'autorité indigène aux yeux des indigènes, parce que l'autorité française gagne en considération tout ce que perd l'autre. » Ainsi, ce que vous proposez, *la démocratisation des indigènes*, est entré dans la politique des bureaux arabes. Il est vrai que ces tendances sont blâmées par les partisans du royaume arabe. »

tons-les non en vaincus, mais en frères, destinés à faire partie de la même famille nationale; soyons indulgents, très-indulgents envers eux si l'on veut, car ils ont beaucoup à oublier et à apprendre, avant de devenir réellement français, par le cœur et par l'esprit; mais rappelons-nous que la malveillance interprète toujours nos sentiments les plus généreux dans le sens de la peur et de la crainte d'être contraints, un jour, à renoncer à une conquête si chèrement achetée et à regagner l'Europe comme l'ont fait, à d'autres époques, les Romains, les Portugais et les Espagnols (1).

Le moyen de mettre fin à toute fausse interprétation de nos idées de conciliation, est d'arborer résolûment le drapeau d'une politique démocratique basée sur l'intérêt des masses, et dans laquelle devront se fondre, sans froisse-ments, sans réaction, toutes les prétentions caduques de l'ancienne aristocratie.

L'état social des Berbères berbérisants et des Berbères arabisants offre une base large et solide à cette réforme conservatrice.

La commune, avec la nomination du maire par le gou-vernement et le choix des conseillers municipaux par l'élection est, en France, le fondement de notre édifice gouvernemental et administratif.

En Algérie, un million de Berbères, sauf quelques exceptions, ne connaissent pas d'autre régime; étendons-

(1) L'Empereur, pendant son voyage en Algérie et depuis son retour en France, a amnistié plusieurs des chefs indigènes compromis dans la dernière insurrection. Les tribus ont applaudi à cet acte de clémence.

Depuis que ces hommes sont rentrés dans leurs tribus, quelques-uns ont été pourvus de commandements. C'est de trop. Ceux de leurs con-tribules qui avaient réclamé pour eux l'indulgence de l'Empereur, quoique les sachant coupables, cessent de comprendre notre politique en voyant des prisonniers transformés en kaïds.

le successivement à l'ensemble des tribus berbères arabisées et arabes, administrées et gouvernées aujourd'hui
par un kaïd, mais sans le concours d'aucun conseil et
d'aucun contrôle.

Donnons à ces dernières tribus le droit de nommer à
l'élection leurs conseils municipaux. L'aristocratie arabe
n'aura à se plaindre de ce changement que si elle est im-
populaire dans la tribu, auquel cas notre autorité eût été
compromise en l'imposant aux masses.

L'idée que je présente ici n'est pas nouvelle en Algérie. M. le colonel Gandil, naguère directeur divisionnaire
des affaires indigènes de la province d'Alger, après l'avoir
longuement mûrie, en a fait l'objet d'un rapport appro-
batif au général commandant supérieur de la province,
M. le général Yusuf, et ce dernier, très-versé dans toutes
les questions de gouvernement et d'administration des
tribus, avait donné à ce projet son adhésion la plus complète.

Avec la commune et la propriété individuelle, la tribu,
ce petit État dans l'État, disparaît et, avec elle, disparaissent tous les obstacles contre lesquels nos efforts d'assimilation et de civilisation ont été impuissants jusqu'à
ce jour.

La commune, en France, a été le foyer de tous les
progrès; elle est appelée à remplir la même mission dans
l'Algérie indigène.

En France, le fonctionnement normal de l'appareil
communal n'a été bien régularisé qu'à dater du jour où
l'organisation départementale, semblable au système ner-
veux ganglionnaire dans ses rapports avec l'encéphale, a
soumis chaque commune à l'action impulsive du gouvernement central.

En Algérie, l'organisation départementale existe à l'état

rudimentaire dans les cercles (arrondissements) et dans les subdivisions (préfectures).

Les commandants de subdivisions et de cercles ont, à peu près, les mêmes attributions que les préfets et les sous-préfets ; pour que l'assimilation soit complète, il n'y a qu'à changer les dénominations, étendre les pouvoirs et doter chaque circonscription de bureaux administratifs, mais qui soient uniquement des bureaux et non des fonctionnaires faisant double emploi avec le commandement.

Avec la propriété individuelle, avec l'organisation communale et départementale, les réformes en matière d'impôt et de justice, si impatiemment attendues des indigènes et si vivement désirées par les grands pouvoirs de l'État, deviennent faciles et découlent pour ainsi dire de source.

En matière d'impôt, quelques agents du service des contributions diverses, installés aux chefs-lieux d'arrondissement, mettront promptement les taxations et la perception à l'abri de tout reproche.

En matière de justice, un juge de paix, à compétence étendue et embrassant, dans sa juridiction, tout l'arrondissement, préviendra la plus grande partie des prévarications attribuées, sans doute à tort, aux *cadhi* et aux *adoul*, pourvu seulement qu'on introduise dans l'administration de la justice indigène quelques petites mesures capitales, mais ne modifiant en rien les attributions de juges musulmans :

Formuler tous leurs jugements par écrit ;

Les envoyer au juge de paix, pour qu'il les fasse traduire en français et y mette son *visa* ;

Faire enregistrer les susdits jugements, en français et en arabe, pour que tous les intéressés puissent en prendre connaissance.

Je n'hésite pas à le déclarer : je suis fermement con-

vaincu qu'avec ces simples modifications au régime gouvernemental, administratif, financier, judiciaire, aujour-
d'hui en usage en Algérie, les indigènes entreraient sans
secousse dans une ère de paix, de prospérité et d'ordre
qui leur ferait bénir le souverain auquel ils la devraient,
et leur rendrait très-précieux le titre de Français qui
vient de leur être octroyé.

74     L'ALGÉRIE DEVANT L'EMPEREUR.

vaincu qu'avec ces simples modifications au régime gou-

# DEUXIÈME PARTIE

## COLONS ET COLONISATION

## VIII

L'Empereur et l'Algérie. — *Premier programme :* assimilation, institution stables, grands travaux publics, gouvernement puissant. — *Deuxième programme :* l'Algérie n'est plus une colonie, mais un royaume arabe. — Occupation et colonisation restreintes.

L'Empereur est, sans contredit, de tout son gouvernement, celui qui s'est occupé de l'Algérie avec le plus de sollicitude, le plus de suite — et pourquoi ne pas le dire? — avec un bonheur qui promet de durer tant qu'il ne prêtera pas l'oreille aux opinions d'hommes prévenus et passionnés.

En 1852, parmi les grandes œuvres de paix pour lesquelles il demande le concours dévoué de la chambre de commerce de Bordeaux et de toutes celles de France, il cite l'Algérie et développe en deux lignes tout un programme :

« *En face de Marseille, nous avons un vaste royaume à assimiler à la France.* »

Telle est la première inspiration de Napoléon III à l'égard de l'Algérie.

Par quels voies et moyens cette grande œuvre d'assimilation devra-t-elle être accomplie?

A cette question, je réponds par les actes émanés de l'initiative personnelle de l'Empereur :

*Institutions stables*, premier besoin de toute société;

A cet effet, un article de la Constitution de l'Empire charge le Sénat de doter l'Algérie d'une Constitution spéciale pour prévenir le retour de changements de régine fréquents, l'une des causes principales des maux dont cette belle colonie a souffert.

*Grands travaux publics*, autre besoin de premier ordre d'un pays dans lequel tout est à créer;

Malgré une opposition assez vive, l'Empereur décrète le réseau général des chemins de fer algériens; il approuve, en principe, un projet d'emprunt pour terminer, dans un bref délai, tous les travaux indispensables dont l'étude a été faite par M. le général du génie, baron de Chabaud-la-Tour, et, par anticipation, il dote ces mêmes travaux publics d'une large subvention sur le reliquat du dernier emprunt de guerre.

*Gouvernement puissant et unitaire*, pour mettre fin à des conflits, à des dissentiments, à des divergences d'opinion qui ont trop souvent paralysé les meilleures intentions;

A la place d'une direction relevant d'un ministère,

l'Empereur crée un ministère spécial qu'il confie, par une exception très-flatteuse pour l'Algérie, à son bien-aimé cousin le prince Napoléon ; après la retraite du prince et la suppression du ministère des colonies, le gouvernement de l'Algérie, *avec pouvoirs étendus*, est donné aux deux plus hauts dignitaires de l'Empire, le maréchal duc de Malakoff et le maréchal duc de Magenta, jouissant tous deux de la confiance illimitée des Algériens, et aimés d'eux sans aucune exception.

Jusque-là l'Empereur est dans la tradition de ses devanciers, dans la ligne des vœux des colons, et son programme : « ASSIMILATION DE L'ALGÉRIE A LA FRANCE, *par des institutions stables, par de grands travaux publics, par un gouvernement puissant et unitaire,* » est l'œuvre d'un esprit clairvoyant dont l'unique but est de donner une impulsion plus énergique à la colonisation d'un riche pays appelé à devenir le plus beau fleuron de la couronne de France, mieux encore, à être une extension de la France au-delà de la Méditerranée.

Malheureusement, l'Empereur lui-même, malgré l'énergie de sa volonté, malgré le prestige attaché à tout ce qui émane de lui, est impuissant à faire exécuter aucun des articles de son programme.

La Constitution promise en 1852, toujours à l'étude, souvent annoncée, n'est pas encore formulée, et pendant que le gouvernement, le conseil d'Etat et le conseil privé échouent dans leurs tentatives de rédaction d'une charte algérienne, la colonie est plus que jamais soumise aux fluctuations et aux perturbations des changements de régime.

Les grands travaux publics subissent les mêmes ajournements : du réseau général des chemins de fer, un tronçon de 49 kilomètres est seul exécuté en 1865, et les crédits extraordinaires mis à la disposition des services du génie et des ponts et chaussées, après la guerre d'Italie, pour activer l'exécution des ports, des routes, des travaux d'assainissement, font retour au Trésor, — ce qui sera toujours difficile à comprendre, — faute d'avoir trouvé leur emploi dans un pays où tout est à faire.

La création d'un ministère spécial, bientôt supprimé et suivi de la restauration d'un gouvernement général, mais indépendant de toute direction ministérielle, n'a d'autre résultat que de faire perdre à la colonisation la sollicitude, plus ou moins éclairée, mais toujours bienveillante du ministère de la guerre qui, nonobstant sa déchéance, est toujours un pouvoir prépondérant en Algérie, par les ordres qu'il transmet à l'armée et à ses généraux, par l'avancement dont il dispose, par l'influence qu'il exerce dans les conseils du gouvernement.

Ainsi, aucune des conceptions spontanées du souverain ne peut lutter contre une certaine force occulte qui semble s'opposer systématiquement à tout progrès. C'est, probablement, pour mieux apprécier les causes de cette résistance, que l'Empereur se décide à entreprendre un premier voyage en Algérie.

Là, il se trouve au milieu des ténèbres les plus épaisses, et comme tout homme passant, sans transition, de la lumière à l'obscurité, il rentre en France avec une grande incertitude sur la valeur relative des éléments en présence, avec des préoccupations qui ne doivent pas tarder à amener un déclassement dans l'ordre de priorité des actes à réaliser.

Ainsi la colonisation et la population civile européenne qui, sous le ministère du prince Napoléon, avaient le premier rang dans la sollicitude du gouvernement, cèdent tout à coup la place à l'indigénat et à la civilisation des Arabes, comme si ce point important de la question algérienne avait été jamais négligé, comme si, avant de civiliser un peuple conquis, frémissant encore sous le joug de la domination étrangère, il n'y avait pas à lui démontrer préalablement la solidité inébranlable de notre établissement et l'inanité complète de ses efforts pour en troubler le progrès.

Au lieu et place d'une affirmation nouvelle et plus solennelle de la légitimité de la conquête et de la résolution irrévocable de la France de coloniser le pays, surgissent bientôt, sans noms d'auteurs, diverses brochures qui revendiquent l'Algérie pour les Algériens, qui qualifient la colonisation d'erreur et contre-sens politiques, et accusent les colons de tous les crimes possibles. Le procédé est connu depuis longtemps : quand on veut tuer son chien, on le dit enragé.

Au moment où les colons commençaient à s'inscrire en faux contre les assertions erronées et calomniatrices de ces brochures, le *Moniteur universel* publiait une lettre de l'Empereur au maréchal duc de Malakoff, par laquelle il était prescrit « de rendre les tribus ou fractions de tribus « propriétaires incommutables des territoires qu'elles oc- « cupent à demeure fixe, et dont elles ont la jouissance « traditionnelle, à quelque titre que ce soit, » l'Algérie étant déclarée par le souverain, *« non une colonie proprement dite, mais un royaume arabe. »*

Cette déclaration inattendue était grave, à quelque point de vue qu'on se place.

Grand fut l'émoi des colons, et leurs craintes furent vivement partagées par l'homme éminent auquel la lettre impériale du 3 février 1863 était adressée.

Cependant, M. le ministre d'Etat devant le Sénat, M. le général Allard, commissaire du gouvernement, dans la discussion de l'Adresse au Corps législatif, M. le maréchal duc de Magenta, gouverneur général, dans diverses circulaires adressées aux généraux commandants supérieurs des provinces de l'Algérie, avaient donné l'assurance formelle que la colonisation, loin de subir un temps d'arrêt, allait au contraire recevoir une impulsion nouvelle.

On commençait donc à espérer de meilleurs jours, quand un nouveau voyage de l'Empereur en Algérie est tout à coup décidé. Il venait voir de ses yeux. C'était prouver de nouveau combien la question algérienne prenait de place dans ses préoccupations. Dans tous les cas, quitter Paris, quand les grands corps de l'Etat étaient encore en session, traverser la Méditerranée, parcourir, en voiture et sur des routes qui trop souvent laissent à désirer, trois provinces aussi grandes que la France, au commencement de la saison chaude, était un témoignage éclatant de la plus vive sympathie pour un pays encore sous l'impression des déclarations contenues dans la lettre au duc de Malakoff.

Les colons ont compris l'importance de cette investigation personnelle, et ils ont répondu par l'enthousiasme le plus sympathique à chacune des démarches de l'hôte auguste qui visitait leurs villages et leurs fermes.

Je ne chercherai pas à rappeler les divers incidents de la marche triomphale de l'Empereur en Algérie; ils sont présents à la mémoire de tous. Pendant six semaines, les journaux de Paris et des départements ont retenti des bulletins télégraphiques et des comptes-rendus journaliers de ce mémorable voyage.

Pour tout le monde, l'Empereur a été surpris, étonné, satisfait de l'état dans lequel il a trouvé la colonisation; chacune de ses paroles aux colons affirme une foi solide dans l'avenir d'entreprises agricoles, déjà prospères, après tant de difficultés surmontées; enfin, dans chaque occasion, une promesse d'ère nouvelle de prospérité vient répondre aux acclamations enthousiastes des populations.

Dans l'Algérie entière, les colons répètent cent fois par jour : « L'Empereur est venu, il a vu, nous sommes sauvés. »

Les morts eux-mêmes, ceux qui ont succombé dans la lutte de l'homme civilisé contre une nature sauvage, contre les miasmes pestilentiels de marais ; les morts s'unissent aux vivants pour redire :

« Sois le bienvenu, César, les morts te saluent. »

Et c'est au lendemain de telles manifestations, quand le Corps législatif a voté des mesures qui mettent à la disposition de la colonisation algérienne une somme de 200 millions, quand le Sénat a doté la colonie d'un sénatus-consulte octroyant la qualité de Français à tous les indigènes, c'est dans de telles circonstances que se produisent, dit-on, des projets d'occupation restreinte, de colonisation restreinte, des projets présentés, il y a vingt-cinq et trente ans et repoussés à l'unanimité par la Chambre des députés, par la Chambre des pairs, par tous les organes de l'opinion publique.

Non, cela n'est pas possible, et si de pareils projets pouvaient être accueillis, c'est que l'Empereur n'obéirait plus aux inspirations personnelles des premières années de son règne; c'est que sa religion serait trompée ou égarée, soit par des prétentions à satisfaire, soit par des écarts de conduite à justifier.

Mais cela ne sera pas, parce que les ennemis de la gloire de l'Empereur et de la grandeur de la France, seuls, sont satisfaits de projets qui accusent l'impuissance de l'un et de l'autre.

L'Empereur s'est réservé, en soumettant à la sanction du peuple français la Constitution qui nous régit, de le consulter dans toutes les circonstances graves qui pourront se présenter dans la durée de son règne.

Renoncer à une conquête de la branche aînée des Bourbons, renoncer à une entreprise de pacification et de soumission qui rappelle les hauts faits de tous les membres de la famille d'Orléans, annihiler quinze années d'efforts et de sacrifices persévérants, tant sous la République que sous l'Empire; enfin, effacer de notre histoire nationale une lutte de trente-cinq années contre des populations guerrières et contre une nature plus redoutable encore, est chose assez grave pour que la France soit consultée sur ce qu'elle entend faire de l'Algérie.

Au nom des milliers de soldats et de colons qui ont sacrifié leur vie à la conquête; au nom de l'armée qui est fière, à juste titre, d'avoir doté la France d'une extension territoriale qui la rend maîtresse de la Méditerranée; au nom enfin des ^20,000 colons français survivants qui, sur la foi des promesses de tous les gouvernements depuis 1830, ont quitté la mère-patrie pour aller implanter leurs familles, leur fortune et leur honneur, dans un pays, déclaré à jamais français, je demanderais, si jamais les projets en question pouvaient avoir chance de prévaloir, que la France fût consultée par un plébiscite, pour savoir si, *oui* ou *non*, l'Algérie, en son entier ou en partie, doit être une colonie française ou un royaume arabe.

# IX



La théorie des partisans de l'occupation et de la colonisation restreintes a, je le reconnais, un côté séduisant.

« En laissant, disent-ils, les indigènes sous l'autorité de leurs chefs, sans nous occuper d'eux autrement que pour en recevoir un faible impôt et accepter les enrôlements de ceux qui voudront bien servir sous notre drapeau, nous comblons leurs vœux et ils bénissent notre domination : alors on peut réduire l'effectif de l'armée, avec une économie annuelle d'un million par mille hommes.

« En restreignant la colonisation autour des principaux ports, on la rend plus compacte, conséquemment plus facile à défendre, et en même temps que nous rassurons les indigènes sur l'étendue de nos envahissements, nous

nous épargnons les dépenses et les travaux beaucoup plus coûteux de la colonisation disséminée, éparpillée. »

Sans doute, si les indigènes, satisfaits de l'octroi de la qualité de Français, ce qui les relève de l'humiliation de la défaite; si, heureux de se savoir désormais propriétaires incommutables d'immenses terrains dont ils n'étaient qu'usufruitiers, et dont nous pouvions réclamer légitimement une part en indemnité de deux milliards de dépenses nécessitées par la conquête; si, dis-je, reconnaissants de tant de libéralités, les indigènes consentaient à devenir bien sages, à obéir aux ordres des chefs que nous leur donnerons, sans jamais faire attention que l'armée d'occupation est réduite, que nous avons abandonné des positions stratégiques de premier ordre, sans jamais se rappeler qu'ils nous ont tenus en échec dans des conditions bien plus défavorables à leurs agressions, sans conserver l'espérance de jamais nous obliger, soit par lassitude, soit par découragement, à évacuer le pays, oui, je le répète, si un tel miracle était possible, il y aurait peutêtre lieu, dans l'intérêt de nos finances, à examiner comparativement les avantages et les inconvénients de l'occupation et de la colonisation restreintes avec ceux de l'occupation et de la colonisation illimitées; mais pouvonsnous, raisonnablement, nous bercer d'illusions à l'égard de la reconnaissance des indigènes?

S'il y a en Algérie des tribus dociles et des grands seigneurs prêts à nous servir à des conditions qui flattent l'orgueil de leur race, tant que nous dominerons le fanatisme par la puissance de notre armée; s'il y a quelques marabouts éclairés qui pratiquent largement les maximes libérales de la tolérance religieuse; il y a, dans les nombreuses *zaouïya* ou communautés religieuses du pays, un clergé irrégulier qui vit exclusivement de l'ignorance, de la superstition et du fanatisme des masses, et qui ne peut accepter notre domination, sans se condamner à mourir de faim, sacrifice impossible à obtenir de semblables parasites, car nous n'avons aucune compensation à leur offrir. Ces agitateurs prennent, suivant les circonstances, les noms d'*Envoyé de Dieu*, de *Réformateur*, de *Maître de l'heure*, de l'*Homme à la chèvre*, de l'*Homme à la mule*, de l'*Homme à l'âne*, et, avec un petit miracle, dont un compère fait les frais, ils révolutionnent, du jour au lendemain, le canton le plus pacifique.

Combien de fois, depuis 1830, n'avons-nous pas eu l'occasion de nous éclairer sur le peu de confiance à avoir dans les bonnes dispositions des indigènes? M. le ministre de la guerre, quand il commandait en Algérie, en a eu un exemple terrible sous les yeux.

Il opérait sur la frontière de Tunis, pour y châtier des maraudeurs.

A la veille de joindre l'ennemi, il veut ne conserver près de lui que les hommes valides, et il organise un convoi des malades et des malingres qu'un médecin reconduira à Bône. D'après le général commandant l'expédition, aucun danger n'est à redouter. Toutes les tribus des pays à traverser viennent de lui donner les témoignages les moins douteux de la soumission la plus complète, et leurs cavaliers d'élite, kaïds en tête, marchent avec lui contre les pillards. Le convoi se met donc en route sans aucune défiance. Au bivouac, la tribu dans laquelle on campe s'aperçoit qu'elle donne l'hospitalité à des invalides ; aussitôt ses dispositions changent ; elle s'arme, et en un instant, malades, médecin et convoyeur sont lâchement massacrés.

Combien d'autres exemples de la versatilité des indigènes je pourrais encore citer !

Les Turcs, quoique musulmans, quoique occupant le pays d'une manière très-restreinte, quoique ne colonisant pas, — ce qui simplifiait leurs rapports avec les détenteurs du sol, — quoique mariés à des femmes du pays, choisies de préférence parmi les familles aristocratiques, parmi les filles de grandes tentes, les Turcs, dis-je, n'ont pas été plus heureux que nous.

Dans la période de trois siècles de leur domination en Algérie, il serait difficile de trouver une série de dix années, non sans luttes intestines, car la guerre de tribu à tribu était l'état normal, mais sans révoltes ouvertes des indigènes contre le gouvernement des deys.

Pour ne pas aller au-delà des trente années qui ont précédé la conquête française, je me borne à rappeler qu'Oran et Constantine (1) ont eu à soutenir des siéges contre les populations insurgées.

Tunis, au pouvoir d'une dynastie aimée et populaire, s'est vue investie l'année dernière.

Cependant, à Tunis, comme autrefois dans l'Algérie turque, il y a des milices irrégulières, dites *maghzen*, qui ont été impuissantes à maîtriser l'insurrection.

Dans le nouvel ordre de choses qu'on veut inaugurer en Algérie, on paraît beaucoup compter sur le concours des maghzen pour maintenir notre domination dans l'intérieur des terres. N'est-ce pas une illusion?

De deux choses l'une : ou ces maghzen armés, équipés, payés par nous, seront plus forts que les tribus, dans ce cas, ils les domineront pour leur propre compte ; ou ils seront plus faibles, et alors, dans les circonstances graves, ils pactiseront avec elles.

Les Espagnols, alors qu'ils occupaient Oran, Arzeu et

______

(1) On estime à 80,000 hommes les insurgés qui, en 1804, marchèrent contre Constantine.

Mostaganem, à la fin du siècle dernier, avaient, eux aussi, un maghzen sur lequel ils comptaient pour préserver, non leurs colonies, car ils n'en avaient pas, mais simplement les abords de leurs places, et, malgré cet obstacle, ils ont dû abandonner leurs possessions et rentrer dans leurs foyers, en y rapportant une grande terreur *de los Moros*, terreur dans laquelle on a élevé tous les enfants jusqu'en 1830.

L'occupation restreinte!! Mais nous avons sur tout le littoral marocain, de la Mlouia à l'Oued-Noun, des exemples des résultats qu'elle a produits. En suivant le littoral, — en bateau bien entendu, car le chef de l'empire du Maroc ne pourrait lui-même entreprendre ce voyage par terre, — en suivant le littoral, dis-je, on trouve une trentaine de grands établissements portugais ou espagnols, les premiers abandonnés depuis longtemps, les seconds bloqués hermétiquement, à ce point qu'on reçoit chaque jour des projectiles ennemis dans l'enceinte des magnifiques remparts qui couvrent les casernes et quelques habitations.

Pour une nation européenne, chrétienne et civilisée, conserver des établissements dans ces conditions serait presque une honte, si, par les garnisons qu'elle maintient prisonnières sur la rive africaine, l'Espagne, à défaut d'une marine de guerre, ne prévenait les incursions des pirates marocains sur le littoral de la Péninsule.

Quoi qu'il en soit, l'occupation restreinte est un aveu d'impuissance, et cet aveu, la France, avec une armée permanente de 500,000 hommes, me semble peu disposée à s'y résigner.

Mais l'occupation restreinte, compliquée d'une colonisation à protéger contre des invasions, c'est tout autre chose!!

Nous nous rappelons tous l'invasion de la Mitidja en 1839. Deux mois avant l'irruption de l'ennemi, j'étais venu du consulat institué dans la capitale d'Abd-el-Kader, trouver le maréchal Valée à Alger, pour l'informer à nouveau et d'une manière plus précise de l'impuissance de l'émir à maintenir le fanatisme des tribus, et pour appeler sa plus sérieuse attention sur la défense des villages et des fermes de la Mitidja, car, d'après des renseignements précis, nous savions, le capitaine Daumas et moi, que les hostilités commenceraient par ce point, surtout en vue du pillage.

Le maréchal croyait peu au danger que je lui signalais; mais, en toute occurrence, il avait pris des dispositions défensives. La carte à la main, il me montra, un à un, tous les camps permanents qui enceignaient la Mitidja dans une ceinture de baïonnettes.

Il y en avait, sur une première ligne, à Coléa, à Oued-el-Aleig, à Blida, à l'Arrach, à l'Arba, au Fondouk, au Boudouaou, au cap Matifou, en un mot, sur tous les points par où l'ennemi pouvait pénétrer dans notre territoire; sur une seconde et troisième ligne, il y avait des garnisons à Boufarik, à Douera, à Mahelma, à Ouled-Mendil, à Bir-Touta, à Deli-Brahim, à Tixeraïn, à Birkadem, à Kouba, à la Maison-Carrée, à Hussein-Dey et ailleurs encore; enfin il y avait, à Alger, pour constituer des colonnes mobiles, une partie des troupes qui venaient de faire la grande expédition des Portes-de-Fer avec le duc d'Orléans, et ces troupes étaient commandées par des hommes qui s'appelaient Duvivier, Lamoricière, Changarnier et par d'autres officiers supérieurs non moins éprouvés.

Le maréchal était donc en mesure de parer à toutes éventualités. Il le croyait du moins. Je me rappelle et me rappellerai toujours les paroles par lesquelles il termina sa démonstration : « Les colons peuvent dormir sur leurs deux oreilles, pas un Arabe d'Abd-el-Kader n'entrera dans la Mitidja ; j'en réponds. »

Je crus, je l'avoue, bien plus à l'efficacité des mesures prises par M. le maréchal Valée, avec des troupes exclusivement françaises, que je ne suis disposé à croire, aujourd'hui, au concours que des maghzen prêteraient à la défense de la colonisation, au cas où elle serait encore menacée, comme en 1839.

Cependant, pas bien longtemps après, toute la Mitidja était envahie, mise à feu et à sang, et l'ennemi menaça Alger d'assez près pour que le maréchal jugeât prudent de faire enlever le mobilier de son palais de Mustapha, dans un des faubourgs de la ville, et de créneler le mur d'enceinte de l'hôpital militaire du Dey qui touche aux fortifications.

Voilà à quoi est exposée la colonisation, même restreinte, avec l'occupation et la domination restreintes.

Alors, nous étions enfermés dans les limites rigoureuses du traité de la Tafna. A tort, on avait cru que les indigènes respecteraient une colonisation réduite aux mesquines proportions d'un très-grand jardinet. On s'était trompé. Du moment où nous permettions à Abd-el-Kader de réunir, sur nos confins, tous les contingents des provinces d'Alger et d'Oran, nous ne devions coloniser que dans une citadelle inexpugnable ; car une haie double ou triple de soldats ne pouvait s'opposer à l'irruption de masses sur un point. On le comprit, après que la leçon était reçue, et alors on se mit à creuser le fossé d'enceinte de la Mitidja, qui a été exécuté de la mer au pied du Petit-Atlas.

Heureusement, la politique du *tout ou rien* prévalut bientôt, et nous allons en connaître les résultats.

# X

En traitant avec Abd-el-Kader à la Tafna, le maréchal Bugeaud ne s'était nullement préoccupé de la colonisation. En homme pratique qui avait appris par expérience, pendant les loisirs de la non-activité, entre 1815 et 1830, combien il était difficile de créer un domaine rural, même en France, il comprenait, en 1837, que l'Algérie n'était pas encore mûre pour une colonisation sérieuse. Si alors ou lui avait demandé son avis sur l'opportunité d'élever des fermes et des villages dans la Mitidja, il eût probablement conseillé de s'abstenir, comme on l'a fait avec sagesse dans les territoires que le même traité accordait à la France autour d'Oran, d'Arzeu et de Mostaganem.

Il ne pouvait, en effet, échapper à un homme qui avait, longtemps et avec succès, guerroyé contre des partisans en Espagne, que la protection d'une zone quelconque, si restreinte qu'elle fût, était impossible, quand il était loisible à l'ennemi et sans qu'on pût l'en empêcher, de réunir autour de cette zone, de grands approvisionnements, de grandes masses d'infanterie et de cavalerie pouvant, à chaque instant, de jour ou de nuit et presque impunément, ouvrir une large trouée dans nos défenses.

Mais la France voulait la colonisation de l'Algérie comme garantie de conservation contre des projets d'évacuation qui comptaient de nombreux et de puissants zélateurs. On se mit donc à l'œuvre, sans perdre une heure et sans négliger le plus petit coin de terre disponible.

A cette époque, les indigènes de la Mitidja vendaient leurs terres à l'envi les uns des autres, convaincus qu'après en avoir touché la valeur, en espèces sonnantes et de bon aloi, ils ne tarderaient pas à les reconquérir les armes à la main et même à nous expulser complétement du pays. Beau alors était l'acte de foi de ces colons, qui affirmaient la conservation de la conquête, en répondant à des desseins perfides par le sacrifice spontané de leur fortune et de leur vie, car ils n'avaient pas seulement à redouter les balles de leurs vendeurs, mais encore un ennemi bien plus terrible : les miasmes pestilentiels que dégageaient les marais de la plaine.

Honneur à ces braves colons de la première heure, honneur surtout à ceux qui survivent et qui, après tant de revers, sont restés fidèles à l'œuvre! Et ce n'étaient pas des colons d'aventure, car ils s'appelaient de Vialar, de Franlieu, de Montaigu, de Tonnac, et ils sont encore sur place. J'en oublie sans doute et des meilleurs.

En 1839, la colonisation s'était affirmée à un tel point, même dans sa défense contre les hordes d'Abd-el-Kader, que, au lieu d'y renoncer, la France entière répéta après le député d'Excideuil : « En avant ! l'épée et la charrue à la main, *ense et aratro*. Tout ou rien. »

En 1840, on passa donc résolûment de l'occupation et de la colonisation restreintes à l'occupation et à la colonisation illimitées : on évacua tous les camps que le maréchal Valée avait accumulés autour de la Mitidja, et on s'en fut occuper la ligne centrale du Tell d'abord, puis la limite frontière du Tell et des steppes, en ayant soin de déterminer, autour de chaque centre d'occupation militaire, un périmètre plus ou moins considérable pour la colonisation civile.

Il y eut alors grand émoi à la Chambre des députés, et la commission du budget de l'Algérie, craignant qu'on allât jusqu'à Timbouktou, — ce nom a été prononcé, — proposait, avec le consentement du ministre de la guerre, de refuser les crédits demandés pour l'achèvement des postes les plus méridionaux. On ignorait alors que le Sahara algérien est fermé, au sud, par une zone de dunes de sables, parallèle au littoral méditerranéen, d'une épaisseur moyenne de 60 lieues au minimum, et que cet obstacle est une limite presque infranchissable.

Il suffit à un député, M. Gustave de Beaumont, de donner à la Chambre l'assurance qu'on ne pouvait s'avancer au-delà de la région oasienne, tributaire obligée du maître du Tell en matière de subsistances, pour qu'un vote unanime, moins les voix de la commission, vînt sanctionner de nouveau la doctrine populaire du *tout* ou *rien*.

Je renvoie les partisans actuels de l'occupation restreinte aux débats de cette séance solennelle. Il ne s'agissait cependant que de l'abandon de postes-magasins à peine commencés et dans lesquels il n'y avait pas un seul colon.

Les événements ne devaient pas tarder à démontrer l'immense différence, pour la sécurité de nos établissements, entre le système de l'occupation restreinte et celui de l'occupation illimitée.

La récolte de 1845 était rentrée, et, comme toujours à pareil moment, les indigènes prêtaient une oreille attentive au moindre bruit séditieux. Par un de ces revirements fréquents de la fortune, Abd-el-Kader, réfugié au-delà de la frontière du Maroc, fut assez heureux pour attirer dans une embuscade, à Sidi-Brahim, le brave colonel de Montagnac et la petite garnison du poste de Nemours qu'il commandait.

Chacun connaît les détails de cette journée néfaste pour nos armes, quoiqu'elle reste glorieuse entre toutes par les mâles vertus militaires qui y ont été déployées. Moins trois hommes, qui ont miraculeusement échappé au désastre, tous ont péri, ou sont tombés blessés au pouvoir de l'ennemi. Par une autre coïncidence fatale, quelques jours après ce premier succès, Abd-el-Kader, à la tête de toutes les forces que la victoire avait ralliées sous sa bannière, surprenait entre Tlemcen et le poste d'Aïn-Temouchent, un détachement de 200 malades évacués sur les dépôts de leurs corps, à Oran, et remportait ainsi, sans combat, une seconde victoire.

Qu'il me soit permis de le dire en passant : Ces 200 prisonniers, réunis à ceux de Sidi-Brahim, sont les malheureux qui ont été massacrés par les ordres et sous les yeux d'un lieutenant de l'émir.

Au moins, si nous devons évacuer quelques-uns des postes avancés de la frontière du Maroc, élevons sur les lieux témoins d'une horrible boucherie, élevons à la mémoire des 187 soldats qui ont été égorgés dans la nuit du 24 au 25 avril 1846, un monument expiatoire qui rappelle à jamais aux indigènes que c'est un crime de tuer les prisonniers, et les fasse rougir, — si faire se peut, — de l'odieux attentat dont ils se sont rendus coupables.

Je reviens aux résultats constatés, pendant la grande insurrection de 1845 et 1846, sous le régime de l'occupation et de la colonisation illimitées.

Grand fut le retentissement des victoires de Sidi-Brahim et d'Aïn-Temouchent. Le fils de Mahi-ed-Din, disait-on aux tribus, avait recouvré la faveur du ciel, cette fameuse *baraka*, avec laquelle tant de choses sont possibles, et, à sa voix, elles arboraient l'étendard de la révolte.

En quatre mois, Abd-el-Kader avait pu traverser toute la province d'Oran, la plus grande partie de celle d'Alger et se montrer dans le bassin de l'Isser de l'Est, entre la Mitidja et le massif du Djerdjera. Mais si, dans ce retour offensif exécuté avec une rapidité prodigieuse et un talent très-remarquable, Abd-el-Kader a pu obliger toutes les tribus à prendre les armes contre notre domination, il n'a pu les réunir en assez grand nombre, ni pour engager une lutte contre nos colonnes mobiles, ni pour bloquer un de nos postes, encore moins attaquer une de nos fermes ou un de nos villages.

Une auberge isolée, sise sur l'Oued-el-Hammam, entre Oran et Mascara, et habitée par le mari et la femme avec un garçon d'écurie, eut, seule, à résister aux rebelles, mais bientôt des secours, venus de Mascara, forcèrent les assaillants à se disperser. Bien que la révolte fût générale et l'ennemi partout, bien que l'intention de ruiner nos colonies agricoles, comme en 1839, ait été évidente, pas un de nos établissements n'a été menacé, parce que les indigènes sont trop prudents pour s'exposer à être pris entre deux feux.

L'invasion de la Mitidja en 1839 et l'insurrection générale de 1845-1846 correspondent à deux systèmes différents d'occupation et de colonisation. Dans l'un tout a été perdu, dans l'autre tout a été sauvé.

Si j'ai rappelé ces faits qui portent avec eux leur enseignement, ce n'est pas que je prête au gouvernement de l'Empereur le projet de restreindre la colonisation et l'occupation au-delà de limites rationnelles. Toujours j'ai blâmé, d'accord en cela avec les bons esprits qui, dans les anciennes chambres parlementaires, s'occupaient avec suite des affaires de l'Algérie, et je blâme encore la colonisation disséminée, éparpillée, ruineuse pour les colons, cause permanente d'embarras quand il y a nécessité de mobiliser les troupes.

Toujours j'ai reconnu et je reconnais que, pour un effectif moyen de 50 à 60 mille hommes, on a beaucoup trop multiplié les petits postes militaires, dont quelques-uns sont sans utilité réelle pour la domination du pays. Si aujourd'hui je laisse percer quelque crainte de voir abandonner quelques colonies mal situées et quelques postes militaires superflus, c'est qu'avec des hommes comme les musulmans de l'Algérie, il est toujours dangereux de paraître reculer ; c'est qu'en Algérie et en France un parti très-remuant, plus arabe que les Arabes, se montre disposé à tout sacrifier, même les intérêts les plus chers de la France, pour arriver à la création d'un véritable royaume arabe.

Dans la troisième partie de ce travail, celle relative à l'armée, j'indiquerai comment on peut atténuer les inconvénients des fautes commises, sans trop avouer que nous avons donné à notre occupation plus d'extension qu'elle ne comporte.

En attendant, je rentre plus spécialement dans mon sujet : la colonisation européenne.

Toutefois, avant de passer outre, je ne puis m'empêcher de signaler à l'attention des lecteurs de cet ouvrage l'extrait suivant d'une correspondance de Paris, en date du 1<sup>er</sup> août 1865, adressée au *Courrier d'Oran*, journal des adversaires de la colonisation :

« Il paraît certain aujourd'hui que les décrets relatifs à l'Algérie ne paraîtront pas avant la fin du mois d'août. Quant aux bruits que quelques journaux persistent à répandre de modifications graves apportées au programme primitif de l'Empereur, ces bruits sont complétement dénués de fondement. Quelques points relatifs à l'organisation militaire peuvent nécessiter de plus longues études qu'on ne l'aurait cru d'abord et être modifiés même ; mais la partie politique du programme impérial est bien arrêtée et subsiste telle qu'elle a été exposée dans le Mémoire de l'Empereur.

« Parmi les mesures les plus importantes qui ont été adoptées, je dois citer : la suppression des sous-préfectures et des commissaires civils (1), etc., etc. »

Suit une longue énumération d'autres réformes, mais

---

(1) Voici comment raisonnent les adversaires de l'administration civile.

Ils disent : « La population européenne de l'Algérie est celle d'un département français. Donc, le personnel qui suffit à l'administration d'un département en France doit satisfaire aux besoins d'une population de 225,000 âmes.

On ne réfléchit pas que, dans la métropole, les départements sont homogènes, renfermés dans des circonscriptions étroites et pourvus,

toutes relatives aux indigènes ; puis l'auteur de cette correspondance continue ainsi :

« Quelques journaux ont prétendu que les colons européens établis dans le Sud seraient *contraints*, moyennant indemnité, de rentrer dans le Tell. Rien n'est plus inexact que cette assertion.

« Les colons seront tout aussi libres, après la réorganisation qu'aujourd'hui, d'aller s'établir dans le Sud ; mais le gouvernement, retirant ses troupes de cette région et remettant l'administration du pays à des chefs indigènes, préviendra les colons que, s'ils vont dans le Sud ou s'ils y restent, ils y seront à leurs risques et périls, sans que le gouvernement puisse leur rien garantir.

« Dans cette situation, le gouvernement dit aux colons : Les conditions dans lesquelles vous vous étiez établis étant modifiées, si vous désirez quitter vos établissements, je suis prêt à vous indemniser. Il n'y a là, comme on le voit, aucune contrainte, mais une disposition équitable dont chacun est libre d'accepter ou de refuser le bénéfice.

« La liberté du commerce et des transactions ne sera pas atteinte par la division de l'Algérie en trois zones.

depuis des siècles, des principaux travaux publics nécessaires à l'existence des administrés, tandis que l'espace occupé en Algérie par les colons est disséminé sur une zone de 250 lieues de longueur, avec une largeur moyenne de 20 à 25 lieues ; que tout est à créer en Algérie ; enfin, que 350,000 indigènes sont entremêlés avec les colons dans les départements algériens et amènent, dans toutes les affaires à instruire, à résoudre, des complications qui exigent nécessairement un plus grand nombre d'employés qu'en France.

Avant de réduire le personnel des administrations civiles, pour satisfaire quelques rancunes, on ferait bien, ce me semble, de consulter les préfets qui doivent, selon toute probabilité, jouir de la confiance du gouvernement, puisqu'ils ont été nommés par lui. Alors, on saura si, réellement, l'administration civile compte plus d'agents qu'elle n'en comporte.

Les Européens resteront libres de s'établir partout. Mais le gouvernement leur dit : Dans la première zone, comprise entre la mer et une ligne tirée de Constantine à Tlemcen, par exemple, je ferai exécuter tous les travaux publics nécessaires; je vous y garantis toutes les améliorations que l'on rencontre dans nos départements de France les mieux organisés : routes impériales, chemins vicinaux, barrages, etc. Dans la seconde zone, comprise entre la ligne que nous venons d'indiquer et les postes frontières du Tell, zone administrée par les bureaux arabes, les colons seront protégés également par l'autorité militaire, la sécurité leur sera garantie, mais ils n'y trouveront pas les avantages qui leur sont assurés dans la première zone. Enfin, dans la troisième zone, dans le Sud, le gouvernement *dégage entièrement sa responsabilité* et ne garantit rien aux occupants (1). »

(1) L'emprunt que je viens de faire à la correspondance du *Courrier d'Oran* est daté du 1er août. A la date du 14, le propriétaire d'une auberge, sise sur la route de Boghar à Laghouat, recevait la lettre suivante :

## ARMÉE D'AFRIQUE.

### PROVINCE D'ALGER.

*Subdivision de Médéa. — Cercle de Laghouat. — Annexe de Djelfa.*
*3e section, n° 474.*

Objet : évacuation des caravansérails.

à Djelfa, 14 août 1865.

« Monsieur,

« J'ai l'honneur de vous informer que les caravansérails seront remis aux Mozabites à la date du 20 courant, et que les postes qui les occupent en ce moment seront retirés le même jour.

« L'autorité supérieure vous fait prévenir, par mon intermédiaire, que votre position isolée peut, à un moment donné, devenir dangereuse; que vous devez, en conséquence, prendre telle mesure qu'il vous

Cette triste lettre provoque de bien tristes réflexions.

Pendant qu'on défend à tous les journaux de discuter les mesures proposées dans un mémoire confidentiel, on permet au *Courrier d'Oran* de les approuver et d'annoncer, avec une sorte de joie, l'adoption définitive de toutes celles relatives aux restrictions apportées au développement de la colonisation ;

Pendant que les adversaires de la colonisation paraissent avoir leurs entrées dans les conseils du gouverne-

paraîtra convenable, mais que, quoi qu'il arrive, le commandement reste, à partir du 20, *délié de toute responsabilité à votre égard*.

« Ce que vous avez de mieux à faire serait donc de chercher à vous défaire de votre propriété ; peut-être pourrez-vous entrer en accommodement avec les Mozabites, qui se sont portés adjudicataires des caravansérails

« Je vous prie de vouloir bien m'accuser réception de la présente.

« Recevez, monsieur, l'assurance de ma parfaite considération.

« Le capitaine commandant l'annexe,

« Signé : Ed. Giron.

« A M. Juan Mas, à Messerane. »

On le voit, le correspondant du *Courrier d'Oran* savait, à l'avance, quels ordres allaient être donnés en Algérie, et il se sert des termes mêmes de la dépêche transmise à Juan Mas.

Cependant, je me hâte de le dire : à la date du 15 octobre, les caravansérails de la route de Boghar à Laghouat ne sont pas encore abandonnés, et ils ne sont pas à la veille de l'être, car un *ordre général* de l'armée d'Afrique, signé maréchal de Mac-Mahon et daté du 5 octobre, porte à la connaissance des troupes la nomination de M. de Sonis, lieutenant-colonel du 1er régiment de spahis, en qualité de commandant supérieur du cercle de Laghouat et de la colonne mobile qui s'y trouve réunie.

Si Laghouat est conservé, les caravansérails qui relient cette oasis à Boghar doivent l'être aussi.

Depuis le 1er août, il a donc été apporté quelque modification aux résolutions qui étaient alors arrêtées. Espérons que les adversaires de la colonisation en seront pour les frais de leurs cyniques correspondances.

ment, et se posent presque en collaborateurs auxquels aucun secret n'est caché, pas un colon n'est admis à donner le moindre avis sur des questions qui concernent l'avenir du pays tout entier.

## XI

Quand, il y a deux ans, a été prêchée la première grande croisade contre la colonisation, l'indigène était proclamé le paysan par excellence de l'Algérie; seul, il pouvait, disait-on, se livrer à un travail continu sous une température élevée; seul, il produisait les matières dont le commerce s'alimente; seul, il payait des impôts et fournissait des soldats, en atténuation des charges de la mère-patrie. Le colon, au contraire, ne travaillait pas, il succombait sous l'insalubrité du climat, et, après des sacrifices énormes imposés au budget, une humiliante négation couronnait tous ses efforts stériles. Aussi, ajoutait-on, n'était-il pas nécessaire de combattre la colonisation; il suffisait de ne pas intervenir et de la laisser tout simplement continuer à se liquider elle-même.

Pendant que l'auteur anonyme de l'*Algérie française* (indigènes et immigrants) présentait les résultats de son observation personnelle comme des vérités d'Evangile et les faisait recommander aux méditations du chef de l'Etat, les *Comptes rendus officiels de la situation de l'Algérie*, pour la même année, établissaient l'authenticité des faits suivants :

MORTALITÉ DANS LES COMMUNES DE PLEIN EXERCICE (1).

*Colons :* Excédants des naissances sur les décès, 2,743 (2) ;
*Indigènes :* Excédants des décès sur les naissances, 2,396 (3).

(1) L'état civil n'est tenu que dans les communes de plein exercice et administrées par l'autorité civile. Ces communes, au nombre de 71 aujourd'hui, et comprenant chacune plusieurs centres de population, comptaient en 1862, savoir :

|   |   |
|---|---|
| Européens, | 204,877 |
| Indigènes, | 358,760 |

En 1863, les Européens atteignaient 213,061 âmes (chiffre officiel), et, en 1865, leur nombre dépasse 225,000.

(2) Depuis dix ans, les naissances ont toujours dépassé les décès chez les colons. Donc, l'acclimatation des Européens en Algérie n'est pas douteuse.

A l'époque romaine, la facilité d'acclimatation était la même. D'après une Note du docteur Leclerc, dans l'*Annuaire archéologique de la province de Constantine*, années 1860-1861, pages 182 à 187, sur 3,000 inscriptions tumulaires romaines trouvées dans la Numidie, on compte :

| | | |
|---|---|---|
| 55 individus âgés de plus de 100 ans; |
| 90 | — | de 90 à 100 ans; |
| 230 | — | de 80 à 90. |

Total : 375, soit plus de dix pour cent, qui dépassent l'âge ordinaire.

(3) Quoique, par nos soins, les indigènes de l'Algérie, depuis 1830, aient été préservés des famines et des épidémies de peste qui, antérieurement et périodiquement, exerçaient de grands ravages dans les tribus,

### CULTURES EN CÉRÉALES ET RÉCOLTES.

*Colons* : Par tête, 1 hectare 50 ares cultivés et 11 hecto-
litres récoltés ;

*Indigènes* : Par tête, *zéro* hectare 61 ares cultivés et 3 hec-
tolitres 90 centilitres récoltés.

### PRODUCTIONS TOTALES DE L'ANNÉE (1862).

| | | |
|---|---|---|
| *Colons* : Par tête, | 419 fr. | » c. |
| *Indigènes* : id. | 67 | 83 |

### RICHESSE TOTALE, MOBILIÈRE ET IMMOBILIÈRE (1).

| | | |
|---|---|---|
| *Colons* : Par tête, | 2,645 fr. | » c. |
| *Indigènes* : id. | 724 | » |

tous les recensements indiquent des diminutions dans les populations qui habitent la tente.

Depuis que le chef de la famille n'a plus droit de vie et de mort sur ses enfants, les jeunes gens font, aussi souvent qu'ils le peuvent, un abus immodéré des liqueurs alcooliques les plus malsaines, et les jeunes filles s'adonnent au libertinage et pratiquent l'infanticide sur une vaste échelle.

A ma connaissance, sept garçons de quinze à dix-sept ans ont bu dix litres d'absinthe pure dans une nuit et l'un d'eux en est mort.

A ma connaissance aussi, trois infanticides ont eu lieu, en une année, dans un douar de dix familles. La justice n'a pu arriver à des preuves certaines que pour un de ces crimes, et celle qui s'en était rendue coupable a été condamnée par un conseil de guerre à une année de prison.

Loin d'être déshonorée par ce fait, on l'a considérée comme une victime et elle s'est mariée, dans la semaine qui a suivi son élargissement, non avec le père de son enfant, mais avec le premier venu, qui s'est estimé heureux d'obtenir une réduction de 50 francs sur le prix ordinaire de la dot, alors au cours moyen de 200 francs.

(1) La richesse mobilière et immobilière des colons urbains, beaucoup plus considérable que celle des colons ruraux, n'est pas comprise dans ces chiffres. On se borne à la comparaison de la richesse des cultivateurs entre eux.

## IMPOTS DE TOUTES NATURES.

*Colons :* Par tête,      85 fr. 15 c. (1).
*Indigènes :* id.      7    70

## CRÉATION DE CENTRES, VILLES, BOURGS ET VILLAGES
### (DE 1830 A 1862).

*Colons :* Plus de 300 centres (2), dont 186 sont constitués en communes de plein exercice.

*Indigènes :* Ils ont abandonné, pour la plupart, les maisons que des ouvriers européens avaient construites pour eux, le gouvernement ayant cru pouvoir imposer la dépense d'une habitation fixe aux Arabes des grandes tentes de quelques tribus, dans l'espoir de les rendre sédentaires. Peines et dépenses perdues ! ! !

## DÉVELOPPEMENT COMMERCIAL.

En 1830. — *Indigènes* livrés à eux-
mêmes. . . . . . . . . . .     5,000,000 fr.

En 1862. — Avec le concours des
*colons* (valeurs officielles). . . . .    228,000,000
Valeurs actuelles. . . . . . .    247,939,786

(1) Dans tous les écrits des adversaires de la colonisation, les colons sont réputés exempts d'impôts, parce que l'Etat les exonère des contributions directes, et on ne tient aucun compte des contributions indirectes et des lourdes taxes municipales et départementales qui les atteignent.

(2) Ces 300 centres comprennent, savoir :
    3 villes principales, avec une population de 30,000 à 60,000 âmes ;
    7 villes secondaires, de 10,000 à 30,000 âmes ;
   11 villes de troisième ordre, de 5,000 à 10,000 âmes ;
   23 villes de quatrième ordre, de 2, à 5,000 âmes ;
  250 villages agricoles ;
2,000 fermes, dont quelques-unes peuvent loger de 100 à 150 ouvriers.

## DÉVELOPPEMENT INDUSTRIEL.

*Indigènes* : Rien.

*Colons* : En 1862, la petite industrie, seulement, a livré au commerce pour 36 millions de produits.

Telle était la réponse que les documents officiels faisaient aux adversaires de la colonisation européenne, apologistes fanatiques de la virtualité des indigènes. (Voir : *Tableau de la situation des établissements français dans l'Algérie* ; Paris, 1863, et l'*Algérie devant l'opinion publique*, par le docteur A. Warnier. Alger, 1864).

Pris en flagrant délit d'erreur matérielle calculée, nos contradicteurs changent de thèse aujourd'hui, ce qui leur est facile, leurs écrits étant toujours anonymes.

Obligés de s'incliner devant l'évidence de faits démontrant mathématiquement que la puissance du colon est décuple de celle de l'indigène, ils nous disent :

Les Arabes sont très-malheureux sous notre domination, et au lieu de rechercher les causes vraies de leur soi-disant misère, ils l'attribuent à la colonisation, et voici comment ils motivent leur acte d'accusation :

On a pris aux indigènes leurs meilleures terres de culture ;

On les empêche d'utiliser les forêts pour la nourriture de leurs troupeaux ;

Aujourd'hui, faute de terres, ils sont obligés de louer, à très-haut prix, les propriétés dont ils étaient jadis les maîtres ;

L'impôt les écrase ;

Ils paient à l'usure une somme d'intérêt quadruple de l'impôt ;

Ils entretiennent les colons, à raison de 50 fr. par an et par tête, dans la province d'Alger, et à raison de 28 fr. dans la province d'Oran.

Et, comme preuve confirmant la culpabilité de la colonisation, on ajoute que le bien-être des indigènes a diminué à raison de leur rapprochement des Européens.

J'ai démontré, sommairement, mais par des chiffres authentiques, la fausseté de toutes les assertions antérieures qui représentaient l'indigène comme le vrai paysan de l'Algérie, et le colon comme une superfétation stérile; j'espère contredire non moins victorieusement les nouvelles accusations qui se produisent aujourd'hui.

On a, dit-on, pris aux indigènes leurs meilleures terres de cultures. Examinons ce premier grief.

D'abord, les colons n'ont jamais pris de terres. Celles qu'ils possèdent aujourd'hui, — 700,000 hectares au maximum, — proviennent légalement : 1° soit de concessions faites par l'État — environ 500,000 hectares — et réputées à tort gratuites, car elles n'ont été consenties que moyennant une rente annuelle et avec beaucoup de charges; 2° soit d'acquisitions librement offertes par les indigènes — 200,000 hectares environ — et constatées par des actes notariés, avec perception, au profit de l'État, de droits de mutation et d'enregistrement.

Puis, ces terres étaient loin d'être les meilleures, car plus de la moitié était en palmiers nains, dont le défrichement coûte de 300 à 500 fr. l'hectare; le quart en marais pestilentiels dont l'assainissement a coûté aux colons beaucoup plus que de gros sacrifices d'argent (1); et le

(1) Avant les travaux des colons, étaient couverts de palmiers nains, savoir :

reste — 175,000 hectares au maximum, — en partie épuisé par un excès de production antérieure ou à purger des broussailles ou des plantes parasites que la charrue arabe respectait, mais qui eussent cassé, brisé les charrues perfectionnées des Européens.

Tout le Sahel, entre Oran et Mostaganem ;
Tout le Sahel, de Cherchell à Dellys ;
Tout le versant de l'Atlas, au sud de la Mitidja ;
Les environs de Philippeville, en dehors de la vallée de Safsaf ;
Le Sahel, entre Bône et Guelma.

Aujourd'hui de nombreux villages couvrent ces terres, dont les indigènes ne tiraient aucun parti.

Etaient marais, savoir :

La partie nord de la plaine du Tlelat ;
Les 21,000 hectares de la Macta et de l'Habra, vendus l'année dernière, à charge de consacrer 4 millions à leur assainissement ;
Toute la partie centrale de la Mitidja, du lac Alloula au Hamis ;
La Regaïa ;
L'embouchure de l'Oued-Corso ;
L'embouchure de l'Isser ;
La plaine de Bougie ;
La partie inférieure de la vallée de la Safsaf ;
Le bassin du Hamma (*la fièvre*), sous Constantine ;
Toute la plaine de Bône, entre le lac Fezzara et les lacs de La Calle.

Tous ces marais pestilentiels n'étaient antérieurement d'aucune utilité réelle pour les indigènes : des myriades de moustiques seules les habitaient, et quand des troupeaux, contraints par la famine, s'en approchaient, leurs peaux était tellement criblées par les aiguillons des mouches qu'il était impossible de les tanner, et leur sang tellement empoisonné que les plus belles bêtes étaient atteintes de la pourriture du foie en moins de quelques mois.

Aujourd'hui, ces marais assainis, complantés, donnent à la colonisation européenne ses plus riches terres de culture. Là se trouvent, entre autres, Boufarik et Oued-el-Aleig, dont l'Empereur a tant admiré la magnificence de végétation.

Les colons ont donc conquis les champs qu'ils fécondent, non sur les meilleures terres de culture des indigènes, mais sur des espaces abandonnés par eux.

Entre les mains des colons, ces terres sont devenues les meilleures du pays, c'est vrai, mais ce résultat a été acquis par le travail persévérant et opiniâtre du pionnier de la colonisation, de l'ouvrier européen, car, en général, les indigènes ne sont pas assez forts, à raison de leur mauvaise nourriture, pour se livrer au travail pénible des défrichements.

Au maximum, la colonisation, en l'an de grâce 1865, avec tout son développement, n'a encore privé les indigènes que de 175,000 hectares utilisables par leurs procédés de culture.

Ceux d'entr'eux qui ont vendu possèdent en argent monnayé l'équivalent de leurs terres. On ne demande sans doute pas que les colons, après les avoir payées, les restituent à leurs anciens propriétaires. Quant aux terres provenant du domaine de l'État, et concédées à rente aux colons, on me permettra bien de croire qu'elles n'ont pas été spoliées, et que leur affectation à la colonisation n'a porté préjudice à aucun indigène, car le domaine turc, avant nous, les réservait pour ses propres besoins (1).

L'affectation a changé, je le veux bien, mais l'État était parfaitement libre, au lieu d'avoir des terres pour l'entretien de sa cavalerie, de ses troupeaux, ainsi que pour la

(1) L'administration des Domaines est souvent accusée d'avoir inscrit sur ses sommiers de consistance des terres qu'elle aurait dû, dit-on, abandonner aux détenteurs indigènes.

De deux choses l'une cependant : ou ces terres étaient domaniales ou elles ne l'étaient pas ;

Dans le premier cas, on ne peut accuser une administration publique de remplir son devoir ;

Dans le second, il n'y avait qu'à produire des titres établissant l'affectation privée de la terre.

Toujours, il y a eu des tribunaux en Algérie et des fonctionnaires supérieurs assez dévoués aux intérêts indigènes, pour faire respecter leurs droits.

solde de ses fonctionnaires (1), de donner la préférence à tout autre mode d'administration de son domaine. Aujourd'hui, comme sous les Turcs, ces mêmes terres, quoique devenues propriétés privées, fournissent encore aux troupes la viande de leurs rations, à la cavalerie le foin de ses chevaux, enfin leur part contributive de la solde des agents du gouvernement.

Si ces terres avaient été délaissées aux indigènes, — ce qu'eussent voulu les adversaires de la colonisation, — nos soldats mangeraient, non de la viande, mais de la *carne*, notre cavalerie tirerait encore d'Europe ses foins et ses avoines, et, pour couronnement d'une situation aussi précaire, l'armée entière, comme aux premiers jours de l'occupation, serait annuellement décimée par les maladies dont la cessation est exclusivement due aux travaux d'assainissement des colons, au bien-être matériel et moral qu'ils ont introduit dans l'existence de tous, même des ingrats qui les combattent à outrance.

Tout cela est de la plus éclatante évidence, mais quand la passion aveugle les hommes, ils nient même la lumière. Aurait-il donc fallu priver notre armée des bienfaits de la colonisation, pour conserver aux indigènes les 175,000 hectares utilisables par eux dans 700,000 aujourd'hui au pouvoir des colons !

Voyons donc quelle perturbation a été apportée dans la vie des indigènes par la distraction légitime de ces 700,000 hectares.

(1) Les Turcs percevaient l'impôt en nature sur les troupeaux ; ils possédaient de nombreuses bêtes de somme pour leurs transports, des chevaux pour leur cavalerie régulière et irrégulière ; de grands parcours leur étaient nécessaires pour l'entretien de ces animaux :

De plus, une terre ou une ferme était affectée à chaque fonction publique.

Le Tell, c'est-à-dire la partie cultivable de l'Algérie au moyen des pluies hivernales, comprend 14 millions d'hectares (1), et, sur cette vaste superficie, il y a 2,261,848 indigènes, y compris les Maures des villes.

De la superficie totale il y a à défalquer :

700,000 hect., propriété des colons ;

550,000 hect. de forêts, propriété de l'État, soumis au régime forestier et dont moitié environ sont affermés à des Européens, à long bail et à charge d'aménagement.

_______________

1,250,000 hect. en tout.

Reste à la libre disposition des indigènes une superficie de 12,750,000 hectares.

Mais parmi les indigènes du Tell, il y a 800,000 Berbères sédentaires constitués en communes, possédant le sol à titre privé, le cultivant comme en France, n'ayant en moyenne que trois hectares par tête, communaux et non-valeurs compris, et satisfaits de cette propriété restreinte, pourvu qu'on la respecte, ce à quoi l'administration française a toujours religieusement veillé.

Défalcation faite de la propriété berbère, reste donc 10,350,000 hectares pour 1,461,848 Arabes ou Berbères arabisés, habitant la tente, ne connaissant que la culture

_______________

(1) La lettre de l'Empereur au duc de Malakoff, en date du 3 février 1863, décompose ainsi le domaine agricole du Tell algérien :

| | | | |
|---|---|---|---|
| Forêts ... ............................................ | | 1,800,000 hectares. |
| Terres cultivables. | A l'État...... 890,000 | | |
| | Aux colons... 420.000 | 3,310,000 | — |
| | Aux indigènes 2,000,000 | | |
| Terres incultes (marais, lacs, rivières, landes).. | | 8,890,000 | — |
| | Total.......... | 14,000,000 | hectares |

D'après ces chiffres, les deux tiers du Tell algérien sont incultes. C'est un point important à constater et à retenir.

pastorale, c'est-à-dire la culture qui se borne à récolter les fruits spontanés de la terre, sans la cultiver ou très-peu.

Or, 10,350,000 hectares, divisés entre 1,461,848 habitants, donnent par tête 7 hectares 8 ares.

En sus d'un lot aussi considérable dans le Tell, les tribus arabes ou berbères arabisées de la limite du Tell et du Sahara possèdent encore un droit de parcours illimité dans la zone limitrophe des steppes sahariennes, d'une étendue superficielle de cinq millions d'hectares et l'une des plus belles régions de pacages connus dans le monde, comparables même aux riches pampas de l'Amérique.

Et c'est au nom de gens auxquels le sénatus-consulte de 1863 garantit la propriété incommutable d'une aussi grande richesse territoriale qu'on crie à la spoliation, parce que, en trente-cinq années, l'État a disposé, en faveur de la colonisation, de 500,000 hectares lui appartenant au même titre que les millions trouvés en 1830 dans la kasba d'Alger!

C'est au nom de tribus qui usent et abusent de la terre, en la traitant en marâtre, qu'on demande au gouvernement de rendre la propriété indigène incessible et inaliénable pendant plusieurs générations, et d'entourer de plus de formalités restrictives le droit d'expropriation pour cause d'utilité publique, parce que, en trente-cinq années, les colons ont pu, par des achats réguliers aux indigènes, ajouter 200,000 hectares à ceux dont l'État a dû, dans son propre intérêt, se dessaisir en leur faveur!

On peut juger du préjudice causé aux tribus par la colonisation, sur les points où elle a atteint son plus grand développement : dans la Mitidja, pour la province d'Alger ; dans le triangle compris entre Oran, Mascara et

Mostaganem, pour la province d'Oran ; autour de Bône, de Philippeville, de Constantine, dans la province de Constantine.

Dans la plaine de la Mitidja, avant 1830, il y avait cinq grandes tribus : Isser, Khachna, Beni-Mouça, Beni-Khelil, Hadjout. Ces cinq tribus existent encore, et bien qu'une vingtaine de communes françaises aient été créées dans leurs anciens périmètres, elles ont encore de la terre à vendre, car, si la liberté des transactions existait, on les verrait assaillir les études de notaires pour y trouver des acquéreurs.

Dans le triangle colonisé de la province d'Oran, il y avait, avant la conquête, six tribus : Douaïr, Zmala, Abid-Gharaba, Abid-Cheraga, Bordjia et Medjéher. Ces six tribus sont encore sur place. Avant que ce territoire fût colonisé, je l'ai parcouru pendant plusieurs années, dans toutes les directions, et souvent je marchais une demi-journée sans y rencontrer un *douar*. La colonisation, là, s'est bornée à combler des vides dans des terres généralement vaines et vagues et appartenant toutes à l'État ou ayant été rendues domaniales, par voie d'échanges, quand elles étaient propriétés privées.

Dans la province de Constantine, on a colonisé exclusivement dans le domaine de l'État, et le territoire d'aucune tribu n'a été atteint par le développement colonial. Loin de là, sur ce même domaine de l'État, on a fait de larges concessions aux indigènes, dans une proportion qui dépassera bientôt la part faite aux Européens.

La colonisation n'a donc, jusqu'à ce jour, porté aucun trouble sérieux dans la vie des indigènes. Prétendre le contraire, c'est calomnier le gouvernement et l'administration.

Quant à l'accusation d'avoir pris aux indigènes leurs meilleures terres de culture, on est étonné qu'elle ait pu se produire sous un souverain qui « veut l'apaisement des rivalités entre le système qui pousse à l'extension de la colonisation européenne, et celui qui défend les droits sacrés des indigènes. »

Aussi espérons-nous, avec la plus grande confiance, que l'Empereur saura mettre fin à une lutte déplorable, en conciliant réellement les intérêts de tous.

# XII



J'ai démontré que les colons, loin de prendre les meilleures terres de culture des indigènes, ont été au contraire contraints et forcés, par les circonstances, à s'installer dans des localités où ils devaient rencontrer tant d'obstacles qu'un gouvernement sage et prudent eût peut-être dû les empêcher de les aborder. Le patriotisme et le dévouement ont surmonté toutes les difficultés; il n'y a qu'à féliciter l'administration de n'avoir jamais douté du succès.

Le second grief reproché à la colonisation, j'espère le prouver, n'est pas plus fondé que le premier.

On empêche les indigènes, dit-on, de conduire leurs troupeaux dans les forêts.

D'abord, il est faux qu'on interdise aux indigènes d'user des pacages des forêts, là où les troupeaux ne peuvent nuire, car les articles 34 et 47 du cahier des charges des concessions leur maintiennent ce droit, et personne n'y a fait obstacle; mais il est très-vrai que le service forestier (1) et les concessionnaires de l'État voudraient bien empêcher les indigènes de mettre pé.iodiquement le feu aux forêts; cependant on n'y parvient pas et on n'y parviendra jamais, tant qu'on ne prendra des mesures plus énergiques que celles adoptées jusqu'à ce jour.

Au 31 décembre 1862, l'État avait concédé à diverses compagnies françaises, à charge d'exploitation et d'aménagement, de nombreuses forêts, savoir :

| | |
|---|---|
| Pour 99 ans, chênes-liéges, | 119,487 hectares. |
| Pour 40 ans,        id., | 17,590 — |
| Provisoirement,  id., | 13,961 — |
| Pour 18 ans, chênes-zéen, | 17,955 — |
| A long terme, oliviers, | 6,336 — |
| Total, | 175,329 hectares. |

(1) Il en est du service forestier comme du domaine : on l'accuse de faire son devoir. C'est réellement dépasser les convenances envers l'une des administrations les plus méritantes de l'Algérie.

Des lois, des règlements existent ; ils ont été préparés, votés par les grands corps de l'État, promulgués par ordre du souverain ; les faire exécuter, c'est faire respecter le souverain dans une de ses plus importantes attributions.

En présence du blâme déversé contre des administrations publiques, à raison de l'exercice de leurs fonctions et dans des brochures recommandées, patronnées, récompensées, on se demande, non sans quelque étonnement, si l'Algérie est destinée à nous désapprendre le respect dû aux lois.

A la même date, il avait été dépensé par les concessionnaires, en aménagements de toutes natures, la somme de 3,151,154 fr., soit 33 fr. par hectare. Ce début promettait pour l'avenir.

Dans la campagne de 1863 (1), il a dû aussi être dépensé une somme considérable; je ne la connais pas. Je sais, toutefois, que le progrès avait été assez important pour inquiéter les indigènes, car, pour la première fois, on voit le feu mis systématiquement autour des principales concessions.

Je ne veux me permettre aucune supposition au sujet des causes des incendies qui, sur la fin de l'année 1863, ont ravagé une partie des concessions faites à cette époque. Mais voici ce que je constate.

L'automne, saison des vents du Sud, était venu. Le même jour, à la même heure, à la même minute, le feu prenait sur tout le pourtour des concessions, et, le siroco aidant, il se propagea rapidement. Tout le versant maritime de la province de Constantine, pendant plusieurs jours, n'a été qu'un vaste brasier.

Une enquête sévère a été ordonnée par le gouvernement; un seul incendiaire, probablement pris en flagrant délit, a été livré à la justice et condamné à cinq ans de réclusion. Pour les autres points où l'incendie avait éclaté, il s'était déclaré dans des lieux fréquentés par les Arabes seuls et loin de tout regard européen, mais personne ne savait comment le feu avait pris.

______

(1) A cette date, le chiffre des forêts concédées s'élevait à 177,454 hectares. Elles devaient rapporter à l'État, pendant la durée des concessions, la somme de 44,442,978 fr., savoir : 38,392,961 pour le Trésor, et 6,050,017 à consacrer au repeuplement.

D'autres forêts, jusqu'à concurrence de 550,000 hectares, sont soumises au régime forestier et restent disponibles pour de nouvelles concessions, si, toutefois, il peut se présenter désormais des demandeurs.

Toutefois, aucune récolte, aucune tente, aucun troupeau, appartenant aux indigènes, n'avait été compromis, et les forêts placées sous le vent des tribus kabyles avaient été respectées.

Cependant les preuves de la participation coupable des tribus à ces sinistres fut assez évidente pour que le maréchal duc de Malakoff, sur les conclusions du général Desvaux, commandant supérieur de la province de Constantine, ait cru devoir faire l'application du principe de la responsabilité collective des tribus et leur imposer une amende de 134,000 fr., qui, d'après les termes de l'arrêté, devait être consacrée à indemniser les concessionnaires incendiés des pertes subies par eux.

Déjà, en 1860, après des incendies partiels, une amende collective avait été frappée, mais n'avait pas été perçue et, à l'heure où j'écris ces lignes, les tribus punies sur le papier n'ont encore payé, ni l'amende de 1860, ni celle de 1863.

En 1864, les forêts ont encore été incendiées, mais sur une moins grande étendue qu'en 1863.

En 1865, le mal n'a plus connu de limites. Dans les journées du 23 au 28 août, la presque totalité des concessions de la province de Constantine a été dévorée par les flammes, en même temps que les territoires de colonisation des provinces d'Alger et d'Oran étaient parcourus par le même fléau dévastateur.

Si, par suite de ces désastres, les compagnies concessionnaires de forêts n'ont pas été ruinées, leur confiance en l'avenir a été très-refroidie.

Aujourd'hui, il est des personnes qui s'autorisent de leur découragement, pour plaindre les indigènes de ce qu'on les prive des pacages des forêts, quand les concessionnaires n'en tirent pas un parti sérieux.

Je ne nie pas que les Arabes doivent être bien malheureux de ne pouvoir continuer leur œuvre traditionnelle de destruction des forêts, mais je me crois autorisé à demander qui de l'État ou de la colonisation est responsable des restrictions apportées à l'us et à l'abus des indigènes dans les forêts?

Depuis 1830, le gouvernement a toujours revendiqué les bois et forêts comme propriété de l'État, là où des titres réguliers ne constatent pas qu'elles sont propriétés privées. La loi de 1851 et le sénatus-consulte de 1863, tous deux relatifs à la propriété en Algérie, consacrent de nouveau les droits de l'État.

Dans cette situation, le gouvernement fait appel à des compagnies et leur dit :

« J'ai des forêts en Algérie, mais elles ne peuvent être exploitées faute de routes et de chemins ; puis, comme je désire avoir là, tôt ou tard, de belles forêts comme en France, il y a nécessité de les aménager. J'offre de les louer, à long terme et à un prix faible d'abord, mais qui augmentera progressivement au fur et à mesure de l'amélioration des conditions de l'exploitation ; toutefois, j'impose, par un cahier des charges, l'obligation d'ouvrir les routes et les chemins, en même temps que de reboiser les clairières et d'extirper les broussailles qui nuisent à la pousse des arbres (1). De mon côté, je garantis la libre jouissance de la chose que je loue. »

(1) Un inspecteur du service forestier, M. Lambert, impute au non-débroussaillement, comme l'exigent les cahiers des charges, les ravages commis par le feu dans les forêts, et quelques journaux, amis du gouvernement, voulant dégager sa responsabilité dans les incendies, semblent accuser les concessionnaires d'incurie.

Sans nier l'importance des débroussaillements, je dois faire remarquer à M. Lambert :

1° Que les forêts débroussaillées ont été dévorées par le feu, comme celles qui ne l'étaient pas. Je citerai, entre autres, celle de Tefeschoun,

Quoique les conditions imposées aux locataires exigent des dépenses considérables avant que l'exploitation puisse commencer, le gouvernement trouve des compagnies qui les acceptent. Un contrat est signé entre les représentants de l'État et les représentants des compagnies.

Notons-le : ce contrat est un bail.

L'État, tout en aliénant la jouissance temporaire des forêts, reste propriétaire du sol et des arbres, — du moins pour les chênes-liéges et les oliviers, — et les concessionnaires ne sont que des fermiers qui paieront loyer, dès que les arbres commenceront à donner des produits, et qui, jusque-là, ont à dépenser des sommes considérables pour donner une valeur sérieuse à un fonds improductif.

Le mot *concession*, synonyme de *faveur*, peut donner lieu, dans le public, à de fausses interprétations sur la nature du contrat. Ici, la faveur est nulle. Le marché qui lie le concessionnaire à l'Etat et l'Etat au concessionnaire

près Coléa, exploitée par M. Portes fils, et qui était d'une très-grande propreté;

2° Qu'avant de débroussailler, les concessionnaires ont d'abord à construire des habitations pour leurs ouvriers et ensuite à ouvrir des chemins pour sortir les broussailles;

3° Qu'on ne débroussaille pas 175,000 hectares en quelques années;

4° Qu'enfin, depuis des siècles, les forêts algériennes sont embroussaillées et qu'elles n'existeraient pas, si l'incendie était venu les dévorer quatre fois tous les cinq ans.

M. Lambert se trompe donc quand il attribue à la non-exécution complète du cahier des charges les graves sinistres dont les concessionnaires de la province de Constantine sont aujourd'hui les innocentes victimes.

D'ailleurs, les concessionnaires ont opposé à ce reproche une raison sans réplique : pour débroussailler complétement et surtout, sur les confins des concessions, par où le feu a été mis, il eût fallu avoir les plans périmétriques des concessions. C'était à l'administration à les délivrer, et cette clause du cahier des charges n'est pas encore complétement exécutée.

a le caractère d'un bail de fermage qui oblige réciproquement les deux parties contractantes, l'une à vivifier une valeur morte, l'autre à assurer à son fermier la libre jouissance de la chose louée. Si, dans l'espèce, la situation du fermier peut être, parfois, délicate vis à vis des usagers, celle du propriétaire est bien plus simple, car il est en même temps le souverain du pays. Ainsi, en 1860 et en 1863, les tribus incendiaires sont frappées d'une amende en réparation des dégâts causés dans les forêts ; les sinistrés, auxquels des indemnités sont promises, restent dans l'impossibilité d'obtenir satisfaction, si l'Etat, propriétaire des forêts, n'ordonne pas le paiement des amendes. Au printemps 1865, les fermiers, prévoyant de nouveaux incendies à l'automne, si les incendiaires de 1860 et 1863 n'avaient pas été punis, insistèrent vivement pour que les amendes fussent payées, sans un nouveau retard, afin que les Arabes sussent bien à quoi ils s'exposaient s'ils recommençaient à jouer avec le feu. Le Gouvernement s'est abstenu de faire droit à cette très-sage et très-prudente demande ; alors les tribus ont été convaincues que tout leur était désormais permis.

Dans le contrat qui lie l'État et les concessionnaires, nous disent les avocats des Arabes, on n'a pas tenu compte des droits de jouissance traditionnelle des indigènes, qui doivent être sacrés pour nous.

Je pourrais répondre à cette objection, qu'antérieurement à la conquête et en vertu d'une tradition très-ancienne, les indigènes prélevaient des impôts à main armée sur les voyageurs traversant leurs territoires; que le droit de représailles, pour les individus comme pour les tribus, était la loi générale du pays; que le père, dans certaines circonstances, avait droit de vie et de mort sur ses enfants, le mari sur sa femme; enfin, que si nous voulions respecter tous les droits traditionnels et surtout ceux dont la privation touche le plus les fibres intimes du cœur des indigènes, nous devrions commencer par abandonner le pays, après avoir fait amende honorable de la profanation d'une terre de l'Islam.

Je pourrais, dis-je, soutenir que le droit à la destruction des forêts par l'incendie doit être rangé dans la catégorie de tous les droits traditionnels que nous avons réformés et dont nous entendons maintenir la réforme; mais je veux maintenir à l'objection toute sa valeur.

Oui, avant que les parties boisées de l'Algérie fussent soumises au régime forestier, les indigènes sans exception avaient le droit, dans toutes les forêts qui n'étaient pas propriétés privées, d'abattre des arbres, de les écorcer, de les saigner, de fabriquer du goudron, de récolter des fruits, de faire des provisions de bois à brûler et de charbon, d'y introduire des troupeaux et, même, quand l'herbe y manquait ou y était étouffée par la végétation ligneuse, d'y mettre le feu pour avoir l'année suivante de l'herbe tendre, de jeunes pousses de bois dont les troupeaux sont si friands.

Ce droit, je le répète, n'appartenait pas à telle ou telle tribu voisine de telle ou telle forêt, mais à tous sans exception, en vertu de ce principe en vigueur dans l'islamisme entier, que tout produit spontané du sol est *bien de Dieu* (Kher Allah), et, à ce titre, appartient à la communauté des musulmans, si le souverain, représentant de Dieu, sur la terre, n'en dispose pas autrement.

Les Turcs, il est vrai encore, ne s'étaient pas réservé la propriété exclusive de telle ou telle forêt, attendu qu'en leur qualité de membres de la communauté musulmane, ils participaient à la jouissance commune et prenaient dans les forêts les bois dont ils avaient besoin pour leur marine, pour leurs constructions, ce qui était bien plus simple pour eux que de surveiller, pendant des siècles, la production de grands arbres dans des forêts dont ils se fussent réservé l'usage exclusif.

Au moment de la conquête, le gouvernement français n'était donc propriétaire d'aucune forêt, en vertu d'une inscription antérieure de telle ou telle superficie boisée sur les sommiers de consistance du *Bit-el-Mal* ou domaine turc.

Mais, comme gouvernement succédant à celui des Turcs, il avait le droit, en sa qualité de souverain représentant de Dieu, de disposer à son profit de tout ou partie de ce qui n'était pas propriété privée : forêts, bois, marais, prairies, terres vaines et vagues.

Pendant 33 ans, — de 1830 à 1863, — les indigènes ont reconnu le droit supérieur de l'Etat sur toutes leurs terres, boisées ou non, dont la possession ne leur était pas garantie par la vivification du travail; mais, en 1863, dans une lettre adressée au maréchal duc de Malakoff et qui, traduite en arabe, a été affichée dans toutes les tribus, l'Empereur renonce à ce droit « en rendant les indigènes propriétaires incommutables des territoires qu'ils occupent à demeure fixe, et *dont ils ont la jouissance traditionnelle*, à quelque titre que ce soit. »

Voici comment le souverain jugeait le droit dont la conquête l'avait constitué héritier :

« Le droit, m'objectera-t-on, n'est pas du côté des Arabes; le sultan était autrefois propriétaire de tout le territoire et la conquête nous l'aurait transmis au même titre ! Eh quoi ! l'Etat s'armerait des principes surannés du mahométisme pour dépouiller les anciens possesseurs du sol, et, sur une terre devenue française, il invoquerait

les droits despotiques du Grand-Turc ! Pareille prétention est exorbitante. »

En lisant la décision de l'Empereur et les considérants
sur lesquels elle s'appuie, les indigènes ont cru et ont dû
croire que les forêts étaient comprises dans la renonciation générale de l'Empereur à tous les droits du souverain
sur une terre islamique; aujourd'hui les avocats de la
cause des indigènes le soutiennent.

Cependant, le sénatus-consulte qui fait suite à cette
lettre, et qui est la traduction, sous forme de loi constitu-
tive, de la volonté de l'Empereur, réserve les droits de
l'État sur les bois et forêts qui ne sont pas propriété privée, c'est-à-dire sur la presque totalité des terrains boisés
de l'Algérie.

Je reconnais volontiers que les indigènes, la lettre de
l'Empereur à la main — seule pièce qui ait été répandue
dans leurs tribus, — soient en droit d'opposer des objections aux réserves forestières du sénatus-consulte; je com-
prends que certaines personnes plaignent beaucoup les
indigènes, quand des gardes forestiers constatent des con-
traventions aux lois et demandent à la justice la répression et la réparation de délits commis; mais, tout en affirmant moi-même tout ce qu'il y a d'équivoque dans la
situation, je ne puis admettre que les colons et la colonisation en soient rendus responsables.

Sur la question de principe, les indigènes sont en présence d'une décision souveraine, qu'un nouveau sénatus-
consulte peut seul modifier.

Sur la question d'application, les indigènes, comme les
Français eux-mêmes, sont en présence de la loi et d'un
contrat passé entre le gouvernement et les concessionnaires, contrat qui a force de loi et qui est exécutoire

pour les agents du service forestier, jusqu'à ce que les indigènes aient été relevés, par un acte législatif, de l'obéissance aux lois, — ce qu'heureusement personne ne demande, — et jusqu'à ce que le contrat de concession ait été résilié.

Dans tout cela, les colons ne sont en cause qu'en qualité d'ayant-droit à des indemnités réparatrices des dommages que leur causent les dégâts commis dans leurs concessions, et dont le règlement ne me paraît guère probable.

Oserait-on, par hasard, les accuser d'avoir dépensé, en pure perte, des sommes considérables pour aménager des forêts qui appartiennent à l'Etat, et d'avoir tenté d'augmenter la richesse générale du pays par l'exploitation d'un de ses produits naturels jusque-là abandonné au bon plaisir des indigènes?

J'espère qu'on s'abstiendra de manquer à ce point au respect acquis à des efforts malheureux, et qu'on voudra bien exonérer la colonisation du grief de priver les indigènes des droits traditionnels qu'ils avaient, avant la conquête, à la jouissance absolue et illimitée des forêts.

Depuis que ce paragraphe est écrit, les journaux de l'Algérie ont fait connaître l'étendue et l'importance des incendies, dans les trois provinces, entre le 21 et le 28 août 1865 ; je crois nécessaire, indispensable, de reproduire ici les détails que donnent ces journaux, afin qu'en France on sache quel nouveau genre d'ennemis la colonisation a à combattre aujourd'hui.

### PROVINCE DE CONSTANTINE.

En 1863, la superficie des forêts incendiées dans cette province comprenait 44,000 hectares.

En 1865, l'étendue et l'importance du sinistre est bien plus considérable, le feu ayant dévoré principalement les forêts exploitées et ayant embrassé 103,502 hectares.

Voici, par cercles forestiers, le détail des pertes :

*District de Jemmapes.* — Forêts de l'Oued-Bergouga, de Fahir, de Bou-Chérila, de Kef-Serak, de Filfila, d'une contenance totale de 9,600 hectares (concession de Lucy et Falcon), totalement brûlées. Sur cette concession, il y avait 800,000 chênes-liéges démasclés. Perte, 50 p. 100.

La forêt de Zaïtira, avec ses annexes, environ 2,000 hectares, est la seule partie de la concession de Lucy et Falcon qui ait été épargnée.

Forêt d'Oued-Soudan (concession Feuilberade), totalité brûlée, soit 1,500 hectares sur lesquels 200,000 arbres étaient démasclés. Perte, 60 p. 100.

Forêt de Las-Haas (concession Gaultier de Claubry), totalement brûlée, 3,700 hectares portant 700,000 arbres démasclés. Perte, 60 p. 100.

Sur cette concession, près de la moitié des arbres, 40 à 50 pour 100, doivent être réputés morts. Il ne reste que 2 à 3 arbres pour 100 sur lesquels le liége peut être l'objet d'une récolte.

D'après le rendement de la demi-récolte de 1865, le revenu annuel de la concession, frais d'exploitation défalqués, devait être de 70,000 fr.

Forêts de Guerbès et Sonindja (concession Martineau des Chenetz), 5,600 hectares incendiés sur une contenance totale de 6,000. Le nombre des chênes-liéges démasclés s'élevait sur cette concession à 1,700,000. Perte, 50 p. 100.

Forêt de Safia (concession de Cès-Caupenne), totalement brûlée, soit 2,600 hectares sur lesquels 600,000 arbres étaient démasclés. Perte, 70 p. 100.

Forêts de Kef-Rokma et d'El-Debah (disponibles), d'une contenance totale de 4,600 hectares, entièrement brûlées.

Forêt des Zerdeza (à l'usage des tribus de ce nom), 3,123 hectares de broussailles incendiées.

Total, pour le district de Jemmapes :

*Hectares incendiés* . . . . . . . . . . . . . . . . 30,473
*Arbres démasclés* . . . . . . . . . . . . . . . 3,900,000
*Sommes dépensées par les concessionnaires,*  6,000,000 fr.

D'après les estimations du service forestier, l'hectare moyen de chênes-liéges, complanté de 150 arbres, devait rapporter aux concessionnaires, net de tout frais, de 20 à 40 fr. par an.

Or, les susdites concessions étant arrivées à la période des récoltes, la perte des liéges à récolter, dans un délai prochain, sur les 30,473 hectares incendiés, dans le seul district de Jemmapes, est donc de 9,051,900 francs.

*Environs de Philippeville.* — Forêt de Stora (non concédée), 480 hectares incendiés.

Forêt de Beni-Melek (propriétés privées, non encore exploitées), 120 hectares brûlés.

Forêt du Djebel-Halia (concession Chappon), 1,400 hectares brûlés. Cette exploitation, qui était fort belle, a été incendiée une première fois en 1863. Elle peut être considérée comme étant entièrement détruite aujourd'hui.

Total des environs de Philippeville : 2,000 hectares brûlés.

*Cercle militaire de Collo.* — Forêt de Zeramna (concession Dutreih), 1,400 hectares atteints par le feu sur 4,000. Perte considérable.

Forêt d'Estaya (concession de Robiac), 405 hectares incendiés sur 3,800. Perte de 80,000 arbres démasclés.

Forêt d'Oued-Zouhr (concession Besson), 150 hectares incendiés sur 20,000. Dommage insignifiant.

Forêts de Soukia (5,000 hectares), de Oued-Elli-Badou (3,000), de Goufi (4,000), de Oued-Zadra (3,400), de Ketrana (4,000), de Oued-Bou-Zeggar (3,000), de Oued-Zéen (2,000), toutes disponibles, n'ont eu, en tout, que 4,740 hectares incendiés. Le dommage causé par le feu est réparable en quelques années, les arbres ayant été protégés par le liége primitif.

Forêt de Oued-Feissa (disponible), 1,700 hectares incendiés sur 2,500. Le feu ayant été mis à plusieurs reprises dans cette forêt, elle est gravement endommagée.

Forêts des Ouled-el-Hadj et de Fedj-el-Macta (non concédées), 1,200 hectares brûlés sur 5,000 ; mais ce lot, déjà atteint par le feu en 1864, est très-compromis.

Forêt de Beni-Saiah (concession de Lesseps), dommage insignifiant par rapport à l'étendue et à la valeur de la concession : 20 hectares brûlés sur 3,000.

Forêts de l'Oued-Meraïa (4,000 hectares), de l'Oued-Bibi (3,000), toutes deux disponibles ; elles ont été parcourues par le feu sur une étendue totale de 5,800 hectares. La dernière est très-endommagée.

Forêt de l'Oued-Oudina (concession Lacombe, non encore exploitée), totalement et gravement brûlée : 2,200 hectares.

Forêts de l'Oued-Guebli (5,000 hectares), de Guemaïcha (2,000), d'El-Ouldja (2,000), non concédées, très-brûlées sur une étendue de 2,350 hectares, dont un quart entièrement détruit.

Six massifs de broussailles, d'une contenance de 1,600 hectares, entièrement brûlés, mais sans grande valeur.

Total des surfaces incendiées dans le cercle de Collo : 21,565 hectares.

9

*Cercle militaire d'El-Milia.* — Forêt des Beni-Sbée (exploitation de bois de chauffage), 2,500 hectares brûlés, 150 stères de bois ,emmétrés appartenant à M. Leinen, réduits en cendres, ainsi que le campement des ouvriers bûcherons.

Forêt des Ouled-Aïdoun (concession Grok, non encore exploitée), 1,436 hectares incendiés sur 2,000. On y a constaté dix foyers d'incendie préparés par la main de l'homme.

Forêt de Mchatt (concession Sallandrouze, inexploitée), 1,200 hectares brûlés sur 3,400.

Forêt des Beni-Aïcha (concession Cauzon, inexploitée), 60 hectares atteints sur 3,500.

Forêt des Ouled-Amer, 6 parcelles d'une contenance totale de 32 hectares incendiées.

Total des superficies brûlées dans ce cercle, 4,928 hectares.

*Cercle militaire de Djidjelli.* — Forêt des Beni-Amran (concession Bonnard, inexploitée), 250 hectares brûlés sur 3,700.

*Cercle militaire de Bougie.* — Forêt d'Akfadou (lot n° 1, disponible), 800 hectares brûlés sur 3,500.

Forêts de Taourirt-Sghil, de Abrarès, de Beni-Mimoun (non concédées), 8,500 hectares très-endommagés.

Forêt de l'Oued-Djemâa (concession de Chabannes), 46 hectares brûlés sur 3,000. Perte de 450 arbres de haute futaie.

Forêts de Sidi-Bou-Deram, des Beni-Ben-Messaoud, de Drâ-Bou-Fernan (non concédées), 2,750 hectares en broussailles brûlés.

Total du cercle de Bougie : 12,101 hectares incendiés.

*Cercle militaire de Constantine.* — Forêt des Ouled-Djebara, exploitée pour le chauffage, 275 hectares de jeunes coupes brûlés.

*Cercle militaire de Bône.* — Forêt de Saada, au cap de Fer, non concédée, 1,200 hectares en chênes-liéges brûlés.

Dans cette forêt, sur plusieurs points, on a trouvé des amas de bois secs, disposés en foyers pour y mettre le feu.

Dans le massif forestier de l'Edough, un incendiaire indigène a été pris en flagrant délit et arrêté. Plusieurs de ses complices ont été vus prenant la fuite.

Forêts de Sila, près Takouch, de la Seybouse, de Beni-Salah : surfaces incendiées, 6,883 hectares. Faibles dommages, à l'exception d'une futaie de chênes-liéges de 523 hectares.

Total du cercle : 7,883 hectares incendiés.

*Cercle militaire de Souk-Ahras.* — En tout 777 hectares brûlés dans les forêts de chênes-zéens et chênes-liéges, non encore concédées, de Fedj-el-Macta, des Ouled-Dhia et des Ouled-Bechia.

*Arrondissement de Guelma.* — Dans cet arrondissement, les pertes s'élèvent, savoir :

| | | | |
|---|---|---|---|
| A Zerdeza | 1,700 hect. | broussailles; | |
| A Aouara | 3,820 — | chênes-liéges très-endommagés; | |
| A Beni-Addi | 1,800 — | | |
| A Beni-Brahim | 600 — | | |
| A Ouled-Ali | 3,565 — | Bois d'oliviers susceptibles d'être | |
| A Beni-Fourhal | 1,450 — | concédés pour être greffés, | |
| A Beni-Salah | 500 — | mais entièrement brûlés. Perte | |
| A Ouled-Rhara | 1,200 — | considérable. | |
| A Fedjoudj | 105 — | | |

Total....... 14,240 hectares brûlés.

*Cercle militaire de La-Calle.* — Forêt de La-Calle (concession de Montebello), 310 hectares, dont les arbres sont démasclés, sur une étendue totale de 4,000 hectares. Perte sensible.

Forêt de Aouaouacha, sur la frontière de Tunis, 1,000 hectares de futaie en chênes-zéens, entièrement brûlés.

Forêts des Ouled-Ali-Achichar, des Ouled-Amar-Ben-Ali, des Ouled-Youb, de Cheffia, de Sbeta, de Sbâa : 8,000 hectares en chênes-liéges et en broussailles incendiés.

Total du cercle de La-Calle, 9,310 hectares.

La récapitulation générale des superficies dévorées par le feu dans les onze cercles forestiers de la province de Constantine donne un total de 103,502 hectares.

Partout, du moins, c'est la conviction publique, le feu a été mis par les indigènes (1). Le mot d'ordre a été donné, la nuit, à l'aide de feux-

(1) Pour la province de Constantine, le doute n'est pas permis : les concessionnaires présents sur les lieux, leurs ouvriers européens, les Berbères-Kabyles employés sur les concessions, indiquent, de la manière la plus précise, l'heure, le lieu où le feu a été mis et souvent le nom des incendiaires; des torches trouvées sur de nombreux points, vingt sur une concession, des foyers éteints dans des creux d'arbres, des amas de bouses de vache sèches, mêlées avec de la paille en des lieux où il faut les apporter, des incendiaires pris en flagrant délit, les aveux même des coupables, tous ces témoignages réunis éclairent la question d'un très-grand jour.

Y a-t-il eu entente préalable? La simultanéité du développement du feu, à des distances très-grandes et dans une direction contraire à celle du vent, répond à la question.

Quel est le but proposé? Cette fois le feu a généralement été mis dans des lieux inaccessibles aux troupeaux.

Les concessionnaires des forêts ont réuni, sur toutes ces questions délicates, les renseignements les plus précis.

signaux, allumés sur les points culminants. Ces signaux ont été transmis de l'Est dans l'Ouest. Le 23 août, les indigènes du cercle de Jemmapes ont été prévenus par des feux allumés sur les hauteurs qui dominent Hammam-Meskhoutin ; dans la nuit du 24, ils transmettaient l'avis du commencement de l'incendie aux indigènes du cercle de Collo en éclairant le sommet du Bou-Ksaïba.

Pendant la guerre, les indigènes ne procédaient pas autrement pour signaler la marche de nos colonnes.

On a remarqué que l'intensité du feu a été en raison directe de l'avancement des exploitations et de la richesse des concessions.

Ces incendies n'ont pas atteint seulement les concessions forestières ; les centres de population européenne, à proximité des foyers brûlés, ont aussi couru les plus grands dangers :

Philippeville, chef-lieu de sous-préfecture, ne doit qu'au nombre et à l'énergie de ses habitants d'avoir été préservé ;

Stora a failli brûler ; sans les marins des navires ancrés dans ce port, toutes les habitations eussent été la proie des flammes ;

Robertville a eu toutes ses vignes parcourues par le feu ;

La petite ville de Jemmapes, les villages de Gastu, de Sidi-Nassar et d'Héliopolis ont été très-sérieusement menacés.

Dans le dernier de ces villages, le moulin Lavie a été entouré de tous côtés par le feu ;

L'établissement de bains d'Hammam-Meskhoutin a été en danger, nuit et jour, pendant la durée des incendies, et ses habitants n'ont cessé d'être sur pied pour combattre le feu.

Presque toutes les habitations des concessionnaires de forêts ont été entourées par les flammes.

### PROVINCE D'ALGER.

Les détails qui suivent sont empruntés au *Moniteur de l'Algérie*, journal officiel, n° du 31 août :

Nous résumons aujourd'hui les renseignements que nous avons pu recueillir sur les incendies qui, pendant toute une semaine, du 22 au 29 août, ont exercé leurs ravages dans la province.

Les premiers sinistres ont éclaté dans le sud de la subdivision de Médéa, chez les Ouled-Hellel, dans la journée du 24.

De là, le feu a pénétré dans la subdivision de Miliana, en traversant la tribu des Matmata, malgré tous les efforts des indigènes pour lui barrer le passage. Il y a causé d'assez grands dégâts et s'est communiqué aux tribus limitrophes des Beni-Ahmed et des Beni-Fathem.

Dès le 22, la forêt du Djebel-Doui était en feu, chez les Ouled-Abbou, et trois jours après, ayant touché aux Fraylia, aux Abid et aux Beni-Ferrhat, sur la rive gauche du Chélif, il gagnait la plaine et menaçait sérieusement le village de Duperré.

On peut dire que ce village a été sauvé par le zèle avec lequel les indigènes ont travaillé pendant deux jours, au nombre de 6 à 700, à combattre l'intensité du feu.

A Miliana, dans la soirée du 24, le feu se manifestait au milieu d'une meule considérable de paille du parc à fourrages militaire. Après deux jours de conflagration, cet immense amas de matière combustible n'est devenu qu'un monceau de cendres.

Au même moment, le feu faisait irruption dans la forêt d'Aïn-Allouf, à 10 kilomètres de Miliana. Les Arabes, accourus en grand nombre, parvenaient en peu de temps à s'en rendre maîtres. Les dégâts causés ont peu d'importance.

Dans la journée du 25, plusieurs incendies se manifestaient aux flancs et dans les ravins du Zaccar, aux environs d'Aïn-Soltan, mais ils ont été facilement éteints.

Le Sahel des Hadjoutes et la plaine de Marengo devaient être rudement éprouvés par le désastre.

Le premier incendie éclatait sur le territoire de Bérard, où il s'est prolongé du 22 au 25, mais jusque-là il n'avait dévoré que des broussailles sans valeur.

Dans la nuit du 24, Marengo se voyait entouré par un cercle de feu. Des meules de paille et de fourrages brûlaient aux alentours des fermes Malglaive, Branthome et Gaucher. Le feu atteignait les vignes qui entourent le village ; mais les secours portés avec énergie et dirigés avec intelligence l'ont arrêté à une distance d'un kilomètre des habitations. 3,000 hectares de broussailles ont été brûlés autour du village. On estime à une douzaine de mille francs les pertes en récoltes subies par les propriétaires.

Plus au loin, les ravages ont été plus considérables, les quartiers boisés de Tipaza, Sidi-Bou-Fadhel et Sidi-Rached ont été complétement détruits sur un espace immense.

La vaste commune de Coléa, avec ses cinq annexes, a eu, pendant ces jours d'épreuve, à traverser les plus rudes angoisses.

Nous avons déjà vu que c'était à Bérard, une de ces annexes, que s'était manifesté le premier incendie; dans la journée du 25, le village était sérieusement menacé. Toutes les meules de paille et de foin dressées dans les guérets environnants étaient en feu. Malgré l'empressement des populations de Coléa, son maire en tête, le courage et l'activité des zouaves qui s'étaient portés sur les lieux au pas de course, on ne put rien sauver de ces récoltes, mais on limita la part du feu et on l'empêcha d'attaquer les habitations (1).

Les territoires des villages de Douaouda et de Castiglione furent également envahis par les flammes qui couraient à la surface du sol avec la rapidité du vent qui les poussait.

Elles pénétrèrent dans la forêt de Tefeschoun (2), et parcoururent presque en un clin d'œil tout le pays jusqu'à la mer, traversant les territoires des villages de Barbessa, de Saïghr, les deux Chaïba et le territoire de Fouka, causant partout des dommages plus ou moins considérables.

On cite comme ayant beaucoup souffert la ferme de M. Faure Méras, un des plus honorables et des plus intelligents agriculteurs du Sahel.


(1) D'après les lettres qui m'ont été adressées de cette contrée, les fermes isolées et loin de tout secours ont eu beaucoup à souffrir.


(2) Voici, sur la nature et l'importance de ce sinistre, des renseignements plus précis :

M. Portes fils, le concessionnaire de cette forêt, avait introduit dans la province d'Alger l'industrie de la fabrication des bouchons. Pendant six ans, il avait donné les soins les plus intelligents à son exploitation de Tefeschoun et y avait consacré 100 fr. par hectare, soit en défrichements, soit en ouvertures de tranchées (11 kilomètres), soit en démasclage d'arbres (220,000). En ses mains, cette forêt était devenue un véritable jardin.

La récolte de liège à faire, en 1866 et 1867, devait, à peu près, rembourser les dépenses faites, et les récoltes suivantes produire une valeur annuelle moyenne de 15 à 18,000 fr.

Au lieu de ces espérances, voici la triste réalité, après l'incendie : 165,000 arbres sont morts, et le reste a beaucoup souffert. Sauf 15 hectares, dans la partie la moins boisée de la concession, tout a été ravagé.

Le 24 août, un premier incendie, venant de la tribu des marabouts Ben-Nessa, a été éteint par les ouvriers de l'exploitation, sous la direction d'un agent du service forestier ; mais, le 25, il fut impossible de lutter contre deux feux simultanés arrivant, à grande vitesse, du même point que la veille. Sans l'énergie du brigadier forestier Rey, les ouvriers eussent péri dans les flammes. Installation, effets, ustensiles, outils, tout a été réduit en cendres.

De la forêt de Tefeschoun, l'incendie s'est répandu sur les territoires des villages voisins : Bou-Ismaël, Chaïba et Fouka, où il a dévoré tous les approvisionnements en pailles et en foins. La belle ferme de M. Faure-Meras a été entièrement consumée avec toutes ses récoltes et son matériel. Les villages de Chaïba et de Fouka n'ont été miraculeusement sauvés que par le dévouement des zouaves et des colons de tout le canton, venus à leur secours.

Inutile de le dire : la tribu de marabouts d'où le feu est venu, dans les journées du 24 et du 25 août, n'a éprouvé aucune perte. C'est partout comme cela.

Attatba a eu aussi sa part du fléau ; trois ou quatre de ses maisons couvertes en paille ont été dévorées par les flammes (1).

Dans les environs de Blida, on n'a pas été exempt d'alarmes.

Dans l'après-midi du 25, des lueurs sinistres se montraient vers les villages de Saint-Charles et des Quatre-Chemins; une ligne de feu se dessinait dans la direction du village d'Oued-el-Aleig. Mais ce n'étaient qu'incendies de broussailles et les fermes étaient épargnées.

Il en était de même d'un feu qui se montrait dans l'Atlas, au quartier de Schérifia. Ce feu, qui avait éclaté dans la partie moyenne de la montagne, a duré toute la nuit et s'est terminé au ravin au fond duquel coule un des affluents de l'Oued-el-Khémis. Il a détruit un grand nombre de jeunes arbres, micocouliers, pins, oliviers, etc., sans autre désastre à regretter.

L'arrondissement d'Alger a aussi été le théâtre de plus d'un sinistre occasionné par le feu pendant cette période néfaste.

Au territoire de la commune de l'Alma, dans la matinée du 25, vers onze heures, le feu se déclarait simultanément sur plusieurs points et avec une telle violence qu'en moins d'une demi-heure il avait dévoré plus de vingt hectares de broussailles.

On estime à 8,000 hectares la superficie parcourue par le feu, dont l'intensité s'opposait à toute tentative pour en arrêter le progrès. On dut se borner à s'occuper de préserver les bâtiments, et l'on a eu le bonheur d'y réussir.

L'incendie a duré près de trois jours; ce n'est que le 27, vers deux heures du matin, que la conflagration a cessé.

Les ravages ont été considérables. La forêt domaniale du Bou-Merdès, contenant 800 hectares complantés en chênes-liéges, a été complétement dévorée. La forêt communale du village de la Reghaïa, de 450 hectares, a subi, à peu de chose près, le même sort, ainsi que plusieurs bois limitrophes appartenant à des particuliers. Il faut compter parmi les sinistrés plusieurs charbonniers qui exerçaient leur industrie dans ces cantons boisés.

Au col des Beni-Aïcha, les incendies se sont propagés dans la journée du 26, sur une étendue de 8 à 10 kilomètres et sur plus de vingt points différents. Toutes les chaînes de montagnes environnantes étaient en feu.

Le feu alimenté par le siroco était si intense, qu'il était impossible de l'approcher, et que, même à 200 mètres de distance, on était suffoqué. Cependant les habitations du village ont été préservées.

(1) Les correspondances privées signalent de grands ravages dans le canton forestier d'Attatba, lequel s'étend du bois des Kareza à la mer.

Le même jour, à 11 heures du matin, le fléau promenait ses ravages entre les villages de l'Arba et de Sidi-Moussa, et dévorait 15 hectares de broussailles, perte insignifiante ; mais il atteignait bientôt, sur le territoire de cette dernière commune, une ferme importante, tenue par le sieur Soria. Il dévorait rapidement un vaste hangar à tabac, plusieurs meules de paille, de foin, etc. La perte du fermier est évaluée à 10,000 fr.

Tout indique que la cause de ce sinistre est purement accidentelle. On a trouvé, dans les cendres de la paille brûlée, de nombreux morceaux de verre qui, chauffés par un soleil de 50 degrés, ont dû faire l'office de lentilles et communiquer le feu à la paille avec laquelle ils se trouvaient en contact (1).

Tout près d'Alger, nous avons eu dans le quartier de Sidi-Yusuf, dépendant de la commune de la Bouzaréa, un incendie de broussailles qui s'est prolongé de 8 heures du soir, le 25, à 3 heures du matin. C'est un pays de ravins profonds et inabordables, on ne peut donc se faire une idée exacte de l'étendue que le feu a parcourue. On ne cite d'ailleurs, comme valeurs appréciables, dévorées par les flammes, que quelques meulons de fourrages et une vingtaine de ruches à miel. Tout le reste n'est que broussailles appartenant à la commune.

Le même jour, un vaste incendie a été signalé dans les environs du village de Guyotville. La flamme s'est promenée sur une grande étendue de broussailles. On assure qu'on a fait la découverte d'un cadavre calciné ; mais le fait n'a pas été encore bien constaté.

Au moment où nous écrivons, le fléau paraît être arrivé au terme de ses ravages ; aucun nouveau sinistre ne nous est signalé dans la province depuis le 28 août.

### PROVINCE D'ORAN.

Ce qui suit est encore extrait du *Moniteur algérien*, n° du 1er septembre :

Dans la journée du 25 août, vers midi, le feu se manifestait en même temps sur trois points différents de la commune de Relizane.

L'un, qui a dévoré environ 150 quintaux métriques de fourrage en meules, éclatait dans l'enceinte de la ville.

Le second feu a pris naissance au milieu de gourbis arabes situés près de l'hôpital. Poussé par le vent violent qui régnait alors, il a par-

---

(1) Pareille cause assignée à cet incendie indique avec quel soin, dans le monde officiel, on cherche à détourner l'attention publique des causes vraies. Des morceaux de verre, touchant à terre, faisant l'office de lentilles, c'est réellement ingénieux !

couru avec la rapidité de l'éclair toute la partie sud de la ville, consumant les herbes sèches et les croix du cimetière. A 8 heures du soir, il avait gagné la montagne et embrassait toute la chaîne depuis Relizane jusqu'à Zemmoura, sur une ligne de 30 kilomètres. Cette région n'est couverte que de broussailles; aussi les pertes sont-elles insignifiantes, eu égard à l'espace parcouru. Toutefois, quelques meules de paille et des meulons d'orge en épis ont été la proie des flammes.

Le troisième incendie a éclaté du côté de l'Hillil. Il a suivi la plaine au nord de Relizane, et a dépassé Bel-Assel. La conflagration paraissait s'étendre sur une ligne de 30 à 40 kilomètres. On n'avait encore aucun détail précis sur les dégâts causés. Ils n'ont pu porter que sur les populations indigènes. Le pays parcouru par le fléau est occupé par les Mékalia, les Sahari et les Ouled-Sidi-ben-Abd-Allah.

Ces incendies ne paraissaient pas avoir d'autres causes que la sécheresse du sol et l'extrême ardeur du soleil (1).

On mandait de Mostaganem, le 26 août, que la forêt de l'Agboub était en grande partie ravagée par le feu. Des enfants, des bestiaux, des tentes auraient été la proie des flammes. Un officier du bureau arabe et les chefs indigènes s'étaient en toute hâte transportés sur les lieux. On attendait de plus amples détails (2).

Aux environs de la ville de Sidi-bel-Abbès, des incendies considérables, favorisés par un siroco dont on n'avait pas eu d'exemple depuis plusieurs années, ont brûlé d'immenses surfaces couvertes de broussailles. Les territoires ravagés sont ceux des Hassassena, des Oulad-Sliman et des Oulad-Brahim. Aux premières lueurs de ces feux, effrayants par leur étendue et leur intensité, des mesures ont été prises pour préserver les fermes de la banlieue de Bel-Abbès.

On écrivait d'Oran, le 28, à 11 heures du matin :

« Les incendies ne cessent pas. Eteints d'un côté, ils se rallument de l'autre.

« L'opinion générale est que la malveillance est tout à fait étran-

(1) En été, le sol est toujours sec et l'ardeur du soleil est toujours grande.

(2) Ces plus amples détails, le *Courrier de Mostaganem* les donne :

« La forêt comprenait 2,000 hectares de magnifiques bois d'essences résineuses. La plus grande partie est devenue la proie des flammes.

« Sur ce point, le feu a été allumé par des mains indigènes; on assure, de plus, qu'il y a eu collision entre eux et les agents du service forestier et que la poudre a parlé

« Dix-sept arrestations, ajoute ce journal, avaient été faites. Il espère qu'une instruction sévère sera poursuivie et que les auteurs de ces désastres et de ces crimes seront rigoureusement châtiés. »

gère (1) à ces sinistres. Eu égard à leur grand nombre, les dégâts ne sont pas très-considérables.

« Le territoire entre Bel-Assel et l'Hillil a été ravagé; quelques fermes ont été atteintes. Le feu a couru sur un tiers de la subdivision de Bel-Abbès. Les villages ont été préservés. La troupe et la population ont rivalisé de zèle.

« On annonce des incendies du côté de Daya.

« Hier, 27, le feu aurait pris sur les rives du Chott-el-Chergui, dans la direction de Geryville, en s'avançant vers les forêts des Hassassena.

« La forêt des Ouled-Defelten, cercle d'Ammi-Moussa, est en feu depuis trois jours. »

## Le même journal ajoute :

Toutes les nouvelles parvenues aujourd'hui confirment la cessation des incendies, dans les trois provinces et sur tous les points.   A. P.

De grandes superficies boisées et quelques fermes ont été incendiées dans la subdivision de Tlemcen. Le *Moniteur algérien* n'en rend pas compte.

Voici les renseignements qui me sont transmis à ce sujet :

Partout le feu a été mis par les indigènes : les uns pour chasser, les autres pour nettoyer le sol. Ces deux catégories d'incendiaires prétendent y avoir été autorisées par l'autorité compétente, notamment chez les Ghosel et chez les Beni-Ouazzan.

(1) Un voyageur qui se rendait d'Oran à Tlemcen, au début de la période des incendies, m'écrit ce qui suit :

« Dans la nuit du 22 au 23 août, entre les villages de Miserghin et de Lourmel, nous vîmes environ 20 foyers séparés les uns des autres et formant entre eux un demi-cercle d'environ 300 mètres de rayon et appuyé sur la route comme diamètre, de sorte que nous passâmes deux fois à côté du feu.

« C'était la nuit, les rayons solaires ne pouvaient faire l'effet de lentilles sur des verres cassés; le vent était tombé depuis plusieurs heures, il ne pouvait avoir apporté là des flammèches disposées symétriquement à des intervalles réguliers; on peut donc, sans avoir une conscience trop soupçonneuse, croire que ces feux ont été mis par la main de l'homme. »

Dans la vallée des Ouled-Mimoun, on prétend que le feu a été dirigé la nuit, par des indigènes, sur une ferme considérable où les dégâts s'élèvent à 45,000 fr. (1).

Les pertes en bois, oliviers, récoltes, constructions, atteignent un chiffre considérable.

« L'opinion générale, dit le *Moniteur algérien*, est que la malveillance est tout à fait étrangère à ces sinistres. »

Toutes les lettres que j'ai reçues des trois provinces incendiées les attribuent aux indigènes.

A la rigueur, les deux versions sont d'accord :

L'incendie est une des méthodes de culture de ceux des indigènes dont la principale richesse consiste en troupeaux. C'est le procédé le plus commode pour rajeunir sans travail les herbages trop ligneux.

Pour les indigènes, mettre le feu aux terres n'est ni un crime ni un délit, c'est l'exercice du droit d'user et d'abuser. La malveillance peut donc être étrangère à l'exercice de ce droit, quoique de nombreux arrêtés des précédents gouverneurs aient interdit ces incendies et aient édicté des peines pour leur répression. Cependant, il est bien difficile de ne pas constater une intention hostile dans beaucoup de cas.

On attribue aussi ces incendies, soit à des imprudences de chasseurs ou de fumeurs, soit à la combustion spontanée.

(1) J'ai en main le procès-verbal de ce sinistre, dressé le 31 août par la gendarmerie de Tlemcen. En voici l'analyse :

Dans la nuit du 27 au 28 août, la belle et grande ferme de M. Beauséjour, de Tlemcen, sise à Hamiani, à 2 kilomètres du village de Ouled-Mimoun, a été incendiée par l'extension d'un feu arabe qui, depuis trois jours, brûlait dans la montagne, du côté des Beni-Smaïel. Sans le détachement d'infanterie stationné au village qui vint, avec les habitants, au secours des incendiés, on n'aurait même pas sauvé les bestiaux de la ferme. La perte détaillée de tous les objets détruits par le feu s'élève au chiffre indiqué ci-dessus.

Des chasseurs et des fumeurs, cela est vrai, ont quelquefois mis, involontairement, le feu à des chaumes; mais, dans ce cas, presque toujours les auteurs de ces accidents parviennent à éteindre les flammes avant qu'elles aient pu se propager. D'ailleurs, par des journées de siroco comme celles du 22 au 29 août, des chasseurs et des fumeurs européens devaient être très-rares dans les champs, attendu qu'on ne trouve pas de gibier et que la poussière charriée par le siroco ôte toute envie de fumer.

La combustion spontanée se déclare quelquefois dans des tas de fumiers ou dans des meules de fourrages mal récoltés. La fermentation et l'élévation de la température rendent compte de ce phénomène. Mais les fumiers et les meules de fourrages étant toujours non loin des habitations, les incendies qui reconnaissent cette cause sont immédiatement éteints.

Jamais la combustion spontanée ne s'est déclarée, ni dans les champs ni dans les forêts, car le siroco règne, de toute éternité, dans le nord de l'Afrique, et s'il avait le pouvoir de développer des incendies sans le concours de l'homme, les oasis sahariennes n'existeraient pas, les forêts d'arbres séculaires que nous avons trouvées sur la double ligne du littoral et des hauts plateaux n'eussent jamais pu se produire.

Une opinion tout opposée a été émise au sein du conseil général de la province de Constantine, à l'occasion d'un vœu émis par un de ses membres pour demander au gouvernement des mesures de répression sérieuse contre les incendiaires. Les arguments invoqués en faveur de la combustion spontanée pouvant être considérés comme le camp retranché des défenseurs d'une cause perdue, je les reproduis ici d'après le procès-verbal des séances livré aux journaux de Constantine :

« La simultanéité des incendies, sur des points divers et séparés par des centaines de lieues, est presque, en réalité, un témoignage à la décharge des indigènes. D'autre part, diverses circonstances, par leur rapprochement, autorisent à admettre qu'il pourrait bien y avoir, entre autres causes, dans les incendies qui nous affligent, un coupable inattendu.

« N'est-il pas remarquable que le feu n'éclate jamais ni la nuit, ni dans la profondeur des massifs, c'est-à-dire aux heures et endroits que les incendiaires, à l'effet de se soustraire aux regards, auraient dû nécessairement choisir, mais, au contraire et invariablement en plein jour et sur la lisière des forêts (1)? n'est-il pas remarquable que les incendies, qui, de tout temps, soit avant, soit après l'occupation française, ont, d'époque en époque, ravagé les chênes-liéges de l'Algérie, n'y ont jamais, si ce n'est par extension, visité les forêts peuplées d'ormes, de chênes-zéens ou de cèdres.

« On ne parle pas des forêts de pins (2), qui sont souvent le siége, en plein massif, de la fabrication des poix, goudron et résine, et sont, par suite, soumises à des causes spéciales d'embrasement?

« N'est-il pas remarquable que les incendies des forêts ont toujours lieu dans les étés exceptionnellement chauds et alors que, pendant douze ou quinze jours, les rayons du soleil et le vent du désert, combinant leur action torride, ont fait monter le thermomètre, non abrité, à un minimum de 75 à 78°? N'est-il pas remarquable qu'en 1863, année marquée par des chaleurs excessives et par des incendies de forêts, le chêne-liége fut atteint non-seulement sur cinquante points de l'Algérie, mais en Provence, en Espagne, en Portugal, en Asie-Mineure; tous pays où ne peuvent être invoqués la malveillance des Arabes contre les Européens, ni le désir de brûler pour se procurer des pacages?

(1) Les procès-verbaux des agents forestiers constatent que le feu a été mis, sur certains points, la nuit, sur d'autres, le jour. Peu importe, d'ailleurs, la flamme et la fumée signalent les incendiaires aussi bien la nuit que le jour.

Si les allumeurs d'incendies ne pénètrent pas dans l'intérieur des massifs et mettent, de préférence, le feu dans les broussailles de la lisière, c'est que, dans les massifs, les gardes, guidés par la fumée, leur couperaient la retraite, tandis que sur la frontière des concessions, les Arabes sont chez eux et trouvent un refuge immédiat dans leurs douars.

(2) S'il n'y a pas d'incendies dans les forêts d'ormes, de cèdres, de pins, c'est qu'aucune d'elles n'est concédée.

Si les forêts de chênes-zéens sont plus respectées que celles de liéges, c'est que, là, l'exploitation se borne à de simples coupes. D'ailleurs, les concessions de ces forêts sont relativement peu étendues, et puis, elles n'ont pas été complétement respectées par le feu.

« En posant tous ces faits, avec l'attention que la gravité du problème commande, on se défend difficilement de la pensée que le feu peut éclater dans les chênes-liéges sans nulle intervention humaine, comme on le voit éclater au fort des chaleurs dans les fumiers humides et dans les foins emmeulés trop verts.

« Nous n'entendons pas exprimer ici autre chose qu'une présomption, bien que l'un de nos collègues, à l'appui de la précédente opinion, vous ait fait connaître que dans la campagne romaine l'incendie spontané des chênes-liéges était réputé un fait assez commun; mais cette présomption est assez vraisemblable pour mériter l'examen. La constitution chimique du liége, qui renferme dans ses cellules un principe résineux et une matière grasse (subérine), sa nature épidermique, sa texture spongieuse et sèche, si ce n'est dans la couche profonde, désignée sous le nom de liber et où la présence du cambium entretient toujours l'humidité, sont autant de conditions qui rendent extrêmement plausible la présomption dont il s'agit. Que si celle-ci, à la suite d'expériences concluantes, devenait un jour une vérité acquise, on comprendrait enfin comment les forêts de chênes-liéges, à l'exclusion de toutes autres, s'enflamment simultanément au même jour, à la même heure, alors qu'elles sont situées à longue distance les unes des autres, sous la seule condition que partout elles auront été à une température d'une élévation exceptionnelle. La simultanéité du feu s'expliquerait pour elles comme pour ces canons chronométriques, placés sous un même méridien et que le soleil de midi fait partir tous ensemble. Cette détermination serait d'une portée considérable, car, à n'en pas douter, il est beaucoup plus facile de défendre la lisière des forêts contre une action naturelle connue, que contre la malveillance incessante d'une population entière. »

J'ignore si, dans la campagne romaine, l'incendie spontané des chênes-liéges est *réputé* un fait plus ou moins commun; j'ignore à quelles causes véritables sont dus les incendies constatés, dans l'année 1863, en Provence, en Espagne, en Portugal et en Asie-Mineure, mais voici ce que je sais très-bien et ce que chacun, sans sortir de la province de Constantine, pourra constater avec moi.

La plupart des ruches d'abeilles des indigènes sont construites en écorces de chênes-liéges et le liége est préféré à tout autre corps, parce qu'il préserve mieux de la chaleur les abeilles, le miel et la cire.

Dans les villages kabyles, il y a des maisons couvertes en tuiles de chênes-liéges, taillées en sections comme les tuiles ordinaires, dans les écorces des arbres.

A Constantine même, quand des gouttières existent dans un toit en tuiles d'argile cuite, on recouvre la partie de la toiture avariée avec des tuiles de liéges, et il y a peu de maisons indigènes où l'on ne trouve l'application de ce procédé.

Or, les liéges des ruchers et des toitures de maisons sont certainement plus secs que ceux d'arbres vivants et en forêts ; plus que ces derniers, protégés par l'ombrage des feuilles, les liéges des ruchers et des toitures sont exposés à une haute température réverbérée par le sol et par les murs.

Croit-on que les indigènes emploieraient, de temps immémorial, les écorces de liége à ces usages, surtout à la couverture de leurs habitations, si la combustion spontanée pouvait s'y développer, si, même, dans Constantine, les étincelles de feu qui échappent des cheminées pouvaient y déterminer l'incendie.

En 1841, un siroco plus intense que ceux de 1863 et 1865 a soufflé sur Constantine et a mis spontanément le feu à tous les fumiers alors déposés sur toute la circonférence du Roumel ; aucune toiture en liége n'a développé d'incendie dans l'intérieur de la ville.

Tout le monde le sait d'ailleurs : le liége est un des plus mauvais conducteurs du calorique connus ; il noircit au feu et ne donne pas de flamme.

Je nie donc la possibilité absolue de la combustion spontanée des forêts de chênes-liéges, même avec des températures de 75 à 78°, que le thermomètre indique dans les villes, mais qui ne dépassent jamais 70° dans les terrains boisés du littoral où la chaleur est toujours combattue par le voisinage de la mer.

D'ailleurs, il y a preuve matérielle, incontestée et incontestable, de la participation des Arabes à ces sinistres, il y a les aveux des coupables, il y a des individus pris en flagrant délit. Ne suffit-il pas, du reste, qu'une partie considérable des forêts de chênes-liéges, — environ la moitié, — ait été épargnée, pour démontrer l'impossibilité de la combustion spontanée, car tous les massifs forestiers ont été soumis à la même température.

Il faut voir ce qui est : le feu a été mis là où il y avait un intérêt à ce qu'il dévorât les forêts.

Le feu, dans quelques forêts de l'Algérie, est même difficile à mettre, et il faut posséder la science des incendies, comme l'Arabe, pour pouvoir les détruire par le feu. Pendant plusieurs années, le bois des Khareza, dans la Mitidja, chez les Hadjout, a été le quartier général des forces d'Abd-el-Kader dans la province d'Alger. Pendant plusieurs années aussi et dans la saison des chaleurs, des colonnes expéditionnaires ont été envoyées sur les lieux pour incendier ce repaire des forces ennemies; jamais on n'a pu y parvenir. Cependant le feu y a pénétré cette année.

Il y a donc nécessité de rechercher d'autres causes pour expliquer des incendies qui embrassent, au même moment, une étendue de 250 lieues de longueur sur une zone de 15 à 20 lieues de largeur. La volonté de l'homme doit jouer un rôle dans un embrasement aussi étendu et aussi considérable.

Avant la conquête, on mettait le feu aux chaumes pour amender les terres, aux broussailles pour en expulser les bêtes fauves et substituer une végétation herbacée à une végétation ligneuse. Pour cette opération on choisissait des journées chaudes, mais on se gardait bien de prendre le siroco pour auxiliaire, car, alors, on ne peut ni gouverner ni éteindre le feu à volonté.

C'est encore ainsi qu'on agit dans le Sud; aussi n'y signale-t-on aucun sinistre dans la période qui vient de ravager tout le littoral.

Depuis que nos établissements ont eu à redouter les effets de cette méthode de culture, les incendies ont été interdits de la manière la plus absolue par l'autorité française.

Tant que l'autorité a fait respecter ses propres règlements, tant qu'elle a mis une certaine énergie à punir les coupables, les incendies ont été relativement rares et certaines contrées en ont été complétement préservées; mais depuis que, du sein même du gouvernement, des voix se sont élevées pour condamner la colonisation et revendiquer les droits sacrés des indigènes au respect de toutes leurs habitudes séculaires, la discipline s'est relâchée, la répression est devenue impossible.

En 1860, des incendies extraordinaires ont eu lieu dans les concessions de forêts de la province de Constantine. C'était incontestablement une protestation contre ces concessions, contre le droit que s'était attribué l'État de disposer d'une chose que les indigènes croyaient leur appartenir, au même titre que les autres parties du sol sur lesquelles on les maintenait. Une enquête eut lieu. Elle fut inutile au point de vue de la découverte des auteurs des délits commis, toutefois elle eut pour résultat de prévenir de nouvelles tentatives en 1861 et en 1862, parce que, la culpabilité des tribus ne pouvant être mise en doute, une amende collective fut décrétée contre elles.

Mais, au printemps 1863, les indigènes sont déclarés propriétaires incommutables des territoires dont ils ont la jouissance traditionnelle, A QUELQUE TITRE QUE CE SOIT, et à l'automne ils incendient une seconde fois les concessions forestières. Ils avaient été frappés d'une amende en 1860, mais elle n'avait pas été perçue. N'était-ce pas là une preuve de la reconnaissance de leur droit d'incendier à nouveau, si bon leur semblait. Cependant, le feu avait atteint 44,000 hectares, des dégâts considérables avaient été commis et l'opinion publique s'était vivement émue de cette nouvelle forme de la lutte contre notre établissement. Une seconde enquête est ordonnée et, comme à la première, on ne découvre aucun coupable. Je me trompe : un incendiaire a été livré à la justice et condamné. Toutefois une nouvelle amende collective, plus forte que la première, atteint les tribus, tant les preuves sont évidentes contre elles.

Sur ces entrefaites, au printemps de 1864, une insurrection éclate dans le sud de la province d'Oran et toutes les tribus des trois provinces montrent des dispositions hostiles. A Constantine, on surprend quelques-uns des principaux chefs du pays en flagrant délit de complot et, non loin des tribus frappées d'amende, dans le Babour, éclate une insurrection locale. A Tunis, aussi, les populations sont en révolte ouverte contre le bey. La prudence conseille donc de ne pas demander aux tribus incendiaires l'amende à laquelle elles ont été condamnées. Notre domination en est là en Algérie.

Mais, M. le général de Martimprey, successeur intérimaire de M. le maréchal duc de Malakoff, décédé, écrit aux sinistrés pour les engager à attendre, pour les indemnités qui leur sont dues, la fin de la campagne du Sud, promettant que l'amende sera alors levée.

M. le maréchal de Mac-Mahon, qui succède à M. le général de Martimprey, écrit aux concessionnaires une seconde lettre dans le même sens, en renouvelant la promesse déjà faite que l'amende sera réalisée, dès que la pacification du pays le permettra.

Les lettres dont je parle sont entre les mains des concessionnaires des forêts incendiées.

Pendant ce temps, l'année 1864 s'écoule.

Arrive 1865. L'Empereur vient en Algérie ; les concessionnaires demandent l'exécution de l'arrêté du duc de Malakoff et des promesses du général de Martimprey, renouvelées par M. le maréchal duc de Magenta. Alors s'élève une prétention de droit : les tribus incendiaires se trouvant situées en territoire civil et relevant de la justice ordinaire, elles ne pouvaient être soumises à la loi de la responsabilité collective, applicable seulement aux tribus du territoire militaire.

On sait combien les questions de compétence sont difficiles à résoudre. Devant ces difficultés, on s'arrêta : *adhuc sub judice lis est*.

L'impunité étant désormais acquise, faute de moyens de répression suffisants, le feu continuera son rôle dévastateur en 1865, non-seulement dans la province de Constantine, mais encore dans les provinces d'Alger et d'Oran.

Ce qui aggrave la situation, c'est que les indigènes, sachant être répréhensibles, profitent de la complicité du siroco pour accomplir leur œuvre de destruction. Alors, il suffit d'une allumette ou d'un morceau d'amadou habilement jetés sur des herbes sèches, sans que qui que ce soit puisse rien voir, pour incendier vingt lieues de territoire.

Désormais, il n'y a pas à espérer que les indigènes renoncent d'eux-mêmes à un procédé qui leur réussit si bien, soit qu'ils veuillent transformer des forêts séculaires en pacages, soit qu'ils se proposent de ruiner les concessionnaires des forêts et de les obliger à renoncer à l'exploitation de leurs concessions.

Dans cette immense conflagration qui n'embrasse pas

moins de 300,000 hectares dans les trois provinces, on ne constate aucun incendie :

1° Dans le massif berbère des Trara, entre la Tafna et la frontière marocaine ;

2° Dans le massif berbère du Dahra, de Cherchell au Chélif ;

3° Dans le massif berbère du Djerdjera, de Dellis à Bougie ;

4° Enfin, dans aucun des massifs berbères du Sud.

Comment expliquer ces exceptions, sans l'intervention des incendiaires arabes ?

Pendant que j'écris ces lignes, la commission des délégués des concessionnaires des chênes-liéges de l'Algérie fait publier la note suivante dans les grands journaux de Paris :

« A la suite des incendies qui viennent de détruire la presque totalité des forêts de chênes-liéges de l'Algérie et de causer la ruine de la plupart de ceux qui les exploitaient comme fermiers de l'Etat, une assemblée générale des intéressés doit avoir lieu sous peu de jours, à l'effet de se concerter d'urgence sur les mesures d'intérêt général à prendre et, en particulier, d'examiner s'il ne convient pas, en l'absence de toute sécurité, de demander la résiliation, avec indemnités, des baux passés avec le gouvernement. »

La richesse forestière de l'Algérie représentant une valeur de plusieurs centaines de millions, appartenant à l'État, il y a lieu d'espérer que le gouvernement prendra en grande considération les réclamations des concessionnaires.

Après cette longue digression, je reviens à l'examen des objections des adversaires de la colonisation.

# XIII



Encore de nouveaux griefs sans fondement et dont l'unique but est de faire obstacle au progrès.

Les indigènes, dit-on, par suite de l'accroissement de la propriété européenne, sont aujourd'hui contraints de louer aux colons, à un très-haut prix, des terres dont ils étaient jadis propriétaires.

Deux chiffres prouvent que si le fait avancé ci-dessus est possible comme exception, il est impossible comme règle générale.

225,000 colons possèdent 700,000 hectares, soit moins de 3 hectares par tête.

1,461,848 indigènes (défalcation faite des Berbères purs,

qui ne sont pas en cause ici) possèdent 10,350,000 hectares, soit 7 hectares 8 ares par tête.

Il est peu probable que ceux qui ont moitié moins louent à ceux qui ont plus du double.

Il est vrai, cependant, qu'il y a, dans la Mitidja, des terres aujourd'hui louées aux indigènes et dont ils ont pu être jadis propriétaires. Voici comment : au début de la conquête, beaucoup ont vendu dans le fol espoir de conserver leurs propriétés, en nous expulsant du pays. Ils sont punis par où ils ont péché. La morale y trouve son compte. Mais combien sont dans ce cas ? Une vingtaine peut-être dans toute l'Algérie, ceux qui étaient trop attachés aux lieux qui les ont vus naître pour vouloir les quitter. En tout cas, s'ils ne sont plus propriétaires, ils ont en argent l'équivalent de leurs propriétés, aux prix des cours à l'époque de la vente.

Ce reproche n'est donc pas sérieux. Tous les jours, en France, et sans spoliation, nous voyons des individus devenir locataires des immeubles dont ils avaient été antérieurement propriétaires.

Autre reproche :

Les indigènes succombent sous le poids des impôts, et ceux qu'ils paient servent à entretenir les colons.

J'avoue que cette double proposition me ferait rire, si tout n'était sérieux dans un débat où il y a des gens qui affirment audacieusement les plus grosses monstruosités, et d'autres qui les acceptent sans aucun contrôle.

Eh quoi ! des contribuables qui possèdent 7 hectares 8 ares par tête, et qui ne paient, tous impôts compris, que 7 francs 70 centimes par tête, seraient ruinés par les exigences du fisc ?

Mais ce n'est que la somme de 1 franc par hectare, et

c'est n'estimer la production annuelle de l'hectare qu'à 10 francs, l'impôt n'atteignant que le dixième du revenu !

A Tunis, dans des conditions moins bonnes, leurs co-religionnaires paient à un souverain musulman quatre fois plus !

D'ailleurs, 7 fr. 70 cent. ne représentent que le prix de trois journées de travail d'un manœuvre, soit un pour cent.

Combien les braves paysans et ouvriers de France, soumis à tant d'impôts directs et indirects ; combien les colons de l'Algérie, réputés exempts de toutes charges, mais qui ne versent pas moins, dans diverses caisses publiques, 85 fr. 15 c. par tête, seraient heureux d'être, sous ce rapport, assimilés aux indigènes qui paraissent se plaindre si vivement !

Au taux des malheureux Arabes, dont le sort appelle, dit-on, toute la sollicitude du gouvernement, la France ne paierait que 310 millions d'impôts au lieu de deux milliards.

Si les contribuables de la métropole étaient consultée sur cette différence énorme, ils pourraient peut-être trouver que les indigènes de l'Algérie ne paient pas assez, et qu'on devrait bien mettre à leur charge les 60 millions que coûte l'armée d'occupation, dépense exceptionnelle, nécessitée exclusivement par les révoltes ou l'attitude hostile des tribus.

Ce serait certainement justice, car même en imposant les indigènes à 60 millions de plus, leur part dans les charges de l'État serait encore de moitié inférieure à celle des contribuables de France.

Désormais Français, pouvant arriver à tous les grades dans notre armée, à tous les emplois civils en Algérie, les indigènes devraient participer aux charges publiques dans la même proportion que les autres nationaux. Du moins, la justice le veut ainsi.

Maintenant comprend-on qu'en payant d'aussi faibles impôts, les indigènes puissent « entretenir les colons à raison de 18, de 28 et de 50 francs par tête, suivant les provinces? »

C'est M. Georges Voisin qui dit cela dans une brochure qui a pour titre : *L'Algérie pour les Algériens* (1), et qui prête « *cette formule naïve pour exprimer l'exploitation de l'indigène par l'Européen* » à M. le préfet d'Alger, en présence du conseil général, dans sa session de 1860.

Vérification faite de cette formule, aujourd'hui tombée dans le domaine public, et qui est acceptée sans contrôle, comme une vérité officielle, il résulte :

1° Qu'en Algérie, sauf l'auteur anonyme de l'*Algérie française*, qui recommande à ses lecteurs l'ouvrage de M. Georges Voisin, personne n'a jamais connu qui que ce soit portant ce nom ;

2° Que les paroles du préfet sont indignement travesties et reçoivent une interprétation qui eût provoqué une protestation énergique de tout le conseil général, si l'ombre du doute avait pu exister sur leur signification réelle. En effet, le préfet expose qu'à défaut de ressources propres, non encore constituées, les départements algériens n'ont pour le moment d'autres revenus sérieux

---

(1) Voici ce que dit l'auteur de cet ouvrage, p. 78 :

« De l'aveu du préfet, les populations arabes, kabyles et sahariennes fournissent l'impôt et la population européenne le consomme. Il a trouvé cette formule naïve pour exprimer l'exploitation de l'indigène par l'Européen. Dans la province d'Alger, l'Européen est entretenu par l'Arabe à raison de 50 fr. (*sic*) par tête; à Oran, à raison de 28 fr.; à Alger, l'Européen ne reçoit que 18 fr. »

Je dis *sic*, parce que les écrivains consciencieux à la manière de M. Georges Voisin écrivent *province d'Alger* au lieu de *province de Constantine*, et ne se donnent même pas la peine de rectifier leurs erreurs dans un *erratum*.

qu'une *subvention de l'État;* que cette subvention, « au lieu d'être déterminée, comme autrefois, par les besoins généraux de la colonisation, sans distinction de département ou de territoire, a été fixée invariablement et uniformément, pour chacun des trois budgets départementaux, aux 4/10 de l'impôt payé par les tribus *de la province dans laquelle se trouve le département;* qu'il n'y a pas, entre le chiffre de l'impôt indigène et le chiffre de la population européenne de chaque département, des rapports qui justifient les conditions économiques du nouveau système; » qu'ainsi le montant de la subvention varie, par tête d'Européen, dans chaque département, ainsi qu'il suit :

Département d'Alger.   .   .   18 fr.
Département d'Oran.   .   .   28
Département de Constantine   50

M. le préfet se borne à constater l'inégalité de la subvention de l'Etat entre les trois départements et ne va pas au-delà.

Est-ce à dire que l'Européen exploite l'indigène, parce qu'il a convenu au gouvernement d'accorder aux départements algériens une subvention sur telle portion des revenus du Trésor plutôt que sur telle autre?

En abandonnant, de préférence, une part éventuelle sur l'impôt indigène, le gouvernement ne se propose-t-il pas d'intéresser les administrations provinciales et départementales à la régularisation de cet impôt? C'est évident pour tout le monde. L'impôt indigène rapporte très-peu au Trésor et sa perception donne lieu à des plaintes générales. En attribuant à l'Algérie une part de cet impôt pour ses besoins propres, le ministre des finances espère que les conseils généraux de la colonie chercheront à augmenter leurs ressources en faisant disparattre les abus. Il demande un service en échange de la subvention accordée.

Pour l'Etat, cette subvention, d'ailleurs, n'est pas facultative, mais obligatoire, car c'est à lui, quand il crée des départements, à les pourvoir de ressources qui leur permettent de fonctionner.

En tout cas, il est inexact de dire que les populations indigènes fournissent l'impôt et que la population européenne le consomme; car on pourrait dire aussi bien que les Arabes nourrissent les Français de la métropole, les agents du gouvernement, les officiers et les soldats de notre armée, car leurs contributions, comme toutes les autres, figurent au budget des recettes du Trésor et servent également, quoiqu'à dose infinitésimale, à couvrir les dépenses publiques générales.

Tous les ans, le Trésor perçoit en Algérie, pour son propre compte, une somme de 25 millions environ, comprenant, avec l'impôt indigène, tous ceux perçus sur les Européens.

Tous les ans, le chef de l'Etat, sur la proposition de ses ministres, décrète qu'une part, qui a varié de 5 à 8 millions dans les cinq dernières années, sera prélevée sur ces 25 millions, pour être attribuée aux départements, à titre de subvention provisoire, jusqu'à ce que le gouvernement ait pourvu à leur existence par d'autres ressources.

C'est donc le Trésor et non l'impôt indigène qui subventionne les départements algériens. En France aussi, l'Etat a fait des concessions de toute nature aux départements lors de leur création. Le domaine départemental, en presque totalité, a été constitué par des donations de l'Etat.

La création des départements en Algérie est récente.

Antérieurement, l'Etat s'était emparé de toutes les ressources que les Turcs avaient affectées aux administrations provinciales ; il est donc juste qu'il les restitue (1) sous une forme ou sous une autre.

La subvention n'est donc qu'une RESTITUTION et non pas une *exploitation de l'indigène par l'Européen*, comme le prétend M. Georges Voisin, en se couvrant de l'autorité d'un préfet, dont il dénature la démonstration, pour donner un patronage officiel à ses accusations contre la colonisation.

Le préfet démontre l'inégalité d'une restitution ; on lui prête une pensée de tout autre ordre.

Ah ! oui, la vérité sur l'Algérie est bien difficile à connaître, quand des écrivains prennent de faux noms et attribuent à un préfet, en présence d'un conseil général, de soi-disant aveux qu'ils qualifient de « formule naïve pour exprimer l'exploitation de l'indigène par l'Européen. »

C'est ainsi cependant que les adversaires de la colonisation procèdent depuis quelques années, dans des publications qu'ils « placent sous le patronage du discours pro-

______

(1) Sous le gouvernement des Turcs, les provinces et les villes avaient leurs ressources propres, indépendantes du budget de l'Etat, pour subvenir à leurs besoins. Tantôt, c'étaient des immeubles, des taxes et des donations affectées, ici, à l'entretien de la voirie, des écoles, des mosquées, des canaux, des fontaines, là, à l'assistance publique, à la solde des agents départementaux ou communaux. Au début de la conquête française, l'Etat, à défaut d'administrations communales, départementales et provinciales, s'est emparé de toutes les ressources publiques, pour les administrer, pour les conserver, dans l'intérêt commun. Chaque fois qu'il constitue une commune ou un département, il restitue, autant que possible, ce dont il avait la gestion. Cette restitution, généralement accomplie pour les communes déjà anciennes, n'est pas encore réalisée pour les départements. En attendant, l'Etat pourvoit aux dépenses départementales par une subvention.

noncé à Alger, par Sa Majesté l'Empereur, le 19 septembre 1860. »

En Algérie, on connaît les noms, prénoms et qualités de ces auteurs anonymes; on sait quels sont leurs précédents, pourquoi ils blasphèment contre la colonisation, et ce qu'il faut penser des libelles dont ils se rendent coupables.

En France, on ne voit que le titre du livre, et s'il est bien écrit ou recommandé, on le lit et on croit à ce qu'il contient.

Quoi qu'il m'en coûte, je suis amené, par la force des choses, à mettre les lecteurs français en garde contre des écrivains qui ne peuvent se nommer.

Il y a, en Algérie, des Européens aux yeux desquels la religion et la civilisation musulmanes sont supérieures à la religion chrétienne et à la civilisation française, et qui n'ont pas hésité à se faire musulmans et à préférer à l'épouse française la première femme arabe venue (1).

Comme on le devine, la société algérienne repousse de tels hommes, et ceux-ci, par représailles, répondent à la répulsion générale dont ils sont l'objet par les accusations les plus étranges.

Dans le paragraphe suivant, nous nous retrouvons encore en présence du même accusateur, mais cette fois

---

(1) Ces messieurs recommandent, comme moyen de conquête morale de la société musulmane d'Afrique, les unions légitimes entre Européens et indigènes et réclament les encouragements de l'Etat en faveur de ces sortes de mariages. (Voir *l'Algérie et la lettre de l'Empereur*, pages 69 et 80).

Il y a des exemples de semblables unions en Algérie, et nous savons tous ce qu'elles ont produit : l'homme est souvent descendu au niveau moral de la femme.

Aujourd'hui, et depuis dix ans au moins, de tels mariages sont fort rares, l'expérience n'ayant donné que de tristes résultats.

Je dois le dire pour l'honneur de la population coloniale, elle n'est jamais tombée dans de tels écarts.

sa dénonciation est corroborée par le témoignage d'un anonyme, qui pourrait être bien M. Georges Voisin lui-même, et par celui du collaborateur au *Courrier d'Oran*, l'un des organes du parti arabe, en Algérie.

L'usure, ajoute-t-on, achève de ruiner les indigènes. — On estime à 16 millions les intérêts usuraires qu'ils paient annuellement dans la seule province d'Oran.—Si on y constituait la propriété individuelle, disent-ils, les neuf dixièmes du territoire seraient expropriés par les usuriers. — But de cette accusation. — Elle n'a aucun fondement.

Avant la conquête d'Alger, la piraterie se pratiquait en Algérie sur terre comme sur mer. Il paraît, à ce que disent les adversaires de la colonisation, que rien n'est changé sur terre, du moins, si ce n'est le nom de la chose, et que les usuriers sont à la veille de s'emparer de tous les biens meubles et immeubles des indigènes.

Voici ce que dit à ce sujet M. Georges Voisin, dans l'*Algérie pour les Algériens* (Paris, 1861), page 157 :

« L'usure ronge, dans les proportions les plus désastreuses, les tribus des subdivisions d'Aumale, de Médéa, de Mascara et de Sidi-Bel-Abbès. Les indigènes empruntent à 72 et 80 p. 0/0 et paient en intérêts des sommes *supérieures* à l'impôt perçu par l'Etat. On cite un prêt de 1,200 francs qui a produit au créancier, après un an, une somme de 15,000 francs. Un autre emprunteur a touché 40,000 francs, et, après avoir remboursé, en douze mois, plus de 60,000 francs, se trouve encore débiteur de 187,000 francs. »

Nous savons, par le paragraphe précédent, ce qu'est M. Georges Voisin et quelle foi il faut ajouter à ses assertions.

Il y a quatre ans, dans un article du *Courrier d'Oran* du 9 août 1861, on lisait ce qui suit :

« On a reconnu, à la suite d'une enquête, que les Arabes de la province d'Oran paient annuellement, en intérêts usuraires, aux Européens et surtout aux israélites, une *somme double* de celle qu'ils paient à la France à titre d'impôt; que l'intérêt varie de 5 à 10 pour cent par mois et s'élève souvent à une somme plus forte; qu'ainsi un Arabe avait payé 820 pour 100. »

Nous verrons plus loin que la *progression* croît rapidement sous la plume de ces écrivains, nous la trouverons bientôt *quadruple*.

On parle beaucoup d'un écrivain, *également anonyme*, qui se prétend ancien militaire, résidant depuis vingt-huit ans en Algérie et ayant passé plusieurs années auprès de l'émir Abd-el-Kader. Sa compétence dans les affaires des indigènes est donc établie, vis à vis du public étranger aux choses de l'Algérie, par des titres et par des recommandations de quelque importance.

Mais je demande en quelle qualité la susdite personne a pu passer plusieurs années auprès de l'émir.

Des Français ne peuvent avoir résidé plusieurs années auprès d'Abd-el-Kader qu'à l'un des titres suivants :

Ou *agent du gouvernement*;

Ou *transfuge*, s'il était civil ;

Ou *déserteur*, s'il appartenait à l'armée.

A quelle catégorie appartient l'auteur du grief d'usure porté contre les Européens et les israélites de la province d'Oran?

Il importe de le savoir, car autant vaut l'accusateur, autant vaut l'accusation.

Or, parmi les Français qui ont été envoyés en mission par le gouvernement près de l'émir Abd-el-Kader, je ne connais que les suivants y ayant résidé plusieurs années :

Commandant Abd-Allah, — 1834-1835, — mort en retraite ;

Docteur A. Warnier, — 1837-1838-1839, — auteur de ce travail, médecin militaire en retraite, et officier de la Légion d'honneur depuis vingt et un ans accomplis;

Ayasse, interprète, — 1837-1838-1839, — mort au champ d'honneur;

Darmon, interprète, — 1837-1838-1839, — encore en activité de service;

Capitaine Daumas, — 1838-1839, — aujourd'hui général de division et sénateur.

Quelques ouvriers d'art ont été, en outre, autorisés par le gouvernement à venir, sous la conduite de l'ingénieur Guillemin, — qui a été assassiné, — fonder une manufacture d'armes à Takdemt.

Mais ces ouvriers ne remplissent pas la condition de résidence de plusieurs années, et des forgerons ne sont pas autorisés à prendre la qualité d'anciens militaires.

Donc, hors les officiers ci-dessus dénommés, hors des deux périodes de 1834 à 1835 et de 1837 à 1839 qui correspondent aux armistices du traité Desmichels et du traité de la Tafna, quel serait celui qui aurait séjourné auprès d'Abd-el-Kader ? A quel titre s'y serait-il trouvé ?

Il est inutile de dire, je le crois, qu'aucune des personnes ci-dessus dénommées n'est l'auteur de la dénonciation contre laquelle je proteste.

On comprend pourquoi j'entre dans ces détails.

Je continue.

A Oran, le personnage qui, en 1861, avait accusé ses concitoyens de ruiner les Arabes par l'usure, fut accueilli, attendu sa compétence dans les affaires arabes.

S'il faut en croire les journaux de la localité, notamment l'*Écho d'Oran* du 31 août 1865, le signataire de l'article du 9 août 1861 aurait remis à Sa Majesté un mémoire qui serait le développement des idées précédemment émises par lui sur les causes de la misère qui atteint les indigènes.

Mais, au lieu d'intérêts usuraires s'élevant à une somme *double* de celle payée à la France à titre d'impôts, il est question d'une somme QUADRUPLE.

La progression, comme on le voit, est rapide : d'abord, la somme des intérêts est *supérieure* à l'impôt, puis DOUBLE et bientôt QUADRUPLE.

L'auteur du nouveau mémoire, au lieu de demander, comme en 1861, qu'il soit accordé aux débiteurs indigènes un délai de dix ans pour solder leurs avides créanciers, à l'imitation de ce qui a été fait en 1806, sous Napoléon I⁰, pour les paysans de l'Alsace et de la Lorraine, se borne à faire ressortir l'immense danger de constituer la propriété privée dans les tribus, à moins de la rendre inaliénable, incessible, insaisissable pendant plusieurs générations, parce que, dit-il, les *neuf dixièmes* des Arabes seraient expropriés, parce que les *neuf dixiè-*

*mes* du territoire de la province d'Oran deviendraient la propriété des usuriers.

En présence de telles affirmations, l'Empereur a dû être très-ému, — tout le monde l'aurait été à sa place, — du moment où il ne pouvait y avoir de doute sur l'honorabilité de l'informateur.

Bien coupables sont ceux qui ont mis un Souverain, à la recherche de la vérité, en présence d'une telle accusation !!!

Il est vrai que la dénonciation n'était pas nouvelle. A l'appui d'une thèse en faveur de la possession collective du sol, l'auteur anonyme de l'*Algérie et la lettre de l'Empereur* avait dit, l'année précédente, page 21 :

« Dans les provinces d'Oran et d'Alger, dans la première surtout, le manque de récoltes pendant plusieurs années consécutives a obligé les indigènes à emprunter à des taux usuraires. Ceux qui possèdent quelques champs trouvent des prêteurs ; mais pour un hectolitre prêté au printemps, ils doivent en rendre deux au mois d'août, ce qui fait un intérêt de 300 pour 100 (1). Si la terre de tribu avait été, sans transition, divisée en parcelles transmissibles, *les nouveaux propriétaires auraient été immédiatement expropriés par leurs créanciers.* »

Le danger de l'usure, dans les deux cas, est signalé

(1) Nous avons ici un exemple très-remarquable de l'ignorance et surtout de la mauvaise foi de nos adversaires. Après une année où la récolte a manqué, le blé vaut toujours, sur les marchés de l'Algérie, de 30 à 35 francs l'hectolitre au printemps ; en août, quand la récolte a été bonne, le blé descend au prix de 17 à 20 francs. Donc, le prêteur qui livre au printemps une valeur de 30 à 35 francs et qui exige, au mois d'août, une valeur de 34 à 40 francs n'est pas un usurier à 300 pour cent. Si on ne lui rend pas du blé de bonne qualité, au lieu de gagner, il peut perdre.

surtout en vue de retarder et même d'empêcher la constitution de la propriété individuelle dans les tribus, pour ne pas affranchir les prolétaires indigènes du joug de leurs chefs et pour empêcher la colonisation d'acheter des terres, deux choses que nos adversaires ne veulent à aucun prix.

Le but poursuivi doit donc mettre en garde contre l'accusation ; dans tous les cas, l'exagération des chiffres les rend immédiatement suspects.

La province d'Oran paie à l'État environ 4 millions par an. Cette somme quadruplée porterait le chiffre des intérêts usuraires à 16 millions. Or, comme le maximum du taux d'intérêt dénoncé est de 60 à 80 pour 100 par an, il faudrait donc que le commerce oranais eût prêté un minimum de 20 millions aux indigènes ; c'est impossible.

La province d'Oran compte 552,904 musulmans occupant un territoire de 3,750,000 hectares dans le Tell, et l'on prétend que les neuf dixièmes des habitants et du territoire peuvent être atteints par l'expropriation. C'est beaucoup trop pour être vraisemblable, car même un dixième est encore impossible.

Toutefois, quand des accusations de cet ordre sont portées contre une population entière, il ne suffit pas, pour l'en faire absoudre, d'invoquer le bénéfice de la position équivoque ou de l'anonymat des dénonciateurs ; il est encore nécessaire de démontrer que la dénonciation n'a aucun fondement. C'est ce que je vais faire.

En Algérie, la fixation du taux de l'intérêt est facultative entre les parties contractantes, en ce sens qu'il n'y a pas de sanction pénale pour atteindre le prêteur au-dessus du chiffre de l'intérêt légal, qui est de dix pour cent ; mais quand l'intérêt dépasse certaines limites qui ne sont pas justifiées par des raisons valables, et quand les tribunaux sont appelés à connaître de la situation du prêteur et de l'emprunteur, ils annulent impitoyablement, comme *contrats léonins*, toutes conventions pouvant être réputées usuraires et fixent l'intérêt à payer à dix pour cent.

Est-ce que l'autorité militaire, qui réclame du gouvernement des mesures spéciales au profit des débiteurs indigènes, ignore que tous les jours les tribunaux réforment les contrats léonins et les remplacent par des sentences basées sur le droit et l'équité?

J'ai assez d'expérience des affaires de l'Algérie pour savoir que les indigènes réclament plutôt dix fois qu'une, quand ils se sentent lésés; par expérience aussi, je sais qu'il y a, dans chaque province, des agents d'affaires en quête de clients indigènes et qui ne se trouvent pas trop mal de prendre la défense de leurs intérêts. Donc, il est probable, pour ne pas dire certain, que le mal n'est pas aussi grand qu'on le dit. D'ailleurs, le proverbe : *Arabe comme un juif*, signifie bien un peu que, si le juif est habile à stipuler de gros intérêts, l'Arabe est non moins habile à ne pas les payer.

On a procédé à une enquête, dit-on, dans la province d'Oran. Alors pourquoi ne pas publier le procès-verbal de cette enquête et donner au public la garantie des signatures des commissaires de cette enquête? C'est que sa publication démontrerait que tous les faits usuraires, dont on fait si grand bruit, n'ont pas des colons pour auteurs et se bornent principalement à des ventes à crédit de farines, de blés ou de vêtements dont les vendeurs européens ou israélites ne peuvent se faire payer, soit parce que les débiteurs indigènes sont insolvables, soit parce qu'ils apportent la plus mauvaise volonté pour solder, sachant qu'on ne peut les y contraindre.

L'année dernière, le chef d'une grande maison de

Tourcoing, M. Carlos Mazurel, a révélé, dans une *Pétition à l'Empereur*, à quelles conditions le commerce des laines était fait dans !la province d'Oran. Le pétitionnaire avait avancé des sommes considérables à des chefs, — plusieurs centaines de mille francs, — pour avoir les laines de leurs troupeaux, dès que la tonte des moutons serait terminée, et quoique quelques-uns des marchés passés par lui eussent été placés, pour ainsi dire, sous la garantie des autorités françaises, il ne pouvait obtenir ni les laines qu'il avait payées, ni le remboursement des avances faites.

A Alger, il y a (1) — ou il y avait l'année dernière — des maisons qui se trouvent dans la même condition.

Est-ce que, par hasard, le voleur accuserait sa dupe d'être un usurier? Je serais tenté de le croire, car je ne puis admettre qu'il y ait des capitalistes assez peu soucieux de leur fortune pour aller prêter de l'argent, des millions, à 60 et à 80 pour 100, à des Arabes qui ne sont pas propriétaires et dont les bestiaux sont en communauté dans la famille.

Voici la loi du crédit en Algérie :

La Banque, qui escompte à 6 pour 100 les valeurs du commerce, fait de très-bonnes affaires.

Les banquiers qui prêtent à 10 pour 100 sont toujours remboursés ; à 12, ils commencent à courir des risques.

---

(1) Un négociant anglais, M. Briggs, a acheté en 1863, sur les marchés de Médéa, de Djelfa, de Laghouat, par l'intermédiaire de M. Alex. Joly, des laines qui devaient être livrées à la tonte de 1864.

Suivant l'habitude, M. Briggs a payé les Arabes par avance; mais les laines n'ont pas été livrées. M. Briggs réclame aujourd'hui 189,607 fr.

Après avoir perdu une année en réclamations inutiles, près des autorités algériennes, le négociant anglais s'adresse aujourd'hui à son gouvernement.

Nous verrons s'il sera plus heureux que M. Carlos Mazurel.

18 pour 100 est la dernière limite, et, à ce taux, le prêteur perd souvent, s'il ne connaît très-exactement la sol-
vabilité de l'emprunteur. Au-dessus de 18, on place à
fonds perdu, et, dans ce cas, si la loi n'atteint pas le
prêteur, le ridicule le frappe au plus haut degré.

Je doute que les indigènes, à moins d'emprunter sur
gage, trouvent de l'argent à plus de 12 pour 100.

On peut donc affirmer, sans crainte de se tromper, que
l'accusation d'usure portée, soit contre les israélites, soit
contre les Européens, est un stratagème pour obtenir que
la propriété individuelle ne soit pas constituée dans les
tribus et que le territoire de la communauté reste à la
discrétion de l'aristocratie arabe.

Si le gouvernement veut être complétement édifié à ce
sujet, il n'a qu'à envoyer en Algérie un conseiller d'État
pour y procéder à une contre-enquête, et bien certainement il rapportera la preuve que, si l'usure est une plaie
dont les colons subissent trop souvent les atteintes, les
indigènes sont à peu près préservés de ce fléau, attendu
que personne n'est assez fou pour leur prêter, à quelque
taux que ce soit. Conséquemment, la crainte de les voir
expropriés, si la propriété individuelle était constituée
dans leurs tribus, est purement chimérique.

Il y a, d'ailleurs, en Algérie, dans la province d'Oran
comme dans les deux autres, beaucoup d'indigènes qui
sont propriétaires, les uns en vertu de titres anciens, les
autres en vertu de titres nouveaux, délivrés en exécution
de l'ordonnance royale de 1845, et qui auraient pu être
dépossédés et expropriés par d'avides créanciers.

Dans l'intérêt de la vérité, et pour répondre à des soup-
çons que rien ne justifie, je supplie M. le maréchal gouverneur général de vouloir bien faire dresser dans les
greffes des tribunaux de première instance de l'Algérie

un *Etat de toutes les propriétés rurales appartenant à des indigènes qui, depuis* 1830, *ont été atteintes par l'expropriation, à la requête de créanciers européens ou israélites indigènes.*

Je soupçonne que le chiffre des expropriations de cette nature est fort peu considérable, mais il est bon que les adversaires de la colonisation soient convaincus de mensonge, par un relevé authentique dressé sous les yeux de la magistrature qui prononce les expropriations.

En demandant également à la justice son opinion sur l'importance possible des prêts usuraires (1), qu'on dit si considérables dans la province d'Oran, on sera fixé sur deux points importants par des hommes dont l'honorabilité et la loyauté de conscience ne peuvent être suspectées par personne.

On aurait dû commencer par là ; mais mieux vaut tard que jamais.

En attendant que la vraie vérité puisse être connue par une enquête officielle, voici quelques documents pouvant éclairer la question.

On prétend que l'attention de l'autorité militaire supérieure de la province d'Oran a été appelée sur les prêts usuraires par les nombreux jugements rendus contre les indigènes, par le tribunal de commerce, à la requête de leurs créanciers.

Le relevé suivant des travaux du tribunal de commerce d'Oran indique dans quelle proportion des jugements ont pu être rendus contre des indigènes :

(1) Si on se livre à cette enquête, je demanderai qu'on distingue entre les colons proprement dits et les prêteurs militaires, fonctionnaires, indigènes musulmans et israélites.

| ANNÉES | Totaux des jugements suivis de condamnation | Entre Français et musulmans | Entre israélites et musulmans |
|---|---|---|---|
| 1861 | 876 | 28 | 50 |
| 1862 | 1,125 | 23 | 58 |
| 1863 | 961 | 22 | 96 |
| 1864 | 870 | 6 | 72 |
| | 3,832 | 79 | 276 |

Ces chiffres donnent 355 condamnations contre des indigènes, en quatre années, soit un peu plus du neuvième des condamnations totales. Les indigènes musulmans, justiciables des tribunaux de commerce, étant plus nombreux que les Européens et les israélites réunis, il n'y a donc pas abus.

En tout état de cause, il résulte de ces chiffres que, depuis quatre ans, les affaires sont peu considérables entre indigènes musulmans et indigènes israélites, et à peu près nulles entre Européens et Arabes. Ces derniers ne peuvent donc pas, comme on le dit, être victimes de leurs relations avec le commerce.

Les 3,832 jugements rendus par le tribunal de commerce emportaient presque tous la contrainte par corps. 80 seulement ont été mis à exécution par cette voie, soit 9 contre les indigènes musulmans, ou 2 par année. Il y a donc exagération très-grande dans les récriminations de l'autorité militaire supérieure.

Voici un autre document. Il est extrait de l'enquête générale ordonnée par le gouvernement, en vue d'une loi nouvelle à rendre sur le taux de l'intérêt, et il est relatif à

l'arrondissement de Tlemcen, celui de la province d'Oran
où le loyer de l'argent est le plus élevé, à cause de son
éloignement du littoral et de son rapprochement de la
frontière du Maroc, mais plus encore à raison du séquestre
qui a pesé sur toutes les propriétés. Il embrasse les prêts
de toute nature de cinq annuités : 1859, 1860, 1861,
1862 et 1863, d'après les répertoires des notaires, les
renseignements des cadhis et des banquiers.

| NATURE DES EMPRUNTS | Moyenne annuelle des sommes empruntées | Moyenne de l'intérêt | Sommes annuelles servies à titre d'intérêt. |
|---|---|---|---|
| Obligations hypothécaires. | 395,320 fr. | 12 p % | 47,438 fr. 40c. |
| Emprunts des indigènes du dehors. | 142,760 | 40 p % | 56,704 00 |
| Emprunts, par ventes à réméré. | 25,524 | 15 p % | 3,828 60 |
| Emprunts de banque. | 600,000 | 30 p % | 180,000 00 |
| Totaux : | 1,162,604 | | 287,971 00 |

Pour l'édification du lecteur, je dois faire suivre ce
tableau de quelques observations :

*Emprunts hypothécaires* (entre Européens). — Deux
causes maintiennent le taux de l'intérêt à un chiffre élevé :
l'administration a toujours prétendu que le séquestre
existait sur toutes les propriétés de Tlemcen et, par suite
de cette prétention, le Crédit foncier et les capitaux
étrangers se sont abstenus de venir y chercher des placements hypothécaires; à défaut de concurrence et aussi,
par suite des risques courus, les capitaux du pays, les

seuls engagés dans ces affaires, ont toujours exigé une prime considérable.

Un décret récent du conseil d'Etat ayant vidé la question du séquestre général en faveur de la population contre les prétentions du domaine, Tlemcen va rentrer dans les conditions générales des prêts hypothécaires en Algérie, aux taux de 7 à 10 0/0, suivant la situation des immeubles.

*Emprunts des indigènes du dehors* (entre Européens et indigènes, entre israélites et musulmans). — Les Européens entrent pour un quart, environ, dans les prêts de cette nature; mais, parmi les Européens, nul ne s'expose à ces opérations hasardeuses, s'il n'est certain de l'appui de l'autorité militaire, contre tous les risques possibles. Le colon ne se trouve jamais dans ce cas.

En 1859, 1860, 1861, 1862 et 1863, par suite de mauvaises récoltes, les indigènes étaient considérablement appauvris. Alors les israélites disposaient d'un capital considérable, antérieurement employé au commerce des caravanes, dont l'établissement de la douane venait d'arrêter le mouvement; naturellement ils en cherchèrent l'emploi.

Les Arabes empruntaient, soit pour payer les impôts, des amendes, des taxes, soit pour quelque besoin urgent. On prenait le soin de faire cautionner des masses entre elles. Nonobstant, après de nombreux renouvellements des créances, après des jugements impossibles à exécuter, la plupart des prêteurs ont perdu capital et intérêt, et aujourd'hui les israélites ont complétement renoncé à ce genre d'opérations.

*Emprunts par ventes à réméré ou antichrèses* (indigènes entre eux, pour une faible partie entre israélites et indigènes). — Entre indigènes, ces prêts sont faits à la condition que le prêteur jouira de l'immeuble donné en gage, et cette jouissance représente ordinairement un taux d'intérêt de 10 à 15 pour 100. Les actes sont passés par devant les cadhis. Les israélites exigent un taux d'intérêt un peu plus élevé.

*Emprunts de banque.* — Le taux de l'intérêt est élevé, par la raison que, le séquestre menaçant toutes les propriétés, le propriétaire emprunteur n'offre pas plus de garanties que le prolétaire. A défaut de capitaux étrangers, les israélites indigènes font la plus grande partie de ces opérations. Si la Banque de l'Algérie recevait le papier du commerce tlemcennien, dans les conditions ordinaires, le taux moyen de ce genre d'opérations baisserait comme partout.

Les chiffres donnés dans le tableau précédent et les détails qui le suivent démontrent que, si Tlemcen a beaucoup à gagner sous le rapport du crédit, la situation des indigènes n'y est pas compromise, comme on le dit, car, s'ils ont emprunté à des taux réellement usuraires, ils n'ont remboursé ni capital ni intérêts ; ce qui est une manière fort commode de se tirer de la misère.

Les indigènes de la province d'Oran sont malheureux, il n'y a pas à en douter, non parce que l'usure les ronge, mais parce que la paresse les ruine.

Pendant cinq ans, de 1859 à 1863, ils traversent une période de sécheresse, et parce qu'ils ne savent pas, comme les colons, leurs voisins, suppléer au manque de pluies abondantes par des labours plus profonds et par des cultures plus variées, on accuse ces derniers de vivre à leurs dépens. Est-ce que le soleil a été moins ardent pour les colons que pour les indigènes? Non, certes. Si les colons ne sont pas tombés dans la même misère qu'eux, c'est qu'ils honorent le travail. Toujours et partout, le travailleur s'est trouvé dans une meilleure condition que le paresseux.

Je termine ce paragraphe par une citation que je trouve dans l'*Economiste français* du 14 septembre dernier :

*Demande* : Pourquoi l'Arabe est-il misérable ?

*Réponse* : Parce que Mahomet lui a enseigné l'horreur de la charrue.

A l'appui de la réponse, l'*Economiste* publie la lettre suivante :

Paris, 14 août 1865.

« Mon cher monsieur Duval,

« Après avoir écrit (page 556 de mon manuscrit) que les Arabes ont le mépris du travail, je dis en note :

« Même du travail agricole ! et comment pourrait-il en être autrement ? Le savant traditioniste El-Bakhâri (1), dans son *S'ah'ih*, au chapitre de l'agriculture, dit que le Prophète, ayant vu un soc de charrue dans une maison appartenant à un de ses partisans médinais, prononça les paroles suivantes : « *Ces choses n'entrent pas dans une maison, sans* « *que la honte n'entre dans les âmes de ceux qui l'habitent* (2). » Avec de pareilles maximes, un croyant est d'autant plus paresseux qu'il est plus fervent ; il ne peut aboutir qu'à mendier ou à voler, deux des formes sous lesquelles on vit aux dépens du travail d'autrui.

« Telle est ma note ; vous en ferez tel usage que bon vous semblera.

« Mille choses amicales,

« Henri Fournel ,
« Inspecteur général des mines, ancien ingénieur
en chef des mines en Algérie. »

M. Fournel aurait pu ajouter, — ce qui est un progrès, — qu'après avoir emprunté, l'Arabe paie son prêteur en le traitant d'usurier.

(1) Né le vendredi 12 schavoual 194 (19 juillet 810 de J.-C.), mort le 1er schavoual 236 (1er septembre 890 de J.-C.). Ces dates sont empruntées à Ibn-Khallikan, n° 580 de l'édition Wüstenfeld.

(2) Cité par Ibn-Khaldoun dans ses *Prolégomènes* (*Notices et extraits*, tome XVI, page 257 pour le texte arabe ; tome XIX, page 297 pour la traduction de M. de Slane).

## XV

La misère des indigènes, ajoute-t-on encore, est en raison directe de leur rapprochement des colons. — Cause économique de cette misère: les indigènes convertissent annuellement leurs récoltes en argent, sans faire produire intérêt aux capitaux provenant de ces ventes. — Perte d'un revenu annuel de 40 millions. — Les colons ne sont pas responsables de cette erreur.

J'aborde l'objection capitale contre la colonisation.

Depuis 1830, dit-on, les indigènes sont bien plus malheureux qu'avant la conquête, et on remarque que leur misère est en raison directe de leur rapprochement des colons.

Je nie la première partie de cette proposition; je confirme la seconde, mais j'en explique les causes vraies.

Je nie que les indigènes soient plus malheureux qu'avant 1830, sans contester, toutefois, qu'il y a eu de grands déplacements de fortune.

La masse du peuple, l'élément travailleur, économe,

docile, a beaucoup gagné à la conquête, la valeur de tous les produits du pays ayant atteint des prix sextuples de ceux du passé.

« Autrefois, me disaient les vieillards de la Mitidja, les céréales étaient à si bas prix que, quand nous allions au marché du *samedi*, nous laissions sur place nos chargements, si nous ne trouvions pas acquéreurs, et quoique le marché ne fût ni habité, ni gardé, quoique l'orge et le blé fussent simplement en tas dans des sacs, on les retrouvait intacts le samedi suivant, personne ne voulant s'exposer à être réputé voleur pour une denrée aussi pauvre et aussi lourde à transporter. »

Les mêmes vieillards confirmeront ce que j'avance, si on veut bien contrôler mon dire.

Aujourd'hui, une charge de céréales vaut en moyenne de 20 à 35 fr. et ainsi du reste. Le bétail a encore, proportionnellement, une plus-value supérieure à celle des grains.

Le cultivateur et l'éleveur ne peuvent donc s'être appauvris sous notre domination.

Le prolétaire, celui qui louait autrefois ses bras, pour une année, moyennant les restes de la table de son maître, plus un burnous de 15 fr. et 30 fr. en espèces, trouve facilement aujourd'hui du travail à 1 fr. 50, à 2 fr. et même 2 fr. 50 la journée, suivant les saisons, suivant sa force ou son habileté.

Aussi, toute la classe, jadis déguenillée, amaigrie, maladive, est-elle aujourd'hui bien vêtue, bien nourrie, bien portante et se félicite du voisinage des colons, qui leur vaut d'aussi grands bienfaits.

Avant la conquête, le *seroual* ou culotte mauresque était le signe distinctif de la noblesse d'épée dans les

campagnes. Quand on chantait ses exploits, on disait :
les *moualin-es-seroual*, les porteurs de culottes ont fait des
prodiges de valeur. Aujourd'hui, ce vêtement est devenu
d'usage général.

Mais si l'indigène qui travaille est devenu presque aussi
riche qu'un grand seigneur d'autrefois, il est vrai que
celui pour lequel le travail est réputé œuvre servile, et
qui fait cultiver ses champs et garder ses troupeaux à
prix d'argent, au taux actuel des salaires, est bien moins
à l'aise qu'autrefois et même peut être très-malheureux,
s'il n'a pas réduit ses dépenses au niveau de ses revenus.
Ce déclassement est un fait normal en France : les anciennes grandes familles qui continuent à vivre dans le
faste d'autrefois, sans demander de nouvelles ressources
au mouvement général des affaires, sont dans un état de
gêne qui leur fait regretter le passé. Nous ne pouvions
donc transporter notre civilisation en Algérie, sans y importer ce mal inévitable, et son inoculation témoigne d'un
progrès réel dans la voie de l'assimilation.

Toutefois, il y a une cause économique imputable, je
ne sais ni à qui ni à quoi, qui ruine les tribus et dont la
colonisation est, en tout cas, bien innocente. Je l'ai déjà
signalée, l'année dernière, dans l'*Algérie devant l'opinion
publique*, et je dois reproduire ici ma démonstration, car,
au milieu de préoccupations de tout autre ordre, on ne
paraît pas disposé à en tenir compte.

Voici ce que je disais :

« Avant la conquête, l'indigène produisait moins,
conséquemment travaillait moins, et comme il ne vendait
pas, ou très-peu, sa production annuelle lui créait d'immenses ressources, en céréales et en viande, pour son

alimentation, en laines, pour son habitation et ses vêtements.

« Malgré son imprévoyance, défaut naturel à tous les
peuples fatalistes de l'Orient, il traversait, sans trop grand
péril pour son existence, les séries de bonnes et de mauvaises années qui se succèdent périodiquement dans le
pays, sous l'influence de causes climatériques communes
à toutes les parties du littoral méditerranéen voisines des
déserts de l'Asie et de l'Afrique.

« Le songe, dans lequel Pharaon voit sept vaches gras-
ses et sept épis pleins dévorés par sept vaches et sept épis
maigres, est l'expression symbolique de la loi naturelle qui
régit la production de ces contrées, *sous le régime de la
culture extensive et pastorale* (1).

« A l'époque biblique, le sage Joseph enseigna à Pharaon la loi économique à adopter pour parer aux inconvénients de la loi naturelle.

« Depuis cette époque, les peuples de l'Afrique septentrionale suivent l'exemple que leur a donné le patriarche
Joseph.

« Quand nous sommes arrivés en Algérie, toutes les
tribus avaient en silos des grains pour dix années au
moins.

« C'était de la prévoyance forcée, faute de débouchés,
c'est vrai; mais, quelle que soit la cause qui imposait
cette situation, elle avait pour résultat de prévenir la di-
sette et le malaise.

---

(1) Les colons qui pratiquent la culture intensive, avec labours profonds et fumures, et non la culture extensive des Arabes avec semailles
sur gazon et labour superficiel au moyen de simples araires, les colons,
dis-je, luttent avantageusement contre les causes naturelles et périodiques qui compromettent les récoltes des indigènes. Sous ce rapport,
au lieu de leur reprocher de ruiner les indigènes, on devrait au contraire les féliciter de donner un exemple qui conjurerait les disettes,
s'il était suivi.

«Aujourd'hui, grâce à l'ouverture de ports et de routes, grâce au développement du commerce et à ses sollicitations incessantes, tout est changé. Dans les années d'abondance, l'Arabe vend ses laines et ses grains, même avant la récolte, et au lieu de mettre en silos des provisions en nature p⋅ les années de pauvreté, il confie ses écus au secret d'⋅ne cachette.

« Vendre, quand on trouve un bon prix, ne serait pas un grand malheur, car l'argent a toujours sa valeur représentative, si on sait le faire fructifier; mais c'est le contraire qui a lieu généralement : l'Arabe vend à bas prix, dans les bonnes années, pour racheter à un prix double ou triple dans les mauvaises, et, dans l'intervalle, entre la vente et le rachat, le capital disponible n'a rien produit.

« Aucune société ne peut se maintenir en de telles conditions; aussi, quoique les indigènes, d'après des estimations probables, doivent avoir à leur disposition un capital en numéraire, argent et or, s'élevant à la somme de HUIT CENTS MILLIONS (1) environ, ils sont pauvres et quelquefois très-malheureux, parce que ce capital est une VALEUR MORTE et souvent INDISPONIBLE. Je vais dire pourquoi :

(1) Les adversaires de la colonisation, ceux qui accusent les colons ou les israélites de ruiner les indigènes par l'usure, reconnaissent avec moi qu'un capital en numéraire, très-rapproché d'un milliard, se trouve disponible entre les mains des indigènes.

Sous ce rapport, ces derniers sont bien plus riches que les colons, car ceux-ci immobilisent presque toujours les capitaux dont ils disposent.

En présence de l'abondance du numéraire d'un côté et de la pénurie de l'autre, on se demande pourquoi les indigènes besogneux n'empruntent pas à leurs coreligionnaires, on se demande aussi si l'usurier musulman ne se cache pas sous le prête-nom d'un israélite indigène.

D'après quelques personnes, très au courant des affaires en Algérie, plus d'un capitaliste musulman tire de très-beaux revenus de ses économies.

« Admettons qu'un Arabe ait vendu en récoltes de l'année : bœufs, moutons, laines, céréales, pour une somme de dix mille francs ;

« Il ne peut la porter continuellement sur lui, parce que, indépendamment d'un poids gênant et des risques de perte, il ne veut pas exposer sa vie en sollicitant la convoitise d'un malfaiteur ;

« Il ne peut pas la conserver sous sa tente, ouverte à tout venant ; car il n'a ni caisse, ni malle fermées pour la soustraire, même aux tentations de sa femme, de ses enfants et de ses serviteurs ;

« A défaut d'un établissement public, dans les caisses duquel il puisse en faire le dépôt, le malheureux est condamné à l'enterrer, à la grâce de Dieu, dans un coin quelconque, et, pour ce faire, il se dérobe non-seulement à tous les regards étrangers, mais même à ceux des siens, car, parmi eux, il peut y avoir des dissipateurs ;

« Que, le lendemain de cet enterrement secret, notre homme ait subitement besoin de quelques centaines de francs, il n'ira pas les demander à son trésor, car on pourrait le suivre ; que le surlendemain il soit tué, cette partie de sa fortune est perdue pour sa famille.

« Perdue, stérilisée ou anéantie, le résultat économique est le même : des monnaies d'or ou d'argent n'ont de valeur qu'autant qu'elles sont employées. Cela est si vrai, qu'un génie quelconque, *djin* ou *démon*, peut soustraire les huit cents millions de numéraire cachés par les indigènes, sans que leur situation de fortune soit sensiblement modifiée, si les récoltes ou les pâturages de l'année sont abondants. »

Si, en France, les sept milliards de capitaux qui vivifient les affaires étaient subitement retirés de la circulation pour être enterrés, par les chefs de famille, dans des cachettes inconnues de l'épouse, des enfants et des parents, beaucoup d'entre nous seraient rapidement dans la plus affreuse des misères.

Si, à notre imitation, les indigènes plaçaient, dans de bonnes conditions, les huit cents millions en espèces que je leur suppose, — ce qui est certainement un minimum, pour une période de trente-cinq ans, pendant laquelle ils ont enfoui écus sur écus, — l'intérêt de ce capital leur rapporterait annuellement QUARANTE MILLIONS. Alors ils seraient riches, tandis qu'aujourd'hui, avec des écus en silos, ils sont beaucoup plus pauvres qu'à l'époque où leurs silos ne recevaient que des céréales et des laines.

On comprendra maintenant pourquoi les indigènes ont d'autant moins de bien-être qu'ils sont plus rapprochés de nos établissements, sans que la colonisation soit responsable de leur gêne.

Éloignés de nos marchés, de nos voies de communication qui rayonnent du centre à la circonférence, les indigènes gardent plus de produits pour leur consommation et possèdent moins de numéraire; plus rapprochés, ils succombent à la tentation de l'avare de palper des écus, d'en entendre résonner le son, de réjouir leurs yeux de la vue des pièces bien rondes, bien lourdes, bien luisantes et, comme l'avare, ils supportent la faim plutôt que de toucher à leur cher trésor.

Quelle part de responsabilité les colons et la colonisation ont-ils dans la manière dont les indigènes s'y prennent pour s'appauvrir eux-mêmes? Les colons ont toujours eu besoin de capitaux auxquels ils paient de gros intérêts, et ils les ont demandés aux capitalistes de France et non aux indigènes de l'Algérie, parce que ceux de nos compatriotes qui exercent sur les chefs des tribus une influence incontestable, ont toujours pris soin de jeter de la défaveur sur les colons dans l'esprit des indigènes. Cependant des placements de capitaux, en des mains honorables et sûres, eussent prévenu les crises alimentaires dont les tribus ont eu plus d'une fois à souffrir.

Dans tous les cas, il y avait les grandes compagnies financières qui émettent des actions et des obligations dont l'intérêt est garanti par l'État ; mieux encore, le gouvernement aurait dû constituer, près de chaque bureau arabe, une caisse d'épargne où tous ceux qui ont des économies auraient pu en faire le dépôt ; mais les colons n'administrent ni ne gouvernent les indigènes et rarement ils se trouvent dans la condition de pouvoir les conseiller utilement. Quant aux avis qu'ils émettent dans l'intérêt d'une population qui a besoin d'être dirigée, on n'en tient jamais compte.

Il y a onze ans, quand, avec le concours de quelques amis, j'ai présenté au gouvernement une étude des *Chemins de fer de l'Algérie par la ligne centrale au Tell, avec rattaches à la côte,* j'ai recommandé une combinaison qui permettait d'intéresser le plus grand nombre des indigènes à cette entreprise ; depuis, dans un autre travail, j'ai fait ressortir la nécessité d'une institution pour faire fructifier les capitaux qui sont enfouis, sans profit pour personne, dans des cachettes souterraines ; il paraît que je n'ai pas été compris, probablement parce que j'émettais ces sages avis en un point trop rapproché du Désert. Serais-je plus heureux cette fois? Je l'espère.

Je dois dire, cependant, que les personnes les plus initiées aux secrets des tribus ne partagent pas ma confiance.

D'après elles, on a suivi, dans ces dernières années, une politique si singulière envers les populations indigènes, que, pour rien au monde, elles ne voudraient nous confier leurs épargnes.

Si cela est, — et je dois le croire par les faits nombreux

qui me sont signalés, — nous aurions perdu bien du terrain, car, en 1838, alors que nous connaissions à peine de nom les Ouled-Sidi-Cheikh, j'ai été supplié, par un de leurs chefs, de recevoir en dépôt une somme d'argent assez considérable, et, depuis cette époque reculée, j'ai été bien souvent embarrassé par des sacs d'écus que des indigènes m'avaient prié de leur garder. J'ai connu d'autres personnes qui, aussi, ont eu à rendre de semblables services.

Toutefois, je reste convaincu qu'en offrant de sérieuses garanties aux épargnes indigènes, on parviendra à les faire rentrer dans la circulation.

S'il faut attendre que les tribus soient soumises à un autre régime, on attendra.

Il est une classe d'indigènes sur le malheur desquels les adversaires de la colonisation s'apitoient plus particulièrement : je veux parler de ces fils de grandes familles du Maghzen d'Oran dont les pères nous ont rendu, il y a trente ans, des services qu'on ne peut contester.

Ces enfants prodigues ont recueilli de gros héritages et aujourd'hui ils ne possèdent plus que des dettes.

Rien de plus exact. On pourrait même ajouter qu'après leurs dettes payées, à plusieurs reprises, par l'autorité militaire locale, au moyen de ressources extraordinaires, ils sont encore plus pauvres que jamais, car, au passage de l'Empereur, on a sollicité pour eux une nouvelle aumône de plusieurs centaines de mille francs, pour les remettre encore une fois à flot.

Mais aussi pourquoi MM. les officiers des bureaux arabes, qui ont vécu dans l'intimité de ces jeunes grands seigneurs indigènes, leur ont-ils appris à entretenir les sept péchés capitaux, en cumulant le luxe de la vie arabe avec celui de la vie française ?

Ces jeunes gens, parmi lesquels il en est qui ont dépassé la quarantaine, empruntent, pour abreuver leurs hôtes des meilleurs crûs de Champagne et de Bordeaux, pour s'en abreuver eux-mêmes, pour passer les nuits à tenir tête aux plus gros enjeux et aux plus habiles joueurs, pour se donner la fantaisie d'un double sérail, européen et indigène, et l'on paraît étonné qu'ils soient ruinés et l'on accuse de leur ruine le voisinage de la colonisation!

En vérité, c'est faire jouer le rôle de bouc d'Israël à des braves gens bien innocents de ces débauches, et qui risquent beaucoup de n'être jamais payés, si la libéralité du gouvernement ne s'étend pas encore une fois sur des pupilles dont il aurait dû diriger un peu mieux l'éducation.

Je pense, avec beaucoup de personnes, qu'il serait bien plus exact d'imputer la démoralisation de ces fils de famille à ceux dont ils ont particulièrement recherché la fréquentation, à ceux qui les ont aidés à dévorer leur patrimoine, sans leur apprendre que le premier devoir d'un véritable gentilhomme est de veiller lui-même à la conservation et à l'administration de l'héritage paternel.

En France, beaucoup de fils de famille se ruinent de même, et on se garde bien de faire retomber sur la nation la cause de leur ruine.

# XVI



Depuis quelques années, on ne parle que des droits
sacrés des indigènes. Ne serait-il pas opportun d'invoquer
ceux non moins sacrés des colons?

D'où sont-ils venus, ces colons qu'on trouve trop nombreux aujourd'hui? Qui les a appelés? qui les a installés? Qu'ont-ils fait pour qu'on annonce, avec une sorte
de joie, la liquidation de leurs entreprises, comme on se
réjouirait de l'élimination d'un corps étranger gênant la
marche de la prospérité algérienne?

Le plus grand nombre est venu de France, à la suite

d'appels du gouvernement dans les départements de la métropole.

Pour encourager l'émigration, on donnait des frais de route, des passages gratuits pour la traversée, on délivrait des terres, on ajoutait, à titre de primes d'encouragement, des subsides en argent, en matériaux, en main-d'œuvre militaire, pour aider à la construction de l'habitation de la famille. Quand, — ce qui arrivait souvent, — le colon ne trouvait pas dans son lot un hectare à cultiver immédiatement, l'armée venait le lui défricher, afin qu'il eût au moins un petit coin de terre pour y planter des choux.

D'autres sont des soldats qui étaient sous les drapeaux en Algérie, qui avaient combattu l'ennemi et auxquels on disait, deux ans avant leur libération du service : « Voici un congé de trois mois. Allez vous marier dans votre pays. Revenez avec une payse, et au retour, vous recevrez, avec une exonération du service militaire, une maison bâtie, un champ, du bétail, des semences et des rations de vivres pour vous nourrir jusqu'à la première récolte. » Ceux qui n'avaient pas réussi à décider une compagne à les suivre sur la terre algérienne, revenaient à Toulon, où ils trouvaient, sous le patronage de grandes dames, un dépôt de jeunes filles à marier, parmi lesquelles ils avaient à faire un choix, dans le plus bref délai, car on avait un besoin urgent de colons et de colones pour peupler les villages créés ou en projet.

Le gouverneur et le ministre de la guerre menaient les mariages de ces soldats le plus militairement possible. On était pressé, très-pressé.

Ces mariages improvisés ayant été l'objet de légitimes critiques, et l'armée d'Afrique ne suffisant pas au recrutement des colons, une seconde circulaire du ministre de la guerre aux préfets des départements, — circulaire qui fut affichée dans toutes les communes de la France, —

informa les anciens militaires, rentrés dans leurs foyers et mariés, que le gouvernement était disposé à leur faire de grands avantages s'ils voulaient devenir colons en Algérie. Un grand nombre répondit à cet appel.

En même temps, les congrégations religieuses agricoles étaient sollicitées à venir fonder des établissements en Algérie. En 1842, je fis partie d'une commission présidée par M. Laurence, et je vins, en cette qualité, de Paris dans les provinces d'Alger et de Constantine, pour y faire choix des emplacements qu'on pourrait proposer aux trappistes et aux frères de Saint-Jean-de-Dieu.

Enfin, arrive la levée de 1848. Cette fois, c'est le pouvoir souverain, dans sa plus haute expression, qui fait appel à la population ouvrière de Paris. L'appât est « un crédit de 50 millions (1) ouvert au ministre de la guerre pour être spécialement appliqué à l'établissement de colonies agricoles. »

Une commission est instituée à l'effet de présenter à l'*approbation* du ministre de la guerre les listes des candidats choisis entre tous ceux qui justifieront de leur *moralité*, de l'aptitude physique et professionnelle nécessaires, ainsi que de la qualité de Français.

Cette commission est composée de neuf représentants du peuple, de quatre maires de Paris, de quatre médecins.

La loi est du 19 septembre ; seize convois partent successivement les 8, 15, 19, 22, 26, 29 octobre, les 2, 5, 9, 12, 16, 19, 23, 26 novembre, les 3 et 10 décembre.

Les convois s'embarquent sur les quais de la Seine, dans des bateaux remorqués par la vapeur, qui les conduisent à Marseille. Chaque départ donne lieu à une fête solennelle à laquelle préside un des plus hauts fonctionnaires de l'Etat. A l'arrivée en Algérie, le clergé vient, en

_______

(1) Ce crédit a été bientôt réduit à 22 millions.

grande cérémonie, bénir chaque essaim et lui souhaiter la bienvenue.

Depuis 1848, le gouvernement ne procède plus au peuplement de la colonie par des appels généraux, mais il encourage et subventionne le recrutement individuel. C'est ainsi qu'on a installé quelques colonies départementales, dont M. Ducuing s'est fait l'apôtre pendant plusieurs années.

L'action du gouvernement dans l'expatriation des colons français est telle qu'on peut dire, sans crainte de se tromper, que le plus grand nombre a été poussé, par les deux épaules, sur la rive africaine de la Méditerranée.

Pour quelques catégories d'étrangers, on a procédé de même : ainsi, ceux qui peuplent les villages de Kouba, de Deli-Ibrahim, de Ste-Léonie, d'Aïn-Stidia et autres, appartiennent à des émigrations allemandes qui venaient dans nos ports de France s'embarquer pour l'Amérique, et qu'on a détournées de leur destination ; les colonies protestantes et catholiques de la Suisse ont toutes été dirigées sur l'Algérie par le gouvernement. Tous nos consuls de la Méditerranée ont reçu du ministère des affaires étrangères des instructions pour encourager et protéger l'émigration en Algérie.

En cherchant, par tous les moyens, à recruter des colons, le gouvernement n'obéissait pas à une pression incompétente de l'opinion publique ; il donnait satisfaction à un des besoins les plus impérieux de l'armée d'occupation.

Nos soldats, enfermés dans des villes, dans des forts, dans des camps, sans habitants, manquaient de tout et mouraient de misère et de nostalgie, même dans les positions les plus salubres. Je citerai comme exemple la première garnison de Miliana, qui ne comptait pas cinquante hommes en état de faire la route quand on est venu la relever.

Peu de temps après sa rentrée à Alger, le brave colonel qui l'avait commandée comptait par *unités* le nombre de ses compagnons d'armes survivants.

A Médéa, où était le général Duvivier, la première garnison a perdu plus de moitié de son effectif, et, sans les mesures extrêmes de salut public prises par son chef, elle eût succombé tout entière, comme celle de Miliana.

Depuis qu'il y a des colons dans ces deux villes, la mortalité de la troupe y est moindre que dans aucune garnison de France.

A cette époque, l'armée tirait une partie de sa consommation en viande d'Espagne, de Sardaigne ou de Tunis, et, pour mener au pâturage les bêtes amaigries par la traversée, des bataillons sous les armes étaient obligés de les garder, et, chaque jour, la garde de ces pauvres petits troupeaux ramenait des blessés et des tués. Pour économiser la viande fraîche, le soldat recevait le plus souvent des salaisons des Etats-Unis. Depuis qu'il y a des colons en Algérie, la troupe, nourrie de bonne viande, se porte très-bien et n'a plus besoin d'aller faire le coup de fusil pour disputer à l'ennemi sa ration du lendemain.

Avant la colonisation, la cavalerie demandait ses fourrages à l'Europe, et, à raison de la dépense, le nombre des chevaux et des bêtes de transport, malgré leur extrême utilité, pour ne pas dire leur nécessité absolue, les Arabes ne nous attaquant jamais que montés sur des chevaux rapides, l'effectif de notre cavalerie, dis-je, était restreint au plus strict nécessaire. Depuis la création de villages agricoles, mais seulement depuis, la cavalerie française a pu prendre le développement exigé par la conquête totale du pays.

Avant la colonisation, les routes étaient coupées entre nos postes militaires par des partis ennemis ; on n'allait de l'un à l'autre que par gros détachements ; quand ils étaient trop faibles, ils trouvaient, comme celui commandé par le sergent Blandan, le héros de Beni-Mered, des embuscades leur barrant le passage.

Alors, les colonnes expéditionnaires étaient obligées de prendre dans les magasins du littoral tout ce dont elles pouvaient avoir besoin pour vivre jusqu'au retour. A défaut de bêtes de somme suffisantes, chaque soldat portait dans son sac, outre son approvisionnement en cartouches, huit rations complètes en biscuit, riz, lard, sel, sucre, café, plus les marmites et les gamelles pour les faire cuire. Quand le pauvre malheureux devait faire une marche forcée pour atteindre l'ennemi ou le surprendre, il était accablé de fatigue, et bientôt l'ambulance devait venir à son secours. Malgré des efforts inouïs, malgré le dévouement de tous, on avait des succès, mais la conquête ne faisait pas de progrès.

Les difficultés rencontrées sur les routes étaient jugées considérables par l'armée elle-même, car le colonel d'un régiment, débarquant de France pour aller tenir garnison à Constantine, demanda sérieusement une escorte pour faire franchir à sa troupe les trois étapes qui la séparaient de sa destination.

Quelle différence depuis que des colons sont établis sur toutes les routes ! Je ne parle pas des diligences qui les parcourent chaque jour, et plusieurs fois par jour, même malgré les insurrections. Je ne veux que signaler les services rendus à l'armée par les villages.

A chaque étape, elle trouve des rations fraîches pour

elle et pour ses chevaux, sans être obligée de s'en sur-
charger, et elle arrive ainsi jusqu'aux limites du désert.
A-t-elle des malades? elle les confie aux colons qui les
portent, sur leurs charrettes, à l'hôpital militaire le plus
rapproché. Est-elle dans la nécessité d'aller combattre
des insurgés? ses communications et ses approvisionnements restent assurés sur ses derrières par le concours
des colons.

Le colon est devenu utile au soldat à ce point, qu'aussitôt l'établissement d'un nouveau poste militaire, ce dernier réclame la création d'un village annexe. C'est que le
village est la patrie, et non plus le pays ennemi. Que les
adversaires de la civilisation le sachent bien : il y a, en
Algérie, plus d'un village dont la raison d'être ne peut
être justifiée que par l'intérêt de l'armée, car les colons
ne peuvent jamais y trouver des conditions de prospérité.

D'ailleurs, le réseau entier de la colonisation a été créé
par le gouvernement, d'abord exclusivement, puis principalement, dans l'intérêt de l'armée et, très-accessoire-
ment, dans celui des colons.

C'était le droit et le devoir de l'Etat d'en agir ainsi
chaque fois qu'il offrait des avantages particuliers aux
immigrants.


Maintenant, je pose cette question sans craindre la
réponse que les plus malveillants pourront y faire :

Les colons, appelés à concourir à l'œuvre de l'armée,
ont-ils jamais failli à aucun de leurs devoirs envers elle,
envers le gouvernement, qui a disposé d'eux à son gré,
envers la France, qui a consenti à de grands sacrifices
pour vivifier une conquête qui n'eût été que stérile, si
elle eût été exclusivement militaire, comme des gens à
courte vue le demandent aujourd'hui?

On parle du martyrologe de la colonisation pour la combattre ; mais ses martyrs font sa gloire, car la moitié des décès dans les rangs des colons sont des actes de dévouement à l'armée.

Boufarik et Oued-el-Aleig, que l'Empereur a tant admirés, ont d'abord été le camp d'Erlon et le camp d'Oued-el-Aleig. Le premier gardait les prairies sur lesquelles on faisait les foins de la cavalerie, le second surveillait le marais de Ferguen, où l'on entretenait le parc de réserve des troupeaux de l'administration militaire.

Nos soldats y mouraient, tués par l'infection paludéenne, quoiqu'on eût soin de les relever tous les trois mois. Les colons sont venus, et ils ont dit à l'armée :

« Frères, vos fusils et vos sabres ne peuvent rien contre des miasmes ; nos bêches et nos pioches sont impuissantes contre l'ennemi. A chacun son métier. Allez vaincre l'Arabe, nous nous chargeons de garder vos prairies et vos troupeaux, et, en même temps, de faire disparaître les marais. »

Les colons ont tenu parole, en rendant un immense service à l'armée.

Trois générations de valeureux pionniers ont succombé à la tâche. En vain, les indigènes se sont coalisés avec les effluves délétères, ni les balles, ni les incendies de récolte, ni la captivité n'ont réussi, pas plus que les miasmes, à faire reculer d'une semelle. Quand un colon mourait, deux le remplaçaient, et, peu à peu, Boufarik et Oued-el-Aleig sont devenus ce qu'ils sont aujourd'hui, les deux perles de la Mitidja.

Les autres camps de la province d'Alger, plus ou moins insalubres au début, ont été remplacés par des villages de colons : Kouba, Hussein-Dey, Bir-Kadem, Bou-Zaréa, Douéra, Mahelma, Maison-Carrée, Bir-Touta, Quatre-

Chemins, Beni-Mered, Rasauta, Fondouk, l'Arba, Rovigo, Mouzaia-ville, Oued-Boutan, etc., etc.

Il en a été de même dans les autres provinces.

Partout les colons ont succédé aux soldats dans les stations insalubres et les ont assainies : au camp du Figuier, à Aïn-Bridia, à Saint-Denis du Sig, à la redoute Pérégaux dans la province d'Oran ; à Dréan, à Medjez-Ahmmar, au camp d'Ed-Dis, à El-Arouch, à Smendou, au Kroub, dans la province de Constantine. Partout où l'armée a dû rester, les colons y ont complétement modifié les conditions d'existence; c'est pourquoi les campagnes, en Algérie, ont cessé d'être comptées doubles.

Comme les soldats, les colons ont plus d'une fois reçu le baptême du sang : en 1839, en 1845 et 1846, en 1864, sans parler des attaques isolées, et, en toute occasion, ils ont prouvé qu'il y avait parmi eux beaucoup d'anciens militaires, qui n'avaient pas dégénéré pour n'avoir pas pris de chevrons dans l'armée active.

Tout écrivain impartial, qui fera l'histoire de la conquête militaire de l'Algérie, accordera aux colons auxiliaires de nos soldats, une part égale à celle de l'armée elle-même, dans le succès de cette grande entreprise, car, quelle que soit la puissance de cette force disciplinée pour vaincre les obstacles visibles, tangibles, ceux qu'on peut renverser la baïonnette ou le sabre à la main, elle eût été obligée de reculer devant d'autres obstacles économiques, climatériques et nostalgiques qu'aucune armée n'a pu vaincre, et, aujourd'hui, nous ne serions plus en Algérie.

Le plus accrédité et le plus en faveur des adversaires de la colonisation prétend que, dans l'état actuel de la domination de l'Algérie, vouloir continuer à la coloniser est un double anachronisme politique et économique.

Je réponds : Pas un ministre de la guerre, pas un général ne se chargerait de conserver l'Algérie, avec soixante mille hommes et soixante millions par an, si tous les colons devaient rentrer en France demain.

Et j'ajoute : Si la France, par une cause quelconque, était obligée de retirer de l'Algérie toute son armée et de lui refuser tout subside, il est à peu près certain que les 225,000 colons qui y sont la conserveraient, si on leur laissait l'armement et les munitions des arsenaux, et qu'avant une année ou deux, leur nombre, au lieu de diminuer, serait quintuplé.

C'est que les colons, sans droits sacrés, honnis et vilipendés par quelques-uns, sont une chose très-importante en Algérie; c'est qu'ils connaissent leur valeur, et elle est grande, car ils ont la foi, et avec la foi, dit l'Écriture, on transporte les montagnes, et, à plus forte raison, on surmonte de petits obstacles humains.

Je conclus donc que les colons ont des droits, et qu'en leur qualité d'appelés du gouvernement, après avoir dignement, loyalement, sincèrement accompli la mission difficile à laquelle on les avait conviés, ils ont droit à être au nombre des élus.

Je suis d'ailleurs sans inquiétude à cet égard.

Dans sa lettre au duc de Malakoff, l'Empereur se félicite d'avoir fait honneur aux engagements pris par le duc d'Aumale, en rendant la liberté à Abd-el-Kader; il veut également ratifier la promesse faite par le gouvernement de la Restauration de respecter la religion et les propriétés des indigènes, en les rendant propriétaires incommutables des territoires qu'ils occupent, à quelque titre que ce soit. Des promesses ont été faites et des engagements ont été pris aussi envers les colons par les gouvernements antérieurs, et l'Empereur les considère comme sacrés. Nous en avons pour garant ce paragraphe de son discours du 19 septembre 1860 :

« Quant à ces hardis colons qui sont venus implanter en Algérie le drapeau de la France et, avec lui, tous les arts d'un peuple civilisé, ai-je besoin de dire que la protection de la métropole ne leur manquera jamais. »

Après ces paroles de l'Empereur, les colons doivent être à jamais rassurés, car un Souverain qui respecte les engagements de ses devanciers ne peut jamais manquer aux siens.

# XVII

La politique nouvelle à suivre en Algérie doit, dit-on, se proposer de réconcilier les colons avec les indigènes. — Les statistiques judiciaires, tous les faits connus attestent que les uns et les autres vivent dans les meilleurs rapports.

Depuis quelques années, on représente les colons et la colonisation comme étant en lutte avec les intérêts des indigènes, et on proclame que la politique à inaugurer, en Algérie, devrait se proposer la cessation de l'antagonisme existant entre les uns et les autres.

J'avoue ne pouvoir me résigner à croire qu'il s'agisse ici de l'Algérie, car je n'y vois que des colons vivant en paix avec les indigènes leurs voisins ; je ne constate entre les deux éléments qu'une tendance très-marquée vers la conciliation des intérêts, encore moins je ne puis y trouver des dépouillés, car toutes les terres que possèdent les colons proviennent, soit du domaine de l'État, que le gouvernement lui-même leur a vendues ou concédées, soit d'acquisitions régulières faites aux indigènes, et dont la propriété, avant d'être confirmée aux mains des Européens, a été soumise au contrôle rigoureux de commissions administratives, en vertu de l'ordonnance de 1845.

Est-ce que, par malheur, on ajouterait foi aux calomnies d'un libelle diffamatoire qui a paru en 1863, *sans nom d'auteur*, sous ce titre : *l'Algérie et la lettre de l'Empereur*, et dans lequel on représente la population civile de la colonie comme *animée de la haine la plus profonde envers les indigènes, prêchant ouvertement le meurtre de tout un peuple, pour pouvoir s'emparer plus facilement de ses propriétés ?* (Voir le paragraphe II de ce pamphlet, pages 3 à 14.)

Mais celui qui a écrit ces lignes, et qui les a appuyées de dénonciations envers tous les fonctionnaires, de faits dénaturés ou controuvés, de lambeaux de phrases prises ici ou là, et dont le sens est travesti par une interprétation mensongère ; cet écrivain n'ose se nommer, parce que, si on le connaissait, on trouverait, dans sa vie antérieure, la raison fort peu honorable de sa haine envers une population entière, dont le seul tort est de ne pas avoir obligé la justice à le rechercher, pour le récompenser comme il le mérite. Cette population a pensé que le bon sens public ferait justice d'accusations qui tombent sous le poids même de leurs exagérations. Se serait-elle trompée ?

Heureusement, il y a les statistiques judiciaires tenues par les tribunaux et les conseils de guerre, qui sont l'expression mathématique de la vérité sur les rapports des colons avec les indigènes. Ces statistiques ne peuvent mentir, car elles ne sont pas l'œuvre de la passion intéressée. On doit leur demander les chiffres qu'elles donnent, avant d'émettre une opinion en des matières aussi graves.

Il y a bien longtemps que, chaque jour, j'interroge les faits qui se produisent en Algérie, pour en tirer des conclusions, comme un médecin analyse les symptômes d'une maladie, pour en déterminer la nature et faire son choix entre tous les remèdes propres à la guérir.

Ma mémoire est excellente et je puis y avoir quelque confiance. Eh bien ! je cherche en vain, dans cette mémoire, le fait d'un Européen condamné par les tribunaux civils ou militaires, pour assassinat commis sur un indigène et, à l'exception du capitaine Doineau, qui n'appartenait pas à la population civile, je n'en trouve pas d'autre exemple depuis 1830 jusqu'à ce jour.

Et c'est par centaines que des colons trop confiants ont été assassinés par des indigènes. A chaque session de cour d'assises, la Cour impériale d'Alger prononce pour de tels crimes, des condamnations à mort ou aux travaux forcés. Plus souvent encore, les conseils de guerre ont eu à venger les colons des attentats dont ils ont été les victimes innocentes (1).

Les vols commis par les indigènes, au préjudice des colons, sont tellement nombreux qu'on ne pourrait peut-être trouver un seul de ces derniers, dans les fermes et les villages agricoles, qui ait pu se mettre complétement à l'abri de déprédations presque journalières. Il est, au

(1) Dans le mois de septembre 1865, sept indigènes ont été condamnés à la peine capitale, pour assassinats de colons français.

Depuis le voyage de l'Empereur, les attentats des indigènes contre les Européens ont dépassé les limites ordinaires, dans des proportions inconnues jusque-là, et on remarque que les contrées où les crimes sont les plus fréquents sont précisément celles où l'Empereur a accordé le plus de grâces.

contraire, presque sans exemple qu'un Européen ait volé des indigènes.

J'interrogeais sur ce sujet, il y a quelque temps, un magistrat qui a exercé en Algérie, pendant de longues années, dans les positions les plus élevées de l'ordre judiciaire, et, en confirmation de mes observations personnelles, il me disait : « Chaque année, mes collègues et moi, en dressant l'inventaire de nos travaux, nous constations avec bonheur et nous considérions comme un fait très-digne de remarque, l'absence presque complète de crimes ou délits contre les personnes ou contre les biens commis par des colons au préjudice des indigènes. »

Je ne fais pas un grand mérite à mes concitoyens d'Algérie de n'être ni assassins ni voleurs, mais je suis heureux de les trouver purs de tout reproche sur ces deux points capitaux.

Si j'aborde un ordre de faits inverses, ceux affirmatifs de notre bonté, de notre bienveillance, de notre charité à l'égard de tous les indigènes sans exception, et des malheureux en particulier, je n'ai que l'embarras du choix entre les actes de confraternité et les bonnes œuvres à citer.

Nos médecins et nos sœurs de charité pansent gratuitement leurs plaies les plus hideuses, des plaies comme on n'en voit plus dans l'Europe civilisée ;

Nos bureaux de bienfaisance donnent à tous, sans distinction de religion, et plus aux indigènes qu'aux Européens, parce qu'il n'y a jamais de pauvres honteux sous le burnous ;

Nos dames de charité visitent les musulmans et les musulmanes malades, quand on veut bien les recevoir ;

Nos sociétés de secours mutuels admettent, comme membres participants, tous ceux d'entre les indigènes qui veulent en faire partie ;

Partout où nous rencontrons un mendiant, tendant la main, nous lui donnons presque toujours le *sordi* qu'il réclame ;

Peu d'indigènes viennent dans nos fermes sans qu'on leur offre du pain, des fruits et une tasse de café qu'ils acceptent toujours, avec ou sans reconnaissance ;

Jamais un indigène ne se trouve avoir besoin de secours à portée d'un Européen, sans que celui-ci ne lui vienne en aide.

Mon témoignage a une certaine valeur, car, dans ma longue carrière algérienne, le hasard m'a bien souvent placé, face à face, avec les plus grandes calamités qui ont atteint les indigènes depuis l'occupation française.

En 1834, au moment où le choléra fit sa première invasion en Algérie, je fus spécialement chargé de leur donner des soins ;

En 1835, je recueillis les malades, les blessés, les vieillards et les enfants abandonnés à Mascara, après le pillage de la ville par les troupes d'Abd-el-Kader et ramenés à Mostaganem par l'armée française ;

En 1836, je relevai, sur le champ de bataille de la Si-kak, tous les blessés de l'infanterie régulière d'Abd-el-Kader et leur prodiguai les secours dus au courage malheureux, pendant douze jours de marche, puis à Oran, jusqu'au moment où ils furent embarqués pour la France, et ils en avaient grandement besoin, car, avant que nous pussions leur tendre une main secourable, leurs coreligionnaires les avaient dépouillés de tout, même de leurs vêtements les plus indispensables ;

En 1837, 1838 et 1839, mon habitation, à Mascara, a été une vraie cour de miracles, toujours pleine de malheureux réclamant, pour l'amour de Dieu, la guérison de maladies dont la plupart étaient incurables. Alors, tout

ce qui reconnaissait l'autorité de l'émir était bénéficiaire de
mes soins, depuis le plus pauvre jusqu'au plus riche, depuis les blessés du siége d'Aïn-Madhi jusqu'aux membres
de la famille d'Abd-el-Kader, ses frères, ses enfants et
sa mère ;

En 1843, quand la Smala tomba au pouvoir du duc
d'Aumale, le gouvernement me confia la tutelle de
200 femmes et de 60 enfants à la mamelle, que les né-
cessités de la guerre obligeaient à retenir prisonniers.
Pendant deux mois, je partageai leur prison à l'île Sainte-
Marguerite, et je ne les quittai que pour aller solliciter et
obtenir leur liberté ;

En 1844, après la prise de l'île de Mogador, le prince
de Joinville me donna pleins pouvoirs sur les prisonniers
qui durent déposer les armes après un assaut meurtrier.
En échange des soins que je donnai à un marabout et
aux blessés, je fus assez heureux pour sauver les jours de
deux familles anglaises, entre autres celle du consul,
M. Wilshire, restées entre les mains de l'ennemi et fort
maltraitées;

Pendant huit années, de 1852 à 1860, à la ferme de
Kandouri que j'ai créée, je n'étais entouré que d'indigènes. A cette période correspondent les travaux insalubres du desséchement du lac Alloula, dont l'infection
atteignait aussi bien les indigènes que mes ouvriers européens. Mes soins étaient acquis aux uns comme aux
autres.

Bref, mon diplôme de docteur en médecine ne m'a
guère servi qu'à traiter des malades indigènes, pour l'a-
mour de Dieu, comme ils disent, car un seul, en trente
ans, a offert de me payer. C'était un grand seigneur, et
je l'avais guéri d'une fracture du bras. J'avais dépensé
dix francs de toile, au moins, pour la pose de deux appa-
reils; il pensa me traiter royalement en me mettant dans

la main une pièce de *deux francs* dont je gratifiai, en sa présence, un malheureux que je venais de panser et auquel il rougissait d'être assimilé, si je n'avais accepté le témoignage matériel de sa profonde reconnaissance.

En établissant ici, contrairement à l'habitude, la notoriété d'une compétence supérieure à celle d'écrivains anonymes et passionnés, mon but est d'établir, en ma faveur, une présomption de véracité et d'impartialité, quand je déclare n'avoir jamais réclamé, dans les circonstances exceptionnelles et délicates où je me suis trouvé, le concours des colons au profit des indigènes, sans obtenir au-delà de ce que je demandais.

J'ajoute, pour l'édification plus complète du lecteur, qu'à toutes les époques, en toutes les circonstances, j'ai défendu les indigènes à ce point que, sans l'intervention et les ordres contraires du maréchal Soult, ministre de la guerre, j'aurais été expulsé de Constantine, pour cause d'utilité publique, à une époque où le respect des droits sacrés des indigènes ne prenait pas, à mon avis, une assez large place dans la politique de la France en Algérie.

Si, aujourd'hui, sans cesser de proclamer la nécessité de bons rapports entre les colons et les indigènes, je prends plus spécialement la défense des intérêts des premiers, c'est que ma conscience m'ordonne de dire au gouvernement que, depuis plusieurs années, l'équilibre n'est plus maintenu entre les deux plateaux de la balance et que la colonisation se trouve aujourd'hui sacrifiée à l'indigénat, alors qu'une sage politique nous impose le devoir d'asseoir les bases de notre établissement algérien sur l'élément fidèle et inébranlable de la colonisation.

Décréter l'apaisement des rivalités entre les colons et

les indigènes est donc un non-sens, car il n'y a, entre eux, du moins de la part des Européens, que rivalité de bons procédés.

L'accord des intérêts existe aussi ; les chiffres suivants le prouvent :

En 1830, le commerce de l'Algérie, avec le monde entier, s'élevait à peine à 5 millions ; en 1862, il dépassait 247 millions (valeurs actuelles).

Un tel progrès, en trente-deux ans, eût-il été possible, sans un accord parfait entre les intérêts des indigènes et ceux des colons ?

Non ! cent fois non !

Entre les colons et les indigènes, il n'y a que des brouillons intéressés à jeter la zizanie, afin de pouvoir, je le crains, pêcher plus facilement en eau trouble.

Que le gouvernement cesse d'accorder créance à leurs écrits anonymes et le but de conciliation qu'il se propose sera atteint.

# XVIII



J'ai hâte d'arriver à des conclusions pratiques et de dire
enfin à la France, à son gouvernement, quels sont les
vœux et les aspirations des colons.

On ne sera pas étonné de trouver, en première ligne,
leur désir d'être complétement Français, c'est-à-dire de
jouir de tous les droits du citoyen qui leur appartenaient
avant de traverser la Méditerranée.

En Algérie, il y a des communes et des départements ;
il y a des conseils munipaux et des conseils généraux, des
maires et des préfets, mais les conseillers de la commune
et du département sont nommés par l'autorité supérieure
et non par les suffrages des électeurs ; mais l'Algérie n'est
pas représentée au Corps législatif par des députés.

Le Sénat, en réservant la qualité de citoyens français à ceux seulement des indigènes qui accepteraient d'être régis par la loi française, a implicitement rendu aux nationaux le rang qui leur appartient dans la société algérienne ; autrement, s'ils continuaient à être privés de leurs droits politiques, le sénatus-consulte sur l'état des personnes en Algérie contiendrait des dispositions illusoires, ce qui ne peut pas être.

Cependant, aucun acte du pouvoir souverain ne restitue aux colons des droits dont la privation les assimile purement et simplement aux indigènes (1).

Inutile, je pense, de démontrer l'urgence de doter l'Algérie d'institutions communales et départementales sérieuses. Un meilleur emploi des budgets, une plus sévère

(1) Aujourd'hui, les indigènes sont membres des conseils généraux et des conseils municipaux, sans avoir accepté d'être régis par la loi française, comme les Français soumis à cette loi.

On se demande alors quel intérêt les indigènes ont à demander la naturalisation.

Le gouvernement paraît tenir à ce que l'aristocratie arabe soit initiée aux secrets de notre gouvernement et de notre administration.

Encore faudrait-il que ceux introduits dans le sein de nos conseils fussent préalablement préparés à comprendre, non pas seulement ce qu'on y dit, mais les questions qu'on y traite. Des interprètes ne parviendront jamais à élever des hommes, sans aucune connaissance de notre droit politique et administratif, à la hauteur des discussions soulevées dans nos assemblées provinciales ou municipales.

J'ai pu apprécier, dans le sein des tribus, quel était le résultat de cette initiation.

Toutes nos délibérations y arrivent travesties, défigurées, méconnaissables, et elles y sont toujours appréciées au point de vue des chances offertes aux musulmans pour recouvrer leur indépendance. La plus petite opposition, sur une question d'intérêt local, est métamorphosée en une lutte intestine à laquelle on donne les proportions les plus grandioses.

Eclairé, comme je le suis aujourd'hui, je considère l'admission des indigènes dans nos conseils comme prématurée. Il n'en peut résulter aucun bien et, bien certainement, il en est déjà advenu du mal.

économie dans les dépenses, moins de luxe et plus de travaux utiles, seraient le premier résultat de la réforme des commissions administratives.

L'admission de quelques députés algériens au Corps législatif, dût-elle n'avoir pour objet que de redresser les opinions erronées qui en sortent, pour se répandre ensuite dans toute la France, serait un immense bienfait, car, en ce moment, l'Algérie souffre surtout des erreurs accréditées sur le pays et sur ses habitants.

En complément de ce premier vœu, les colons demandent que la qualité des fonctionnaires appelés à les administrer soit substituée à la quantité, car ce n'est pas la multiplicité des rouages qui fait une bonne machine, mais leur simplicité et leur perfection.

Le second vœu des colons est d'être dotés d'institutions stables qui leur permettent de savoir définitivement ce que l'on veut d'eux, quel avenir est réservé à leurs entreprises, ce qu'ils peuvent craindre ou espérer pour eux et leurs enfants. Dans aucun pays, on n'a créé rien de durable sans la certitude du lendemain.

Quinze régimes différents, en trente-cinq ans, ont jeté une énorme perturbation dans toutes les affaires, et chaque changement a équivalu, pour l'Algérie, à la perte de millions. De tels errements sont une calamité publique, car l'enfantement de chaque régime nouveau paralyse tout, pendant une première période correspondant à la durée de la gestation, et l'installation, l'éducation de chaque pouvoir nouveau suspendent momentanément l'activité et la vie dans tous les organes appelés à donner l'impulsion (1).

(1) Les rapports des préfets aux conseils généraux, sur la situation de leurs départements, constatent une grande stagnation dans les affaires depuis un an.

La législation spéciale de l'Algérie, issue des quinze régimes auxquels le pays a été soumis, est aujourd'hui un chaos dans lequel les magistrats les plus anciens et les plus éclairés, à plus forte raison les justiciables arrivés de la veille dans le pays, ne peuvent se reconnaître.

Trente gros volumes de lois, d'ordonnances, de décrets, d'arrêtés, de règlements, d'instructions, de circulaires, se contredisant ou se modifiant les uns les autres, sans que l'acte du lendemain abroge celui de la veille, constituent ce qu'on appelle la législation particulière du pays. Tout cet amalgame de dispositions étranges, qui n'est pas toujours écrit en bon français et qui contient des mots arabes soi-disant techniques, dont la signification a souvent varié et sur la valeur desquels on n'est pas encore bien fixé, tout ce gâchis, dis-je, doit être réformé au plus tôt et remplacé par un Code net, simple et précis.

Depuis quinze ans, la révision de la collection des Actes officiels de l'Algérie est reconnue urgente. L'Assemblée législative, sous la République, avait nommé dans son sein une commission, dite de *Législation de l'Algérie*, pour procéder à cette révision. Les événements politiques ont suspendu les travaux de cette commission et ils n'ont pas été repris depuis. La plus sérieuse attention du gouvernement est appelée sur ce point capital.

Avoir des terres est le troisième grand besoin des colons.

Entendons-nous toutefois sur ce point. Je ne nie pas que, dans les espaces appartenant à des Européens, il n'y ait encore des terres en friches et sans culture. La maladie de l'espace a longtemps régné en Algérie, et le gouvernement a contribué à la développer en concédant, à des amis ruinés, de grandes propriétés sur lesquelles ils n'ont jamais dépensé un centime et dont ils tirent cependant des revenus locatifs qui servent à alimenter leur parasitisme à Paris ou dans quelque autre grande ville de France. Mais ce mal disparaît chaque jour, petit à petit. L'impôt foncier est le spécifique, depuis longtemps réclamé, pour combattre la plaie de l'absentéisme, et il la guérira radicalement quand il sera appliqué.

Il faut reconnaître néanmoins que les détenteurs de grandes terres incultes n'en sont propriétaires que pour les vendre, et que s'ils ne les ont pas encore converties en écus, c'est que personne ne s'est présenté pour les acheter, ces terres étant inexploitables faute d'eau et faute de chemins.

L'application de l'impôt foncier à ces terres, pour le moment, ne conduirait à d'autre résultat que l'expropriation à la requête du service chargé de la rentrée de l'impôt, sans que l'Etat trouve plus facilement des acquéreurs.

Autre sera la situation, quand, dans six ans, avec l'emprunt de 100 millions contracté pour l'achèvement des travaux publics dans les territoires de colonisation, le gouvernement aura ouvert des routes et aménagé les eaux fluviales, marécageuses ou souterraines, aujourd'hui perdues sans profit pour personne. Alors, mais alors seulement, ces grandes terres incultes, — qu'on peut estimer à 100,000 hectares dans les trois provinces, — pourront offrir un peu d'espace à l'expansion de la colonisation.

Pour le moment, tout ce qui est exploitable est occupé, et il n'y a place, ni pour de nouveaux émigrants, ni pour les enfants des colons, dont le nombre augmente chaque jour et qui ne trouvent pas à fonder une nouvelle famille dans les limites étroites de la concession de leurs pères et mères, encore jeunes, et qui n'ont pas trop de terres pour eux-mêmes.

En demandant des terres, les colons n'entendent pas

qu'on en spolie les indigènes, pour leur en faire don. Ils préfèrent de beaucoup acheter; mais l'État, qui a annoncé, il y a dix mois, — décret du 31 décembre 1864, — des ventes à prix fixe et à bureau ouvert (1), n'a encore mis en vente aucun territoire, et les indigènes, désormais propriétaires incommutables du sol, ou ne veulent ou ne peuvent vendre. A l'heure présente, on ne peut acquérir en Algérie que des terres expropriées; mais ces terres

(1) On lit à ce sujet, dans le rapport déposé au conseil général, sur la situation actuelle de la province d'Oran :

« Je m'empresse de faire connaître au conseil que, d'ici à peu de temps, les ventes auxquelles il y aura lieu de procéder pourront être annoncées au public.

« Toutefois, messieurs, il est à propos de vous prévenir contre toute illusion. Ces ventes auront moins d'importance que peut-être on ne le pensait. Les relevés officiels nous donnent, pour la province, 15 à 16,000 hectares de terres domaniales susceptibles d'être aliénées. Ajoutons que ces terres sont toutes fort disséminées, se composent en général de parcelles peu importantes et ne doivent, pour la majeure partie, qu'à leur qualité inférieure l'état de disponibilité dans lequel elles se trouvent. Il y a beaucoup de ces terrains qui avaient été primitivement concédés à des colons et qui ont été abandonnés par eux, à cause du peu de parti que l'on pouvait en tirer. Il ne faut donc guère compter là-dessus pour attirer de nouveaux immigrants dans la province. »

Dans la province d'Alger, voici la situation d'après la même source que ci-dessus :

« La pénurie, dans la province, des ressources en terres domaniales disponibles exigerait, en présence d'une immigration considérable, l'acquisition, par l'État, de périmètres de colonisation, surtout dans la riche vallée du Chéliff, lorsque la voie ferrée l'aura ouverte au peuplement. *Mais c'est là l'œuvre de l'avenir.* Pour le présent, l'administration réserve pour la mise en vente, dans un temps prochain, des étendues de terre situées près de l'Oued-Sly et de l'Oued-Fodda, dans la circonscription d'Orléansville, et près d'Amoura, dans la subdivision de Médéa, et qui offrent une superficie d'environ 4,608 hectares. »

La province de Constantine possède une plus grande richesse domaniale, mais elle n'est pas plus disponible que dans les deux autres provinces.

sont occupées, et l'expropriation se borne à leur donner de nouveaux maîtres.

A une époque où l'on ne pouvait pas supposer que la terre deviendrait un jour l'un des premiers besoins de la colonisation, on assignait à son développement trois conditions importantes : *sécurité, salubrité* et *viabilité*. La vérité d'hier est encore celle d'aujourd'hui.

Sans sécurité pour les personnes et pour les biens, il n'y a pas de colonisation possible. Toutefois, aujourd'hui, les colons savent par expérience que l'armée seule ne peut pas leur donner la sécurité matérielle et morale qui leur est nécessaire.

En 1839, la Mitidja a été envahie, malgré les nombreux camps qui la protégeaient. En 1846, Abd-el-Kader a traversé, de la frontière du Maroc à la grande Kabylie, une zone de 150 lieues de longueur, qui lui était disputée par quatorze colonnes. Dans l'insurrection de 1864, le territoire de colonisation a été envahi sur quatre points, dans le Chéliff, sur la Mina, sur la Mekerra et sur l'Isser, quoique toutes les troupes fussent sur pied et en avant de leurs établissements pour les protéger. Au moment où j'écris ces lignes (28 octobre 1865), Si-Lala, le chef de l'insurrection, a son camp établi entre les sources de l'Isser et celles de la Mekerra, d'où il menace la colonisation des subdivisions de Tlemcen et de Sidi-Bel-Abbès.

Désormais, les colons savent ne devoir guère compter que sur eux seuls pour repousser l'ennemi, en cas d'attaque de leurs fermes et de leurs villages ; c'est pourquoi ils estiment, avec le maréchal Bugeaud, avec le maréchal Pélissier, avec le maréchal de Mac-Mahon, tous trois militaires consommés et connaissant bien l'Algérie, ne pouvoir obtenir la plénitude de la sécurité dont ils ont besoin que le jour où leur nombre sera égal à celui des tribus indigènes belligérantes, dont la population est estimée à 1,500,000 âmes, Berbères non compris, car ils ne nous ont jamais attaqués.

Dans le territoire de 700,000 hectares appartenant aujourd'hui aux colons, la population peut, en se massant, atteindre 500,000 âmes, ce qui sera possible après l'ouverture de nouveaux chemins, après l'aménagement des eaux et le desséchement des marais; mais il y a à rendre disponible une nouvelle superficie de 1,300,000 hectares pour recevoir un complément d'un million d'immigrants.

D'après les déclarations faites au Corps législatif dans l'Exposé des motifs du projet de loi relatif à la création d'une grande compagnie financière, l'Etat dispose encore de 900,000 hectares provenant du domaine des Turcs (1). Ces 900,000 hectares ont été expressément promis à la colonisation par M. le ministre d'Etat, en 1863, lors de la discussion du sénatus-consulte qui a rendu les indigènes propriétaires incommutables du reste des terres.

Avec ce premier appoint et 400,000 hectares à obtenir par voie d'expropriation, moyennant large indemnité, la colonisation trouve son lot satisfaisant, et elle répond de sa sécurité, si les villages européens sont concentrés et placés dans des lieux d'élection, et non dispersés et disséminés comme dans le passé.

(1) Depuis la clôture de la dernière session législative, on a émis des doutes sur l'existence de ces 900,000 hectares. On doit s'être trompé, car ces terres n'ont été inscrites sur les sommiers de consistance du domaine qu'après avoir été reconnues, cadastrées, délimitées. Il y a, il est vrai, en Algérie, des personnes qui opteraient volontiers pour leur abandon aux indigènes qui en sont locataires, mais après la promesse faite au Sénat et au Corps législatif de les réserver pour la colonisation, il y a lieu d'espérer qu'on s'abstiendra d'en disposer en faveur de gens qui, dans le Tell seulement, possèdent huit millions d'hectares qu'ils ne cultivent pas.

Je n'insiste pas sur la nécessité de compléter le réseau des routes et chemins, d'aménager les eaux perdues et d'assainir les terres insalubres, puisque le gouvernement y consacre la plus grosse partie des 100 millions empruntés à la compagnie Fremy-Talabot.

Un autre vœu des colons est d'obtenir, par la liberté commerciale (1), les denrées de consommation, les matériaux de construction, les instruments de travail, au plus bas prix possible. L'Empereur, assure-t-on, a accueilli cette demande avec faveur. Puisse-t-on ne pas attendre trop longtemps le résultat de cette promesse !

Un autre besoin d'une colonie naissante est le crédit à bon marché. Les colons ont appris avec bonheur que la compagnie financière, en voie de constitution, était autorisée par la loi à émettre des obligations s'élevant à la somme de 100 millions pour développer dans la colonie les entreprises et les institutions de crédit, en concurrence de la Banque de l'Algérie et du Crédit foncier, qui y rendent déjà d'importants services.

(1) Il est bien entendu que, par ce vœu, les colons se bornent à demander quelques améliorations au régime actuel et ne songent nullement à l'adoption de mesures qui leur feraient perdre le bénéfice de relations égalitaires avec le marché de la France, débouché naturel de leurs produits.

Malte et Gibraltar ont pu être déclarés ports francs, parce que ces deux villes sont assises sur des rochers improductifs, mais l'Algérie est un pays de production qui, avec le progrès de la colonisation, aura plus à exporter qu'à importer : — l'avenir le prouvera. — Alors, il y a plutôt lieu à lui conserver ses débouchés et à en augmenter le nombre qu'à ouvrir ses ports à tous les produits étrangers, sans distinction.

Sans doute, avant de rien décréter en ces graves matières, le gouvernement aura recours à une enquête dans les principaux ports de l'Algérie, comme on l'a fait pour la suppression du droit de tonnage.

En complément de ces deux derniers vœux, les colons sont unanimes pour demander s'il ne serait pas possible de diminuer les formalités et les frais de justice, qui, pour le moindre règlement d'intérêt, exigent un temps considérable et souvent des dépenses hors de proportion avec la réparation à obtenir. On cite plus d'une propriété mangée en frais de procédure, au grand détriment des créanciers. Dans une colonie qui se fonde, la meilleure justice est celle qui expédie rapidement les affaires et avec le moins de perte possible.

Sans doute, si le gouvernement croit devoir introduire quelque réforme dans l'administration de la justice en Algérie, il accordera l'inamovibilité aux magistrats et la vénalité de leurs charges aux officiers ministériels, vœux bien souvent renouvelés, bien souvent pris en considération, mais qui attendent toujours leur réalisation.

Enfin, les colons demandent au gouvernement d'avoir confiance en eux et d'être convaincu que la meilleure politique à suivre est de faciliter les points de contact entre indigènes et Européens, au lieu de tenter de les restreindre (1). L'intérêt, qui a toujours été le meilleur garant de la conduite des hommes, oblige les colons à n'entretenir que de bons rapports avec leurs voisins indigènes, et puis, tous tant que nous sommes, propriétaires, fer-

(1) En vertu de dispositions récentes, plusieurs tribus incorporées dans les territoires civils administrés par les préfets, ont été replacées en territoire militaire, sous l'autorité des officiers des bureaux arabes. Par suite de cette mesure, les indigènes de ces tribus qui voudront venir travailler chez les colons, seront obligés d'en demander la permission. C'est rendre les relations plus difficiles, c'est reculer au lieu d'avancer, car, il y a quelques années, un décret impérial a exonéré de l'achour les indigènes cultivant des terres appartenant à des Européens. Alors on donnait une prime au contact, aujourd'hui on rend les relations plus difficiles.

miers, maîtres, contre-maîtres, cultivateurs, négociants, industriels, nous avons importé avec nous en Algérie la sociabilité, la générosité, la bienveillance, qui ont fait aimer les Français par tous les peuples au milieu desquels la Providence les a placés. Le *gesta Dei per Francos* ne peut pas recevoir un démenti en Algérie, quoi qu'en puissent dire les malveillants.

J'ai terminé l'énumération des vœux des colons; je résume ce chapitre :

Après l'expérience acquise, après les progrès accomplis, les colons ne demandent plus que l'Etat se fasse entrepreneur de colonisation; ils se bornent à le prier de mettre simplement à leur disposition des terres à acheter, et ils se chargent d'y appeler la population (1) nécessaire à leur mise en valeur, pourvu qu'aucun obstacle écono-

(1) Les adversaires de la colonisation nient la possibilité de déterminer un courant d'émigration vers l'Algérie.

Tous les faits connus attestent le contraire. A toutes les époques, les demandes d'émigration ont été repoussées faute de terres disponibles.

En France, on se décide à venir en Algérie, ou pour y devenir propriétaire, ou pour y rejoindre une famille déjà établie.

Mais l'appât de la propriété est l'attrait le plus ordinaire et celui qui donne le plus de nouvelles recrues. La terre manquant, l'Algérie se trouve privée de son principal élément de recrutement.

Nonobstant, chaque bateau amène des individus isolés qui se placent chez des parents ou des amis, et la population augmente lentement, mais progressivement.

Le mode actuel de recrutement est excellent. On n'en peut désirer de meilleur.

Un colon n'arrive plus sans savoir où aller. A défaut de parents, des compatriotes le reçoivent, le guident de leurs conseils ou lui donnent du travail sur leur exploitation, et les épreuves, jadis si redoutables, de l'acclimatation, se passent sans accidents.

Qu'un plus grand développement soit donné aux travaux publics ou que de nouvelles terres soient mises à la disposition des colons, et aussitôt la population européenne augmentera dans la limite des besoins.

mique ou politique ne vienne pas paralyser leurs efforts.

Quand le problème de la colonisation de l'Algérie est réduit à ces termes, l'idée d'y renoncer ne peut entrer dans l'esprit de personne. Il est bien permis de l'espérer.

# TROISIÈME PARTIE

## ARMÉE

### XIX

Du gouvernement. — Les meilleures intentions viennent échouer devant les difficultés. — Le cumul de pouvoirs appartenant ordinairement à divers ordres de fonctionnaires est la pierre d'achoppement. — En Algérie, la complication plus grande du problème à résoudre exige la séparation des pouvoirs, autrement les attributions des gouverneurs sont usurpées par des subalternes.

Aujourd'hui, en Algérie, l'armée gouverne, administre et occupe un territoire d'une étendue égale à celle de la France, en vue de dominer les populations indigènes conquises. Sa fonction doit donc être étudiée sous quatre aspects : gouvernement, administration, occupation et domination.

Commençons par le gouvernement.

Depuis 1830, le gouvernement de l'Algérie a été confié exclusivement à des généraux ou à des maréchaux dans la colonie, presque exclusivement aux ministres de la guerre dans la métropole.

Dans les provinces, divisions, subdivisions et cercles, l'autorité supérieure est déléguée, même en territoire civil, depuis un an, à des généraux, à des officiers supérieurs et à des capitaines, dans quelques cercles.

A tort ou à raison, l'armée a considéré comme un apanage lui appartenant, par droit de conquête, le gouvernement de l'Algérie à tous les degrés de la hiérarchie, et les divers pouvoirs qui se sont succédé sur le trône de France, depuis 1830, semblent avoir reconnu ce droit, en ne l'infirmant jamais.

Donc, s'il y a eu des fautes commises en Algérie, — et qui oserait le contester? — s'il y a des réformes jugées nécessaires, indispensables même; les fautes à réparer, les réformes à opérer attestent l'imperfection du régime militaire auquel la colonie a été soumise depuis l'origine. Il y a même de très-bons esprits, en France et en Europe, qui n'hésitent pas à professer l'opinion que nos insuccès, en matière de colonisation et de civilisation des indigènes, tiennent à l'incompétence de l'armée. Ces bons esprits pensent que jamais l'Algérie ne pourra prospérer tant qu'elle sera gouvernée par des militaires, et que si quelques personnes, à la tête desquelles se trouve M. de Girardin, demandent l'abandon de la colonie, elles ne sont amenées à cette proposition extrême que par la crainte de voir se perpétuer, avec la faveur accordée à l'armée sous le gouvernement actuel, un régime de dépenses considérables, sans résultats dignes d'une grande nation comme la France.

Quoi qu'il en soit, et puisque l'Empereur s'est donné la très-grande peine de visiter toute l'Algérie, pour la voir et la connaître de ses yeux, en vue de la doter enfin d'une constitution promise depuis treize ans ; puisque le conseil des ministres va être appelé à délibérer sur les propositions du souverain, c'est un devoir pour moi de dire franchement, loyalement, ce que je pense de cette grave question de gouvernement.

Un fait capital me frappe d'abord :

Dans la nombreuse série des généraux et maréchaux qui ont gouverné l'Algérie, tous sont arrivés avec la volonté et la conviction de faire entrer le pays dans une ère nouvelle de paix et de prospérité, et tous, plus ou moins, mais sans exception, après s'être donné beaucoup de mal, après avoir sué sang et eau, après avoir rendu des services incontestables et même, pour quelques-uns, de très-grands, tous, dis-je, ont quitté le pouvoir dans des conditions différentes de celles du jour d'arrivée.

Le maréchal Clauzel, qui, le premier, affronte l'inconnu en portant la conquête dans l'intérieur des terres, ne peut obtenir la faveur, chère à sa réputation militaire, de venger l'échec que des pluies torrentielles et le manque de renseignements précis avaient fait subir à nos armes devant Constantine.

Le général Damremont, dont un boulet termine si glorieusement la carrière, a vu sa toute-puissance de gouverneur subalternisée aux pouvoirs conférés à un de ses lieutenants, pour traiter directement avec l'ennemi, à la Tafna.

Le maréchal Valée, une des vieilles gloires du premier Empire, comme le maréchal Clauzel, est aussi rappelé en France, avant d'avoir pu faire oublier, par une énergique offensive, l'invasion, si triste pour son règne, de la Mitidja et la destruction de la plupart de nos établissements de colonisation.

Le maréchal Bugeaud, auquel la colonie sera éternellement reconnaissante d'avoir posé les véritables lois de la guerre en Algérie, d'avoir défini ce que doit être l'occupation et la domination, *tout* ou *rien*, d'avoir en deux mots, *ense et aratro*, la *guerre* et la *colonisation*, indiqué la voie à suivre pour le présent et l'avenir; le maréchal Bugeaud, le seul homme d'État qui ait gouverné l'Algérie, lui aussi, est rentré en France assez mécontent de céder la place au duc d'Aumale, alors qu'Abd-el-Kader était à la veille de déposer les armes et avant qu'il ait pu venger le massacre des prisonniers de Sidi-Brahim et d'Aïn-Temouchent. Depuis plus d'une année, le maréchal Bugeaud pouvait s'apercevoir qu'on désirait sa démission.

L'avénement du duc d'Aumale, qui introduisait l'élément politique dans le gouvernement de l'Algérie, fut salué, à l'arrivée, avec les plus vives espérances, au départ, avec les plus sympathiques regrets.

La colonie voyait avec joie, dans cet essai sans durée, un commencement de vice-royauté qui l'affranchissait de la tutelle du ministère de la guerre.

Après le départ du duc d'Aumale jusqu'à la nomination du maréchal Randon, cinq gouverneurs, dans un intervalle de trois ans, attestent, par leurs mutations, combien les généraux aptes à conduire les affaires d'une colonie sont difficiles à trouver.

Cavaignac, le général Changarnier, le général Marey-Monge ne font que passer.

Le général Charon, quoique officier du génie très-distingué, succombe sous le fardeau des colonies agricoles décrétées en 1848 (1).

(1) Si le crédit de cinquante millions voté par l'Assemblée nationale le 19 septembre 1848, pour l'établissement de colonies agricoles en Algérie, n'a pas été complétement affecté à cet emploi, c'est, on peut bien le dire, parce que ces colonies ont été exclusivement placées sous le

Le général d'Hautpoul, quoique jouissant de la confiance personnelle du souverain, quoique venant de quitter le ministère de la guerre, lutte, sans pouvoir les surmonter, contre des difficultés que lui oppose son successeur au portefeuille de la guerre.

Le maréchal Randon a le bonheur de garder assez longtemps le pouvoir pour achever la conquête du Sahara, celle de la grande Kabylie, et de donner une grande impulsion aux travaux publics. Sous son règne, la colonisation répare les pertes causées par les crises antérieures ; mais, soit fatalité, soit tout autre motif, sa retraite, cause ou effet, provoque une crise nouvelle, plus terrible que les précédentes par sa durée et sa gravité. Sous ses derniers pas, périssent la direction des affaires de l'Algérie au ministère de la guerre et le gouvernement général de la colonie.

Trois commandants supérieurs des forces de terre et de mer occupent 'e siége des anciens gouverneurs, pendant la durée éphémère du ministère de l'Algérie.

Le général de Mac-Mahon, bientôt rappelé, devient, en Italie, maréchal de France et duc de Magenta.

Le général de Guès-Villers, pris dans le cadre de réserve, — probablement à défaut de candidats dans le cadre d'activité, — rentre dans la retraite, dès que la paix de Villafranca rend à la disponibilité des généraux plus jeunes et plus versés dans les affaires algériennes.

régime militaire, et parce que les officiers chargés de leur installation n'avaient, sauf des exceptions auxquelles on a toujours rendu la plus grande justice, aucune des capacités nécessaires pour conduire à bonne fin une entreprise d'ailleurs difficile.

Faire gouverner des familles par de jeunes officiers célibataires, confier une œuvre de création à des hommes dont l'instruction a été dirigée surtout vers l'art de détruire, a été aussi illogique que contraire à toutes les convenances sociales.

Le général de Martimprey, qui succède au général de Guès-Villers, est, de l'avis unanime, l'un des plus sérieux candidats à la dignité de maréchal de France, tant par ses services antérieurs en Algérie, en Crimée, en Italie, que par sa solide instruction militaire, par la fermeté de son caractère. Nonobstant, quoiqu'il soit appelé de nouveau à faire une campagne pénible et difficile dans le Maroc et à aller, par les plus grandes chaleurs de l'été, comprimer l'insurrection des Flita; quoiqu'il ait consenti, dans l'intérêt d'une combinaison nouvelle, à descendre du rang de général en chef à celui de sous-gouverneur, il est aujourd'hui simple général commandant une division militaire en France.

La série des gouverneurs généraux à pouvoirs étendus n'est pas plus heureuse.

Le maréchal duc de Malakoff succombe à la peine, sans pouvoir rien produire. Sa mort est suivie d'une insurrection imprévue et amène la subalternisation de l'élément civil à l'élément militaire.

Le maréchal duc de Magenta, son successeur, a-t-il lieu de se féliciter de la responsabilité qu'il a acceptée? Personne ne le croit.

La retraite du sous-gouverneur, général de division Desvaux, la difficulté de le remplacer, malgré l'urgence (1), sont des indices certains que la tâche de gouverner l'Algérie est très-lourde pour des militaires.

Ainsi, plus ou moins, presque tous les gouverneurs ont pu constater que vouloir et pouvoir sont deux choses distinctes. Cependant, on ne peut pas espérer, pour l'avenir, trouver, dans les rangs de l'armée, des hommes

(1) Un décret du 18 septembre a nommé M. le général de Ladmirault sous-gouverneur de l'Algérie, en remplacement du général de division Desvaux, mis en disponibilité sur sa demande.

de plus de valeur, de plus de mérite, de plus d'expérience, que ceux auxquels le gouvernement général de l'Algérie a été confié jusqu'à ce jour.

Si, des gouverneurs généraux, je passe aux commandants supérieurs des provinces et des subdivisions, j'en trouve plus d'un dont le rappel en France a été considéré comme une défaveur.

En France et à l'étranger, dans les commandements exclusivement militaires, les mutations des généraux, pour insuffisance de capacité ou pour erreurs commises, sont presque sans exemple.

Le cumul d'attributions, confiées ailleurs à des fonctionnaires d'ordres différents, est donc la pierre d'achoppement contre laquelle sont venus se heurter tant de militaires éminents en Algérie.

Dans des conditions analogues, je vois toujours le pouvoir politique distinct du commandement militaire. En Chine, deux ministres plénipotentiaires sont adjoints aux deux généraux commandant les armées alliées; au Mexique, un chargé de pouvoirs politiques et un gouvernement fonctionnent en dehors du commandement en chef de l'armée d'occupation; à Rome, un ambassadeur règle avec le gouvernement du Saint-Père toutes les questions politiques, et le général en chef commande simplement la division sous ses ordres. Aussi, dans ces trois situations délicates, pas de complications, pas d'embarras, pas de désaveux pour nos généraux, parce qu'ils n'ont pas à s'occuper d'affaires en dehors de leur spécialité, parce qu'ils n'ont point à statuer sur des matières dont ils n'ont jamais fait l'étude, et qui leur sont aussi étrangères que la science de la guerre peut l'être pour des hommes exclusivement politiques.

Le gouvernement de l'Algérie, avec deux peuples, les Berbères et les Arabes, de races et de génies différents, avec la complication d'une troisième race et d'une civilisation nouvelle à y introduire, est une œuvre si complexe, que l'intelligence la plus active, l'esprit le plus éclairé et le plus sagace, le dévouement le plus complet suffisent à peine pour résoudre les problèmes nouveaux qui se posent chaque jour. La solution de ces problèmes est d'autant plus difficile qu'elle doit avoir la double approbation des colons et indigènes, en Algérie, et, à Paris, du pouvoir métropolitain, souvent incompétent pour en juger, mais d'autant plus tenace dans ses idées préconçues, que son ignorance des choses lui cache tous les obstacles.

Si, à cette œuvre difficile du gouvernement d'un pays grand comme la France, on joint le commandement en chef d'une nombreuse armée en campagne, position pleine d'attrait pour un militaire toujours en face de populations disposées à la révolte, on peut être à peu près certain que la fonction si aride du gouvernement et de l'administration sera très-négligée. Alors, on voit se produire le fait anormal du déplacement du pouvoir et du gouvernement; on voit des agents secondaires imposer, bon gré, mal gré, leurs idées étroites, leurs combinaisons passionnées, leurs calculs intéressés et jeter la confusion en toutes choses; on voit des fonctionnaires qualifier la colonisation de contre-sens politique, parce qu'elle constate leur incompétence(1) et leur impuissance. Quoi qu'on en puisse dire

(1) Le maréchal Bugeaud, le plus compétent des gouverneurs généraux en matière de colonisation, parce qu'il avait passé quinze années de non-activité, de 1815 à 1830, à créer un domaine rural dans des conditions peu différentes de la colonisation ordinaire, a été le plus ardent promoteur de la création de fermes, de hameaux et de villages européens.

Les difficultés disparaissaient devant sa volonté convaincue.

et penser, nous en sommes là, en Algérie, depuis bien longtemps, à défaut de gouverneurs s'occupant exclusivement de gouverner et de gouverner seuls.

Cette usurpation du pouvoir par des subalternes date de loin; aujourd'hui, elle est considérée comme légitime; déjà plus d'un gouverneur de nom en a été victime, et plus on ira, plus le gouvernement réel sera impossible, jusqu'à ce qu'il y ait séparation complète entre le gouvernement et l'administration d'un côté et le commandement militaire de l'autre.

L'oligarchie irresponsable des subalternes, voilà le mal dont souffre l'Algérie, et c'est là qu'il faut porter remède.

Si l'Algérie était réellement gouvernée par ceux qui en ont la responsabilité, est-ce que le premier mot de l'Empereur sur la politique de la France en Algérie serait celui-ci :

« Le gouvernement de l'Algérie se trouve placé entre deux systèmes contraires : l'un qui pousse à l'expansion de la colonisation européenne, l'autre qui défend les droits sacrés des indigènes, et ces deux opinions se livrent une guerre acharnée, au lieu de s'entendre pour le bien général. »

Je le demande, s'il y avait en Algérie un gouvernement, gouvernant réellement, est-ce qu'il pourrait y avoir des opinions qui s'y livrent une guerre acharnée ?

Les gouverneurs les plus éminents, après lui, ont toujours considéré la colonisation comme la base de notre édifice colonial, et l'ont énergiquement défendue.

Si la colonisation a rencontré des détracteurs parmi les fonctionnaires algériens, présents ou passés, on constate heureusement qu'ils ne figurent pas dans la catégorie des capacités.

Et qui donc aurait le pouvoir de pousser à l'expansion de la colonisation européenne, de manière à nuire aux intérêts des indigènes? Qui donc pourrait défendre les droits des indigènes, au-delà des limites que leur assigne le besoin impérieux de coloniser, s'il n'y avait pas des subalternes qui se permettent d'établir des centres de colonisation là où le gouvernement n'en veut pas, et d'autres subalternes qui empêchent leur établissement là où le gouvernement veut que la colonisation soit forte, compacte et en état de se défendre elle-même contre les révoltes des indigènes?

Je le répète : la réforme la plus urgente en Algérie est la séparation du gouvernement et du commandement des troupes, comme elle existe en France et dans tous les États bien constitués.

Quand le gouverneur, quand ses délégués, dans les divisions et subdivisions territoriales, n'auront à s'occuper que des affaires de gouvernement et d'administration ; quand, sous leurs ordres, un corps distinct d'agents administratifs, et exclusivement administratifs, n'auront d'autre mission que celle de préparer l'exécution des volontés et des instructions du gouvernement, alors il y aura unité gouvernementale, et non plus rivalité de prétentions contraires se livrant une guerre acharnée.

Il importe peu, avec la division des pouvoirs, que le gouvernement, à ses divers degrés, soit aux mains de militaires ou de civils, pourvu que ceux auxquels on le confie soient des hommes prudents, éclairés et préparés à l'exercice de leurs fonctions par des connaissances générales et spéciales dans l'art de gouverner les hommes et les sociétés.

Si l'intention du gouvernement est de n'apporter aucune modification au régime sous lequel vivaient les populations indigènes avant notre arrivée dans le pays, il est incontestable que l'étude du Coran, de ses commentateurs, des langues arabe et berbère, de la civilisation orientale et de son génie propre, est la meilleure préparation aux fonctions gouvernementales en Algérie. Si, au contraire, comme l'a dit l'Empereur, dans sa proclamation aux indigènes, en arrivant à Alger, on veut qu'ils soient « régénérés et confondus avec la race française », des connaissances plus précises en droit, en politique, en administration et en économie politique et sociale, connaissances qui sont l'expression la plus nette de la civilisation occidentale, deviennent d'absolue nécessité pour remplir une mission aussi complexe ; car, pour confondre les indigènes dans l'unité de la race française, loin de renoncer aux progrès incessants de la colonisation, le plus puissant agent d'absorption connu jusqu'à ce jour, il y a eu lieu, plus que jamais, de donner à nos établissements coloniaux le plus grand développement possible, en tenant compte des besoins présents et futurs des indigènes.

Quel que soit le procédé auquel le gouvernement central donnera la préférence, la question de gouvernement colonial appelle tout d'abord son attention, car le *statu quo* ne peut être maintenu, sans perpétuer les rivalités auxquelles on attribue avec raison le mal actuel.

# XX



L'armée administre tout le territoire militaire, c'est-à-dire les dix-neuf vingtièmes de l'Algérie, par l'organe d'une institution qu'on appelle les *bureaux arabes*.

Il est difficile, dans l'état des choses, de donner une définition de cette institution, quoiqu'elle tende chaque jour à rentrer dans les limites généralement assignées aux corps administratifs. L'étendue, l'importance, la variété des attributions des bureaux arabes en font, toutefois, l'arbitre des destinées des indigènes, et quoique leurs pouvoirs soient très-étendus, il est hors de doute, qu'en un grand nombre de matières, ils empiètent souvent sur ceux du commandement et du gouvernement, de là ce déplacement d'autorité, si préjudiciable à l'Algérie, que j'ai signalé dans le paragraphe précédent.

Les bureaux arabes cumulent toutes les fonctions qui, en France, sont dévolues aux administrations départementales et communales, ainsi qu'aux nombreux services qui en dépendent : culte, justice, instruction publique, commerce, industrie, agriculture, hygiène, médecine, police générale et spéciale, travaux publics, contributions diverses, prisons, recensements, statistiques, renseignements de toute nature, etc. ; mais ce qui est simple en France est très-compliqué en Algérie.

Pour le culte, par exemple, il y a à surveiller les mosquées, les établissements religieux connus sous le nom de *zaouiya* (1), les confréries de *Khouan* (2), afin que, sous

(1) Zaouiya, mot à mot, *résidence d'une famille de marabouts*, et, par extension, *établissement dans lequel une famille de marabouts exerce ses droits et remplit ses devoirs*.

Les droits des marabouts consistent en une sorte de dîme sur la fortune de leurs clients, dîme toujours proportionnée aux services rendus, attendu qu'elle est volontaire.

Une zaouiya complète donne l'instruction à tous les degrés, gratuitement et nourrit ses élèves ; elle pourvoit aux besoins des voyageurs, des infirmes, des orphelins ; elle intervient dans les querelles de particulier à particulier, de tribu à tribu, pour les faire cesser. On y fait des prédications, des retraites, des pèlerinages. On y trouve ordinairement une bibliothèque qui s'accroît chaque jour des œuvres de ses maîtres et des copies de livres des principaux élèves.

Généralement, les zaouiya jouissent du droit d'asile inviolable.

Quand ces établissements ne sont pas dirigés par des fanatiques ou des brouillons, ils rendent de très-grands services.

(2) Khouan signifie *frères*. Les confréries de Khouan sont des affiliations religieuses ou politiques, dirigées par un état-major de marabouts auxquels les affiliés doivent obéissance, avec le secret de leurs décisions. L'une d'elles, celle des *Snoussi*, est dirigée contre notre domination, mais elle n'a d'adeptes connus que dans les parties les plus reculées

prétexte de dévotions, des fanatiques ne puissent se réunir pour conspirer ou prêcher la guerre sainte.

Pour la justice, il y a à s'assurer que les cadhis des très-nombreuses circonscriptions judiciaires, embrassant tout le pays, rendent leurs jugements en conformité des prescriptions édictées par nous, et dont le plus grand nombre n'apprécie aucunement la nécessité ; il y a surtout un problème très-difficile à résoudre : celui de trouver des candidats capables pour remplacer les magistrats journellement révoqués, capacité rare dans un pays où les écoles libres d'enseignement du droit sont à peu près supprimées depuis trente ans, et où celles fondées par le gouvernement donnent un très-petit nombre d'élèves comparativement aux besoins (1).

Pour l'instruction publique, la mission des officiers des bureaux arabes est plus délicate encore. On veut régénérer le pays par l'enseignement ; ce qui est certainement un excellent moyen ; mais, pour atteindre ce but, il faut des li—

du Sahara, où elle est tenue en échec par l'influence prépondérante de la confrérie des *Tedjadjna*, dont nous n'avons eu qu'à nous louer jusqu'à ce jour. Les *Derkaoua* nous ont été très-hostiles, au début de la conquête, mais ils ont disparu de l'Algérie. Les autres confréries paraissent ne poursuivre qu'un but de charité, analogue à celui de la franc-maçonnerie.

(1) Quand nous sommes arrivés dans le pays, en 1830, il y avait, de l'aveu même des indigènes, à peine quelques hommes possédant la science du droit. Ces hommes sont morts, depuis longtemps, sans laisser de successeurs. Nous n'avons donc qu'un très-petit nombre de candidats, acceptables à défaut d'autres, pour les fonctions judiciaires. Dans cette situation, on aurait dû restreindre, le plus possible, le nombre de siéges de cadhis. Au lieu de cela, on les a multipliés à ce point qu'on est obligé de prendre les simples lettrés pour rendre la justice. De là ces nombreuses destitutions qui ont lieu chaque jour et qui sont un véritable scandale.

vres qui n'existent pas, des maîtres qui sont très-rares, et des élèves qui aimeraient autant cultiver les lettres à la façon de leurs pères; il faut, de plus, fermer la bouche aux nombreux adversaires de la *francisation* et de l'*infidélisation* des enfants (1).

La surveillance des marchés (2) est aussi une grosse affaire; c'est là qu'on vend les armes et les munitions avec lesquelles on nous combat; c'est là que se rédigent les gazettes verbales du pays et que s'inventent ces fameux dragons, dignes successeurs du serpent rencontré par l'armée de Régulus, qui, tous les trois mois, avalent des régiments entiers, après avoir enlevé les baïonnettes des fusils et les éperons des bottes des cavaliers, afin que leurs pointes ne percent pas les intestins des susdits défenseurs de la foi.

Chose bizarre : l'industrie, dans un pays où elle n'existe pas, a besoin aussi d'être surveillée, car les faux-monnayeurs indigènes sont assez nombreux et les fabricants de poudre et de balles assez habiles pour se dérober aux recherches.

(1) On doit se le rappeler : une des premières tentatives d'ouverture d'écoles mixtes, à Alger, fut suivie d'une énergique protestation du chef de la religion musulmane. D'après lui, les enfants maures parlant notre langue se livraient au libertinage et cessaient de pratiquer leur religion. Ce brave marabout ne faisait pas attention que les enfants dont il parlait avaient appris notre langue dans les rues, dans les bouges et non dans les écoles. On l'exila. Depuis, les fanatiques sont plus prudents, mais ils savent très-bien que les enfants élevés par nos maîtres cessent de nous haïr, et ils traduisent le mot *tolérance* par celui d'*infidélisation*.

(2) Chaque tribu, à peu près, a son marché, généralement désigné par le nom du jour où il se tient, avec addition de celui de la tribu ou du lieu de la réunion.

Le progrès agricole réclame aussi les soins des officiers des bureaux arabes :

Il y a quelques années, les plantations de vignes et d'arbres fruitiers étaient en très-grand honneur ; après avoir épuisé les pépinières de l'Algérie, on a fait venir des ceps et des plants de France, par chargements entiers de navires. On a, il est vrai, renoncé à ce genre de progrès par réquisition, tout ce qui a été planté étant mort, faute de soins consécutifs.

En exécution d'ordres souvent ré?térés de M. le maréchal Randon, on a obligé chaque propriétaire de troupeaux à récolter des foins et à construire des abris, pour éviter des pertes considérables en hiver, mais on y a renoncé aussi, comme pour les plantations, quand on a vu les indigènes vendre leurs foins pour payer les Européens qui les avaient récoltés, et faire camper les troupeaux à côté des hangars, pour qu'ils ne se noient pas, au bout de quelques jours, dans leur propre fumier.

On a été plus heureux dans la substitution des cisailles à la faucille, pour la tonte des moutons.

On opère aussi, avec succès, la sélection des troupeaux de race ovine.

Enfin, l'amélioration de la race chevaline est incontestable depuis une dizaine d'années, mais, que de temps, que de diplomatie ont été nécessaires pour obtenir ces résultats, les uns négatifs, les autres positifs !

L'hygiène et la médecine prennent place dans les attributions des bureaux arabes, non pas, comme en France, par voie de règlement et de surveillance, mais par une sorte d'action directe et personnelle des officiers de ces bureaux, ici, pour obliger des populations fatalistes à prendre des mesures de préservation, là, pour combattre un fléau déclaré. Sans une sorte de pression exercée sur les chefs de

tribus, on obtiendrait difficilement, dans certaines contrées, que les enfants fussent vaccinés. Cependant, il y a
nécessité absolue de s'occuper de la santé publique chez
les indigènes, pour sauvegarder la vie des troupes et celle
des colons. Avant qu'on se donnât ce souci, des épidémies
meurtrières étaient fréquentes, et même, avant la conquête, le typhus et la peste visitaient l'Algérie, à peu près
périodiquement, une dizaine de fois par siècle (1).

La police générale du pays, et la police spéciale des tribus et des individus, doivent être, on le devine bien, une
des principales occupations des bureaux arabes. Par leurs
soins, des postes qui veillent, de jour et de nuit, sont
placés sur les principales routes ; les mouvements de chaque tribu sont signalés ; les repris de justice sont surveillés;
les malfaiteurs arrêtés ; les voyageurs européens pourvus
d'escorte, de guides, quand il y a lieu ; les voyageurs indigènes soumis à un permis de circulation, etc., etc.

Quand un crime leur est dénoncé, les officiers des bureaux arabes le constatent, procèdent à l'instruction de
l'affaire et envoient les coupables, soit devant les conseils
de guerre, soit devant les commissions disciplinaires, dont
ils font partie, à titre de membres rapporteurs.

Magistrats de simple police, ils connaissent des contra-
ventions, d'une foule de petits délits et entendent, par voie
d'appel, toutes les réclamations des populations, en abus
de pouvoir, contre les chefs indigènes placés sous leurs
ordres.

---

(1) Le pèlerinage de la Mekke a toujours été un grand agent de dif-
fusion des maladies épidémiques de l'Orient. En ce moment, l'Europe
est victime du peu de souci des musulmans pour la conservation de la
santé publique. Nous ferons bien d'exercer une active surveillance, de ce
côté, surtout quand les relations vont devenir plus fréquentes et plus
rapides.

Quand le chef du bureau arabe siège en cette qualité, son prétoire est toujours envahi par la masse de ceux qui ont, ou à se plaindre, ou à rendre compte de leur conduite.

Le bureau arabe connaît aussi de la plupart des contestations entre Européens et indigènes, et, dans ces cas, l'embarras du juge est souvent très-grand, l'Européen ayant raison au point de vue du droit français, et l'indigène n'ayant pas tort en droit musulman. Quand les prétentions rivales ne s'inspirent pas de la passion, ce qui est assez rare, le juge peut encore arriver à la conciliation ; mais, quand l'indigène a recours à l'appui du faux témoignage (1) de ses coreligionnaires pour dénaturer les faits, quand le faux témoignage est évident, toutefois sans pouvoir être démontré, il s'ensuit une situation très-délicate pour l'Européen et pour l'officier obligé de le condamner.

Les travaux publics à exécuter, dans les tribus, avec les fonds des centimes additionnels : fontaines, barrages de cours d'eau, canaux d'irrigations, ouvertures de chemins, constructions de maisons de commandement, etc., doivent

---

(1) La loi musulmane exige beaucoup de vertus d'un témoin pour qu'il ne puisse être récusé. Ainsi, il suffira de la plus légère infraction aux règles sur les ablutions, pour qu'un homme ne puisse être admis à témoigner. Cela prouve que le législateur connaissait son peuple et le jugeait très-peu digne d'être cru en justice.

La loi française accepte tous les témoignages. « Bravo, ont dit les Arabes, nous serons les maîtres de la justice ! » En effet, dans toutes les affaires, entre chrétiens et musulmans, les faux témoins abondent C'est un service mutuel qu'on se rend. D'ailleurs, prêter un faux serment, devant des juges non musulmans, est presque une œuvre pie.

Nos magistrats ont, la plupart du temps, conscience du faux témoignage indigène. Ils le tiennent pour nul et non avenu, mais ils ne peuvent le poursuivre, dans l'impuissance où ils sont d'arriver à sa démonstration.

Dans une affaire, où l'un de mes ouvriers avait été attaqué et blessé par un indigène, j'ai entendu, de mes oreilles entendu, stipuler le prix du faux témoignage; il m'a été impossible de faire condamner les coupables. *Testis unus, testis nullus.*

être proposés par les officiers des bureaux arabes. C'est la science de l'ingénieur, avec la connaissance parfaite de la topographie, de la climatologie, et des rapports des populations entre elles, qui sont nécessaires pour ne pas commettre des erreurs, comme on en voit tant en Algérie.

Il y a quelques années, on a essayé de stabiliser plusieurs tribus en remplaçant la tente par des maisons; ce travail, qui n'a produit aucun résultat autre que d'avoir des maisons sans habitants, a coûté beaucoup de peines et de soucis à ceux qui ont poursuivi l'accomplissement de cette tâche stérile.

Mais la grande œuvre de l'administration des indigènes est l'assiette, la répartition, la perception et le versement de l'impôt, œuvre toujours compliquée de nombreuses réclamations et de plus nombreuses demandes en dégrèvement à instruire.

Depuis longtemps on comprend que le service des contributions diverses devrait être chargé de toutes les opérations relatives à la rentrée de l'impôt, et on recule devant la dépense du personnel nécessaire pour cette réforme. N'est-ce pas avouer implicitement que le service des bureaux arabes doit être énormément surchargé par cette attribution? Il est de la dernière évidence cependant que, dût-on continuer à opérer sommairement, des agents du métier sont bien plus aptes à trouver des solutions convenables que des officiers étrangers à toute gestion financière.

La tenue des registres de l'impôt oblige les bureaux arabes à des recensements fréquents, à tenir des statistiques de toute la matière imposable, ce qui est loin d'être commode avec des contribuables sans noms de famille et qui portent, pour la plupart, des noms dérivés de celui de Mohammed.

La besogne sera simplifiée, il est vrai, quand l'impôt foncier remplacera les contributions actuelles ; mais, antérieurement, il y a à constituer la propriété privée, en exécution du sénatus-consulte de 1863, et Dieu seul sait quand cette opération sera terminée, quoique l'Empereur tienne beaucoup à ce que cette grande mesure, sur laquelle doivent être basées toutes les réformes, reçoive son application le plus promptement et le plus complétement possible.

Le mot de *sénatus-consulte* vient de tomber de ma plume. A elle seule, cette charte de la propriété indigène impose aux officiers des bureaux arabes une besogne colossale, car c'est à eux qu'est dévolu tout le travail préparatoire des délibérations des commissions chargées de son exécution :

Reconnaître les limites générales des territoires de douze cents tribus ;

Répartir douze cents périmètres en autant de sections qu'il y a de fractions dans chaque tribu ;

Dans chaque section, faire deux parts : l'une pour les communaux, l'autre pour la propriété individuelle ;

Entendre des milliers de revendications ;

Traduire des masses de titres ;

Coordonner des documents provenant de plusieurs sources ;

Dresser des cartes, les collationner sur les lieux.

Rédiger les procès-verbaux après les séances de la commission ;

Préparer les titres collectifs et individuels ;

Mettre en possession, etc., etc.

Tout cela ne peut se bien faire, même en n'épargnant pas sa peine, ni en une année, ni en dix.

Si on ajoute à tous ces travaux imposés aux bureaux arabes, savoir :

Les ordres à transmettre aux aghas, caïds et cheikhs ; les avis à en recevoir ;

Les rapports périodiques à adresser aux commandants de cercles ou de subdivisions, ainsi qu'à la direction divisionnaire ;

La correspondance avec diverses administrations ;

Le commandement des *goums* ou cavalerie irrégulière des tribus ;

L'administration des spahis, des khiala et des mekhasni, attachés à chaque bureau comme agents d'exécution ;

Enfin, une foule de petites commissions particulières dont on charge si volontiers les officiers des bureaux arabes, telles que achats de beaux chevaux à bas prix, recherches d'objets de luxe ou de curiosité, toujours à bon marché, etc., etc. ;

Enfin encore, l'obligation imposée à des officiers détachés de leurs corps de s'occuper eux-mêmes de leur avancement, de leur carrière, car, à défaut de sollicitations incessantes, on leur appliquerait le proverbe : les absents ont tort.

En présence de tant de devoirs imposés aux officiers des bureaux arabes, on doit croire que leur nombre est considérable.

On va en juger par le dénombrement des forces de ce corps :

Un bureau politique directeur, à Alger ;

Trois directions provinciales ;

Quatorze bureaux et trois annexes, dans la province d'Alger ;

Douze bureaux et une annexe, dans la province d'Oran ;

Quinze bureaux et une annexe, dans la province de Constantine.

Total : quarante et un bureaux et cinq annexes, pour l'administration directe des tribus.

A raison de 1 chef, 1 adjoint et 1 stagiaire par bureau et de 1 adjoint par annexe, on arrive à un total de 128 officiers.

Avec le personnel des directions divisionnaires et du bureau politique, l'effectif de tout le corps peut s'élever à cent cinquante officiers environ.

Les chefs de bureau sont généralement capitaines, les adjoints et les stagiaires lieutenants ou sous-lieutenants.

En comparant ces nombres avec les attributions si considérables dévolues aux officiers des bureaux arabes, avec le nombre des administrés et l'étendue des territoires qu'ils occupent, on se demande, non sans quelque inquiétude, si quelque partie de leur service ne doit pas rester en souffrance, surtout quand le nombre des jeunes lieutenants et sous-lieutenants, qui ont à faire leur apprentissage administratif, est si considérable.

Je ne répondrai pas à cette question, mais je dirai que, fît-on choix, en France, dans toutes les administrations publiques, des cent cinquante fonctionnaires réputés les plus capables ; leur donnât-on, par miracle, la jeunesse, la connaissance des langues arabe et berbère, avec la science des affaires musulmanes ; ces administrateurs exceptionnels ne sauraient eux-mêmes suffire à tout ce qu'on exige d'officiers sortant de l'armée et devant y rentrer, c'est-à-dire d'hommes pour lesquels l'administration n'est pas une carrière.

La conclusion de ce qui précède est que l'administration

des neuf dixièmes du territoire de l'Algérie, celle surtout qui réclame le plus notre attention et notre sollicitude, est très-incomplétement constituée, malgré les éloges qu'on peut, avec justice, décerner à quelques officiers des bureaux arabes.

Ce corps se recrute difficilement aujourd'hui, nous dit-on. Cela doit être, parce qu'on en exclut systématiquement tout ce qui n'appartient pas à l'armée. Qu'on profite de la nécessité de constituer l'administration indigène sur des bases convenables pour y admettre des jeunes gens, nés en Algérie, parlant très-bien l'arabe, et, avant peu, on aura un corps d'agents exclusivement administratifs, sans prétention de s'immiscer dans les attributions du commandement et du gouvernement.

Je ne croyais pas devoir appuyer de preuves mon opinion sur le gouvernement et l'administration de l'Algérie par l'armée, car elle est conforme à celle de toutes les personnes désintéressées qui ont étudié ces questions; mais les journaux de la colonie m'apportent un document qui, à lui seul, justifie ce que j'avance et je le reproduis ci-après pour la complète édification des lecteurs qui ne seraient pas convaincus.

Ce document est la proclamation aux indigènes adressée par l'Empereur, à son arrivée à Alger, en regard de laquelle on a placé la traduction de cette proclamation, telle qu'elle a été publiée dans le *Mobacher*, journal officiel et imprimé en arabe.

La retraduction du texte du *Mobacher* est due à M. Combarel, professeur titulaire de la chaire d'arabe à Oran. On doit le féliciter de s'être donné cette peine, car il serait très-regrettable que le gouvernement ne sût pas comment

ses actes les plus importants sont transmis aux indigènes.

Le *Moniteur de l'Algérie* et le *Mobacher* n'ayant pas
rectifié la version de M. Combarel, il ne peut y avoir de
doute sur la parfaite exactitude de la retraduction.

<table>
<tr><td>TEXTE OFFICIEL</td><td>TRADUCTION</td></tr>
<tr><td>En français, d'après le Moniteur de l'Algérie du 5 mai 1865.</td><td>D'après le texte arabe inséré dans le Mobacher du 12 mai.</td></tr>
</table>

*Lorsqu'il y a trente-cinq ans,* la France a mis *le pied* sur le sol afri-cain, elle n'est pas venue détruire la *nationalité* d'un peuple, mais, au contraire, affranchir ce peuple d'une oppression séculaire. Elle a remplacé la *domination* turque par un gouvernement plus *doux,* plus juste, plus *éclairé.*

*Depuis trente-cinq ans,* la Fran-ce, en mettant *son chef* dans la pâ-trie d'Alger, a désiré *un objet qui ne se trouve pas dans l'effacement de la réunion de ses habitants;* mais qui se trouve dans leur déli-vrance de l'oppression qui se suc-cèdent (*sic*) l'un à l'autre depuis des siècles. Elle a remplacé le *gouver-nement absolu* des Turcs auquel nous accordons la succession du nôtre, par un gouvernement plus *longanime,* plus juste et plus *droi-turier.*

Néanmoins, pendant les pre-mières années, *impatients* de toute suprématie étrangère, vous avez combattu vos libérateurs.

Néanmoins, pendant les pre-mières années de l'occupation, *en-nuyés* de voir une nation étrangère exercer sur vous un *pouvoir absolu,* vous avez combattu vos libérateurs.

Loin de moi la pensée de vous en faire un crime; j'honore, au con-traire, le sentiment de *dignité* guer-rière qui *vous* a portés, avant de *vous* soumettre, à invoquer par les armes le jugement de Dieu; mais Dieu a *prononcé.*

Loin de moi la pensée de voir dans votre fait un crime qui *vous* oblige à blâmer... (qui?) j'estime, au contraire, le naturel de la guerre qui est en vous et qui vous a por-tés à prendre les armes, lorsque vous nous attendiez avant de *vous* soumettre, en mettant à *exécution la sentence divine.*

Reconnaissez donc les décrets de la Providence, qui, dans ses desseins mystérieux, nous conduit souvent

Mais cette sentence *avait été exécutée déjà,* comme Dieu avait voulu. Elle n'avait trait qu'à la

16

au bien en décevant nos espérances en trompant nos efforts,

Comme vous, *il y a vingt siècles*, nos ancêtres aussi ont résisté avec courage à une invasion étrangère, et cependant, de leur défaite date leur *régénération*.

Les Gaulois vaincus se sont assimilés aux Romains *vainqueurs*, et de l'union formée entre les vertus *contraires* de deux civilisations opposées est née, avec le temps, cette nationalité française qui, *à son tour*, a répandu *ses idées* dans le monde entier.

Qui sait si un jour ne viendra pas où la race arabe, *régénérée* et confondue avec la race française, ne retrouvera pas une *puissante individualité*, semblable à celle qui, pendant des siècles, l'a rendue maîtresse des rivages *méridionaux* de la Méditerranée.

Acceptez donc les faits accomplis. Votre prophète le dit : « *Dieu donne le pouvoir à qui il veut.* » (*Chap.* 2

soumission à ce qu'avait prédestiné sa sagesse mystérieuse, qui fait le plus souvent arriver l'homme au bonheur (*à l'exclusion de la femme*). L'homme *est forcé alors d'obtenir ce qu'il désire*, tout en se voyant frustré dans ses intentions, et *en restant dans l'apathie*.

Comme vous, nos ancêtres furent attaqués, *depuis vingt siècles*, par une nation étrangère dont ils n'ont pas agréé la soumission. Ils la combattirent, mais furent vaincus; et dès lors, ils revinrent à une *situation antérieure et meilleure*. Tel est le commencement de leur ère d'ascension.

Les Gaulois vaincus se sont assimilés aux Romains *repoussés*, et par la contiguïté d'une adhérence continuelle, avec la diversité de leurs vertus *littéraires* et l'opposition de leurs mœurs, est née, avec le temps, cette nation française, à laquelle Dieu *a fixé un moment* pour étendre ici-bas *la sentence de ses beautés*, suivant son inspiration.

Qui sait que le jour ne viendra pas où la race arabe, *après la convenance de sa situation* et confondue avec la race française, trouverait un aide pour atteindre *l'indépendance*, *avec le pouvoir absolu* exercé par ses affaires, semblable à celui des siècles passés, où elle possédait... (*un objet que l'Arabe ne nomme pas*), appartenant au littoral de la Méditerranée?

Acceptez donc les faits accomplis. Votre Prophète le dit : « Dieu donne le pouvoir à qui il veut (*Chap.* de *de* la Vache, *verset* 248.) Or, ce pouvoir que je tiens de lui, je veux l'exercer dans votre intérêt et pour votre bien.

Vous connaissez mes intentions, j'ai irrévocablement assuré, dans vos mains, la propriété des terres *que vous occupez*; j'ai honoré vos chefs, respecté votre religion; je veux augmenter votre bien-être, vous faire *participer*, de plus en plus, *à l'administration de votre pays*, comme aux bienfaits de la civilisation; mais c'est à la condition que, de votre côté, *vous respecterez ceux qui représentent mon autorité*. Dites à vos frères égarés que *tenter de nouvelles insurrections* serait fatal pour eux.

Deux millions d'Arabes ne sauraient résister à quarante millions de Français. Une *lutte* d'un contre vingt est insensée! Vous m'avez d'ailleurs prêté serment et votre *conscience*, comme votre livre sacré, vous obligent à garder *religieusement* vos engagements. (*Chapitre 8, du* Repentir, *verset* 4.)

Je remercie la grande majorité d'entre vous dont la fidélité n'a pas été ébranlée par les conseils perfides du fanatisme et de l'ignorance. Vous avez compris qu'étant votre Souverain, je suis votre protecteur;

la *Vache*). » Or, Dieu m'a donné ce pouvoir, par sa puissance, dont je disposerai en la faisant tourner à votre avantage et pour votre bien.

Vous connaissez mes intentions. J'ai irrévocablement établi que les terres *dont vous tiriez un revenu* seraient des propriétés; j'ai honoré vos chefs pendant que l'on respectait vos pratiques religieuses; je veux que nous accroissions au sujet de votre bien-être; je veux vous associer... (à qui?) *pendant que nous sommes sous le pouvoir absolu de la patrie, plus que vous ne l'êtes actuellement*; de même que je veux une association entre nous pour les divers bienfaits de la civilisation. Mais c'est à condition que, de votre côté, vous obéirez et vénérerez *tous les avantages qui me reviendront* dans le gouvernement et la politique. Dites à vos frères égarés *que, s'ils recommencent à simuler hypocritement la foi religieuse*, cela leur portera malheur.

Halfà halfine d'Arabes ne peuvent s'opposer à quarante halfi halfine de Français. Il y aurait de la sottise à entreprendre seul *la critique* de vingt personnes. C'est évident. Vous m'avez d'ailleurs prêté serment; et *votre responsabilité vous exprime plus fortement la fidélité aux engagements*, ainsi qu'il en est fait mention dans votre noble livre. (Chap. du *Repentir*.)

Je remercie un grand nombre d'entre vous qui n'ont pas menti en suivant les conseils perfides du fanatisme, de l'ignorance et *de l'étude approfondie*. Vous avez compris qu'étant votre souverain, je

tous ceux qui vivent sous nos lois ont *également droit à ma sollicitude.*

suis votre protecteur. Quiconque vit sous nos lois a, *au sujet de notre sollicitude,* un droit égal à... (quoi?).

Déjà, de *grands souvenirs* et de puissants intérêts *vous unissent à la mère-patrie;* depuis dix ans, vous avez partagé *la gloire* de nos armes, et vos fils ont dignement combattu à côté des nôtres, en Crimée, en Italie, en Chine, au Mexique. Les liens formés sur le champ de bataille sont indissolubles, et vous avez appris à connaître ce que nous valons, comme amis ou comme ennemis.

*Songez aux idées ancrées dans vos esprits, par lesquelles vous rapportez à nous votre origine,* parce que, depuis dix ans, vous avez tiré *une bonne chance* de la renommée de nos armées victorieuses. Vos fils ont dignement combattu à côté des nôtres en Crimée, en Italie, en Chine, au Mexique. Les liens formés sur le champ de bataille sont indissolubles, et vous avez appris à connaître ce que nous valons, comme amis ou comme ennemis.

Ayez donc confiance dans vos destinées, puisqu'elles sont unies à celles de la France, et reconnaissez, avec le Koran, que celui que Dieu dirige est bien dirigé. (*Chap.* 7, El Araf, *verset* 177.)

Appuyez-vous donc sur le gouvernement français, votre destinée étant unie à la sienne, et reconnaissez avec le Koran que celui que Dieu dirige est bien dirigé.

En lisant comparativement les deux textes, on se demande quel est l'homme assez illettré pour avoir traduit, d'une manière aussi inintelligible, la proclamation si claire de l'Empereur (1).

(1) En France, on ne croira pas qu'un document de l'importance d'une proclamation impériale ait pu être transmis aux indigènes dans les termes de la retraduction de M. Cambarel.

Sans doute, le cas est grave; mais, ce n'est malheureusement pas un fait exceptionnel, et si je ne craignais d'affliger des hommes honorables — qui n'en peuvent mais, pas plus que l'Empereur n'est responsable des phrases inintelligibles qu'on lui prête, — je dirais que la traduction de la proclamation de l'Empereur peut être considérée comme la mesure générale du soin ou de l'intelligence dont il est fait preuve dans le gouvernement et dans l'administration des affaires indigènes.

Comment s'étonner alors qu'après trente-cinq ans nous ne sachions

Sans doute, suivant l'habitude, on aura confié ce travail à un khodja indigène, sachant quelque peu le français le plus vulgaire, mais ignorant le sens à attacher aux mots *nationalité, gouvernement, suprématie, administration, autorité, puissante individualité, conscience, civilisation régénération, jugement de Dieu, lutte, souvenirs, gloire, mère-patrie,* etc., etc., toutes expressions qui ont une valeur définie dans notre langue, mais la plupart sans équivalents dans le langage ordinaire des indigènes algériens.

Toutefois, on se demande si c'est par ignorance que le traducteur a mis dans son texte : *Romains repoussés* au lieu de Romains vainqueurs, *situation antérieure* au lieu de RÉGÉNÉRATION; si c'est par erreur qu'il fait espérer à ses coreligionnaires *l'indépendance, avec le pouvoir absolu,* au lieu de RETOUR A UNE PUISSANTE INDIVIDUALITÉ, ce qui donne à l'ensemble de la proclamation un tout autre sens.

On se demande aussi quel but s'est proposé le traducteur *en excluant la femme du bonheur* promis à l'homme,

pas ce qui convient aux indigènes, et qu'ils ne sachent pas, eux-mêmes, ce que nous voulons d'eux?

Quand on ne s'entend pas, ni de part ni d'autre, on en vient aux coups de fusil.]

Nous en sommes là!

Depuis deux ans, nous nous battons avec la famille indigène qui nous a rendu le plus de services.

Sidi-Hamza a reçu, des mains mêmes de l'Empereur, le cordon de commandeur de la Légion d'honneur.

Si-Bou-Beker était officier du même ordre.

Si-Sliman était chevalier.

Et Si-Lala, contre lequel marchent, en ce moment, sept colonnes françaises, porte sur sa poitrine l'étoile de la bravoure loyalement acquise en combattant nos ennemis.

Comment nos plus fidèles amis d'hier seraient-ils nos redoutables adversaires d'aujourd'hui, s'il y avait eu entente entre nous?

quand rien, dans le texte français, ne fait allusion à la position de la femme par rapport à celle de l'homme.

J'ai lu, dans les correspondances publiées par les journaux, à l'occasion du voyage de l'Empereur, que la proclamation impériale avait produit le meilleur effet dans les tribus. Il est plus probable que personne n'a pu la comprendre, car, sans le texte français en regard de la traduction, il nous serait difficile de savoir ce qu'elle signifie, quoique nous ayons, un peu plus que les lettrés indigènes, l'habitude de lire des proclamations.

Malheureusement, l'exemple que je cite n'est pas isolé. Il ne me serait pas difficile de démontrer, si besoin en était, que le plus grand nombre des actes du gouvernement et de l'administration militaire de l'Algérie, en ce qui concerne les indigènes, sont aussi inintelligiblement transmis et exécutés, parce que, dans le plus grand nombre de cas, soit pour leur transmission, soit pour leur exécution, nous avons recours à des intermédiaires musulmans de la capacité du traducteur de la proclamation impériale.

Il y a cependant d'excellents interprètes en Algérie. Les emploierait-on à un autre service que celui des traductions? Encore aurait-on dû, pour une proclamation impériale, recourir au contrôle d'un véritable interprète.

Je dis contrôle et je m'arrête sur ce mot.

Dans l'armée proprement dite, les habitudes de contrôle sont peut-être poussées à l'excès, s'il pouvait y avoir excès en pareille matière. Indépendamment du contrôle administratif de l'intendance militaire, il y a, à tous les degrés de la hiérarchie, surveillance journalière du supérieur sur les actes de l'inférieur, et il est à peu près impossible qu'une irrégularité s'introduise, sans qu'elle soit signalée, punie et rectifiée.

Quoiqu'un contrôle rigoureux soit peut-être plus néces-

saire dans le gouvernement et l'administration des indigènes, il ne paraît pas être aussi complet et aussi général
que dans l'armée : nous en avons la preuve dans la traduction de la proclamation impériale ; nous en aurons
des preuves plus nombreuses ci-après, dans les conclusions
de ce chapitre. La camaraderie, l'esprit de caste plutôt
que de corps, la confiance illimitée des supérieurs dans les
inférieurs, bien plus que les allures froides et réservées du
contrôle, semblent dominer dans les rapports du commandement avec les bureaux arabes, les deux corps n'en
faisant réellement qu'un seul, les mêmes officiers passant,
par avancement, de l'un dans l'autre, se recrutant de la
même manière et poursuivant la même carrière.

Cependant, quand des officiers disposent de la fortune
de toute une population, de la liberté de leurs administrés,
de la nomination à la plupart des emplois de leurs cercles ;
quand ils interviennent dans la perception des impôts,
dans la dépense des centimes additionnels des tribus, dans
les corvées nombreuses, soit pour prestations en nature,
soit pour des transports à la suite des colonnes expéditionnaires, il est bien difficile de ne pas commettre des erreurs
involontaires, surtout avec les attributions si considérables
dévolues aux bureaux arabes, et il est bien plus difficile
encore que l'opinion publique n'attribue pas ces erreurs
à des intentions coupables.

Les indigènes, chacun le sait, ne se font pas faute d'accuser leurs chefs de les *manger*. Dans la bouche des chefs,
ce verbe est quelquefois synonyme d'*administrer*. Dans
une réception officielle, un chef du Maghzen d'Oran, répondant aux compliments que lui adressait M. le gou-
verneur-général Randon, lui dit : « Est-ce que tu ne me
donnes pas à manger ? » Le maréchal, croyant qu'il avait
faim, lui fit apporter une collation. Ce n'était pas du pain
que demandait l'hôte du gouverneur ; c'était être nommé

agha ou kaïd, nous apprend M. le colonel Ribourt, dans un petit opuscule sur le gouvernement et l'administration de l'Algérie.

Quand des officiers honorables acceptent des fonctions qui les mettent en contact journalier avec des *mangeurs*, le soin de leur réputation doit les engager à se joindre à l'opinion publique, pour demander un contrôle plus sévère des actes d'administration auxquels ils prennent part. Les tribunaux, sans le vouloir, ont eu l'occasion de constater des prévarications. C'était inévitable : la chair est faible. Raison de plus pour prévenir, par un contrôle plus efficace, le retour de semblables écarts. MM. les officiers du commandement et des bureaux arabes y ont intérêt plus que qui que ce soit.

D'ailleurs, en aucun pays, en aucun temps, il n'y a jamais eu de gouvernement et d'administration véritablement dignes de ce nom, sans un contrôle incessant, éclairé et indépendant.

C'est pour avoir ce contrôle, en toutes matières, que je demande, avec tant d'insistance, la séparation des nombreux pouvoirs aujourd'hui concentrés, en Algérie, dans les seules mains de quelques officiers de l'armée.

# XXI



Je passe, sans transition, à l'occupation militaire, base de la force matérielle de notre armée.

Avant d'aborder ce sujet, quelques mots sur les reliefs du sol algérien et sur les rapports respectifs de ses diverses parties sont indispensables pour l'intelligence de la démonstration à suivre.

Dans son ensemble, l'Algérie est un vaste plateau, surélevé entre la Méditerranée, au Nord, et l'immensité du Sahara, au Sud. Toutefois ce plateau présente à ses deux extrémités deux reliefs montueux et accidentés, l'un au

Nord, le *massif tellien*; l'autre au Sud, le *massif saharien*, et, entre les deux, une zone intermédiaire, uniformément plate, la *région des steppes* ou des *hauts plateaux*.

La figure ci-dessous donne une idée suffisamment exacte de la disposition relative de ces divers reliefs.

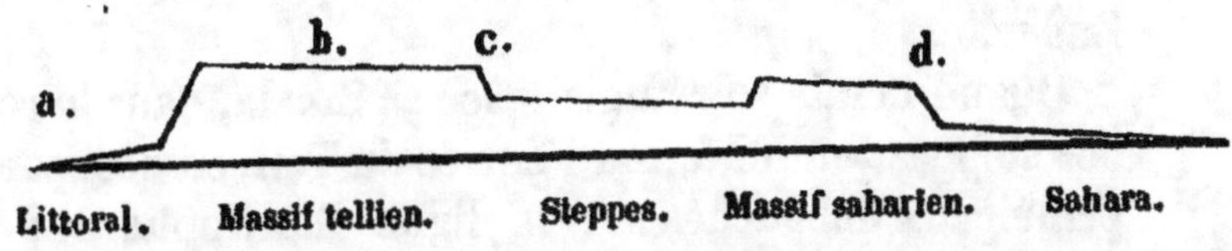


Dans le langage vulgaire, on comprend, dans le Tell, le littoral et le massif tellien; de même on confond, sous le nom général de Sahara, la région des steppes, le massif saharien et le Sahara proprement dit.

*a*, *b*, *c* et *d* correspondent, parallèlement à la mer, aux quatre lignes de l'occupation française :

*a* est la *ligne du littoral*, sur laquelle sont situés, de l'Est à l'Ouest, les établissements militaires suivants : La Calle, Bône, Philippeville, Collo, Djidjelli, Bougie, Dellys, Alger, Sidi-Ferruch, Coléa, Cherchell, Ténès, Mostaganem, Arzeu, Oran, Nemours ;

*b* est la *ligne centrale du Tell*, où nos troupes occupent les points suivants : Souk-Arrhas, Guelma, Constantine, Milah, Sétif, Bordj-Bou-Aréridj, Aumale, Médéa, Miliana, Orléansville, Ammi-Mousa, Mascara, Sidi-Bel-Abbès, Tlemcen, Maghrnia ;

*c* est la *ligne* dite *frontière du Tell et du Sahara*, sur laquelle nous occupons : Tebessa, Aïn-Beida, Aïn-Khenchela, Batna, Bou-Sada, Boghar, Teniet-El-Had, Tiaret, Seida, Daya et Sebdou ;

*d* est la *ligne de notre occupation dans le Sahara*, qui comprend : Tougourt, Biskra, Laghouat, Djelfa et Géryville.

Ces quatre lignes d'occupation marquent les étapes successives de la conquête.

Au début, de 1830 à 1840, on occupa le littoral, base de nos opérations dans l'intérieur.

La rupture du traité de la Tafna obligea à l'occupation de la ligne centrale du Tell, centre des forces d'Abd-el-Kader.

Quand l'émir se réfugia, avec sa Smala, dans la région des steppes, on lui ferma l'entrée du Tell, en occupant les principaux débouchés sur la ligne limitrophe des deux régions.

Enfin, quand arriva le moment d'enlever tout refuge aux malfaiteurs et aux dissidents, la quatrième et dernière ligne fut occupée, sous le gouvernement de M. le maréchal Randon, aujourd'hui ministre de la guerre. Alors, un seul drapeau flotta en Algérie, celui de la France, sur une étendue de 60 millions d'hectares.

Toutes ces créations d'établissements militaires étaient parfaitement justifiées, par la nécessité, quand elles ont été entreprises, mais plus on avançait dans le Sud, plus on pénétrait dans le cœur du pays, et plus il y avait lieu de modifier les conditions de l'occupation primitive. On ne l'a pas fait, quoique, depuis la capitulation d'Abd-el-Kader, on ait eu dix-sept années pour y réfléchir.

Aujourd'hui, on constate, — tel est du moins mon avis, — que l'occupation est en raison inverse des besoins.

La presque totalité de nos forces, de nos arsenaux, de nos approvisionnements, sont sur le littoral ou sur la ligne centrale du Tell, qui en est très-rapprochée, et nous n'avons que de petits postes-magasins sur les points où l'insurrection avait quelque chance de naître et de se propager.

Sur le littoral même, on compte deux chefs-lieux de

province, Alger et Oran; trois chefs-lieux de subdivision, Bône, Dellys et Mostaganem; sur la ligne centrale du Tell, il y a Constantine, chef-lieu de province; Sétif, Aumale, Médéa, Miliana, Orléansville, Mascara, Sidi-Bel-Abbès et Tlemcen, chefs-lieux de subdivision. Là, sont les casernements et les parcs de la cavalerie. Quand il y a lieu pour elle d'aller faire face à l'ennemi, comme dans l'insurrection actuelle, huit grandes journées de marche sont nécessaires pour l'atteindre. Alors, hommes et chevaux, loin de tout centre d'approvisionnements, se trouvent bientôt dans la nécessité de subordonner leurs mouvements à la lenteur des convois qui les ravitaillent ou les suivent.

Pendant que nous subissons ainsi les inconvénients d'une défectueuse répartition de nos forces et de nos approvisionnements, l'ennemi parcourt librement la campagne, oblige les indifférents à se joindre à lui et atteint même nos établissements coloniaux. Si nos colonnes, dans la dernière campagne, ont rencontré les bandes des Ouled-Sidi-Cheikh, c'est qu'elles ont bien voulu nous attendre pour engager une action et tenter d'enlever nos convois. Si, en deux points seulement, sur les rochers de l'Amour et sur la limite des dunes de l'Areg, nous avons pu prendre une offensive réelle, c'est avec le concours des cavaliers des tribus restées fidèles, et non avec les troupes françaises, qu'on a dû prudemment tenir en réserve.

On a attribué l'insurrection des Ouled-Sidi-Cheikh à la polémique de la presse algérienne, aux rivalités de l'autorité civile avec l'autorité militaire; il a été démontré à la tribune du Corps législatif, par l'honorable M. Lanjuinais, que ces assertions n'étaient pas vraisemblables et que les faits leur donnaient un démenti formel. La cause vraie de l'insurrection est, d'une part, dans les pouvoirs

sans contrepoids donnés à un chef indigène unique, jouissant déjà par lui-même d'une grande puissance spirituelle
comme marabout, et, d'autre part, dans la faiblesse extrême de la garnison de Géryville ; la cause de son extension dans les tribus voisines a été l'impossibilité où l'on
s'est trouvé, avec un mauvais système d'occupation, de
prendre une offensive énergique, avant l'arrivée de renforts
de France.

Si nous avions eu 15,000 hommes sur la ligne limitrophe du Tell et du Sahara, au lieu d'en avoir 30,000 et
peut-être plus sur le littoral, il est hors de doute, pour
toutes les personnes qui connaissent les Arabes et leurs
prouesses, que les Ouled-Sidi-Cheikh, abandonnés à leurs
seules forces, eussent demandé le pardon, l'*aman*, aussitôt
qu'ils se seraient vus menacés.

Aujourd'hui, encouragés par leurs premiers succès, ils
se croient invincibles, et se font un point d'honneur de
ne pas déposer les armes. Cependant, nous ne pouvons pas
souffrir plus longtemps qu'ils bravent notre drapeau à
Géryville, et qu'ils empêchent nos communications ordinaires avec cet établissement. Nous pouvons encore moins
souffrir qu'abusant de notre longanimité à leur égard,
ils viennent, avec des forces considérables, occuper la
limite frontière du Tell, de Sebdou à Tiaret, opérer des
razzias sur les tribus restées fidèles à notre drapeau et
provoquer l'insurrection de celles qu'ils ne peuvent atteindre.

On objecte, pour maintenir le *statu quo* de l'occupation,
que de grandes dépenses d'installation ont été faites sur le
littoral, et qu'on ne peut les renouveler dans l'intérieur,
surtout à la limite du Tell et du Sahara, où les frais de
transport augmenteraient le coût d'entretien des troupes.

L'objection ne me paraît pas très-sérieuse, car les bâtiments militaires à abandonner, sur le littoral, ont une valeur vénale qui aiderait à en construire d'autres ailleurs ; puis, il y a le procédé très-connu de la colonisation pour faire tomber les dépenses d'entretien des troupes ; enfin, il y a cette autre question à poser qui est celle-ci : — Est-il bien prudent d'avoir ses principaux dépôts de munitions et de vivres, sur le littoral, où ils pourraient facilement être détruits par quelques navires blindés ? —Je ne le crois pas, car nous ne sommes plus au bon temps où l'on réparait les dégâts commis par les boulets d'une flotte avec quelques journées de travail.

D'ailleurs, il ne s'agit pas d'un déplacement général et irrationnel. Avec une subdivision à Tiaret, une à Boghar, une à Bou-Sada, qui, avec celle de Batna, compléteraient une forte ligne de défense et d'attaque, les Sahariens seraient tenus en respect, et les Telliens y regarderaient à deux fois avant de s'exposer à être pris entre deux feux.

La suppression des subdivisions de Mostaganem, de Mascara ou de Sidi-bel-Abbès, de Miliana ou de Médéa, donnerait immédiatement l'équivalent des troupes à reporter sur la limite du Tell et du Sahara.

Les garnisons de cavalerie, qui ne sont guère utiles sur le littoral, devraient également être transférées dans les nouvelles subdivisions. Les points que j'indique, pour de grands établissements à l'intérieur, sont riches en eau d'arrosage et les terres y sont de bonne qualité. Avec des colons et des villages autour de ces centres, le confortable du littoral y serait bientôt retrouvé par l'armée.

Tiaret (1), Boghar et Bou-Sada sont, d'ailleurs, des points d'échanges importants, où les affaires amèneraient bientôt un commerce florissant.

(1) Tiaret est déjà une ville aujourd'hui, et mérite réellement ce nom.

Quant au Sahara proprement dit, je ne crois ni à la possibilité d'abandonner les points que nous y occupons, ni à l'opportunité de les conserver dans les conditions du passé.

Abandonner ! mais les raisons qui nous ont obligés à occuper Biskra, Laghouat et Géryville, nous commandent d'y rester.

A Biskra, nous avons dû disputer la place, non à la population du Ziban, qui nous appelait de tous ses vœux, mais à des étrangers, qui s'en étaient emparés au nom du fanatisme (1) et qui assassinèrent traîtreusement les Français, commandant la première garnison qu'on y avait laissée.

Zaatcha (2), également au pouvoir des fanatiques des trois provinces et de tout le Sahara, nous a obligés à un siége régulier, à un assaut sanglant et à l'application rigoureuse des lois de la guerre.

Nous ne sommes entrés à Laghouat que par une brèche ouverte dans ses murailles à coups de canon et pour en expulser Mohammed-Ben-Abd-Allah, l'agent de la propagande qui a provoqué les massacres de Djedda et de Syrie (3).

Nulle part, en Algérie, à l'exception de Constantine, où nous étions en présence d'un gouvernement régulier, nous n'avons trouvé une résistance égale à celle de Zaat-

----

(1) Abd-el-Kader avait envoyé sur ce point, pour y appuyer son khalifa, la plupart des coupeurs de route du Sahara.

(2) Zaatcha a été défendu contre nos troupes par Si-Mousa, l'un des chefs les plus exaltés de la secte politique des Derkaoua.

(3) Mohammed-Ben-Abd-Allah était le général de la confrérie des Snousi, organisée dans tout l'islamisme pour y combattre l'influence chrétienne. En sa qualité d'ancien khalifa de la subdivision de Tlemcen, il avait été choisi, par les fanatiques de la Mekke, pour venir prêcher et diriger la guerre sainte dans le Sahara algérien.

cha et de Laghouat et, notons-le bien, sans que cette résistance soit le fait d'habitants défendant leur liberté ou leurs intérêts.

Abandonnons le Sahara ou restreignons-y notre occupation, et demain un nouvel envoyé de la Mekke, un agent de la confrérie des Snousi, y prêchera ouvertement la guerre sainte, — ce qui est interdit aux Ouled-Sidi-Cheikh (1), à raison des services qu'ils nous ont rendus ; — demain, nous nous trouverons encore dans la nécessité, pour avoir la tranquillité autour de nos établissements du Tell, de sacrifier et de nouveaux soldats et des sommes considérables, pour enlever au fanatisme étranger un nouveau Zaatcha ou un second Laghouat. *Tout* ou *rien*, telle est la loi posée par le maréchal Bugeaud, et cette loi est la formule de la plus évidente vérité.

Ainsi, au lieu de diminuer notre occupation dans cette partie de l'Algérie, il y a, au contraire, selon moi, nécessité absolue de la fortifier et de la compléter par une installation meilleure.

Le Sahara, il faut bien le reconnaître, n'a été jusqu'à ce jour ni gouverné ni administré directement par la France, mais seulement soumis à des chefs indigènes

(1) C'est Si-Bou-Beker, chef des Ouled-Sidi-Cheikh, après la mort de son père, Sidi-Hamza, commandeur de la Légion d'honneur, qui a fait Mohammed-Ben-Abd-Allah prisonnier et nous l'a livré.

L'agitateur, en rendant ses armes à son adversaire, lui a prédit qu'il serait appelé, avant la fin de l'année, à rendre compte à Dieu de sa conduite impie, et que ses auxiliaires ne tarderaient pas à le suivre dans la tombe. Si-Bou-Beker est mort dans l'année. Si-Sliman, son frère et son successeur, a été tué depuis, ainsi que Si-Mohammed, successeur de Si-Sliman et troisième fils de Sidi-Hamza.

La prédiction de Mohammed-Ben-Abd-Allah s'étant réalisée, il y a aujourd'hui quelque chance pour qu'on ne trouve plus, dans le Sahara, un chef disposé à combattre un nouvel envoyé de la Mekke.

nommés par nous et dont l'autorité était appuyée sur de très-faibles garnisons. Cela est surtout vrai pour le Sahara occidental, qui a suivi son chef dans la révolte.

Puis, il faut le reconnaître encore, on a été bien malheureusement inspiré, en divisant le Sahara en trois sections rattachées à des commandements ayant leur siége à cent lieues de distance sur la côte. Le moindre incident pouvait prendre des proportions énormes, avant que l'autorité supérieure, appelée à en connaître, pût en être informée et aviser aux moyens d'y faire face. C'est ainsi qu'une querelle personnelle entre Si-Sliman et le chef du bureau arabe de Géryville est devenue une insurrection qui prend, en ce moment, des proportions très-inquiétantes.

Le Sahara forme un tout indivisible et entièrement distinct du Tell par les lois naturelles comme par les lois économiques et politiques auxquelles il est fatalement soumis. Pourquoi ne pas en faire une quatrième province, dont le gouvernement serait confié à un général de brigade, jeune, actif, versé dans les affaires arabes ? Laghouat, située au centre, en serait le chef-lieu gouvernemental et administratif, ainsi que le pivot des forces nécessaires pour agir rapidement, en cas de révolte ou d'insubordination.

Il n'est pas question de l'évacuation de Biskra. On ne peut qu'en féliciter le gouvernement ; mais on doit lui faire remarquer que l'abandon de Laghouat et de Géryville, après l'insurrection des Ouled-Sidi-Cheikh, pourrait bien engager les Arabes du cercle de Biskra à suivre les exemples de rébellion de leurs frères de l'ouest, pour peu que notre domination puisse les gêner le moindrement possible.

Géryville, perché sur un rocher stérile, loin des lieux habités par les indigènes du cercle, est un très-mauvais point d'occupation, sans influence possible sur le pays qu'il est appelé à commander. A deux journées de marche, dans le sud-ouest, au milieu des oasis berbères de Thiout, d'Aïn-Sefra, d'Aïn-Sefisifa, des deux Moghrar, on pouvait, au contraire, trouver d'excellentes conditions pour un établissement qui eût dominé les Ouled-Sidi-Cheikh et les tribus indépendantes et turbulentes de la frontière du Maroc.

L'oasis d'El-Abiod-Sidi-Cheikh, où sont les tombeaux des ancêtres des marabouts en révolte, et où se réunissent annuellement en pèlerinage tous les dévots du pays, pour y déposer des offrandes estimées, en moyenne, à 80,000 fr. par an, serait un excellent point à occuper temporairement, pour obliger les Ouled-Sidi-Cheikh, soit à capituler, soit à venir se faire tuer pour nous disputer la possession de saintes reliques; je ne l'indique pas comme point d'occupation définitive, parce qu'on peut trouver mieux, à peu de distance, sans cesser de dominer cette véritable capitale du pays.

Une erreur a été commise, en considérant Géryville comme un centre d'occupation politique; il faut savoir la réparer.

En résumé, avec une force de 1,000 hommes au point que j'indique chez les Ouled-Sidi-Cheikh, avec 1,000 hommes à Biskra, avec 2,000 hommes à Laghouat, — ensemble l'effectif d'une brigade, — tout le Sahara peut et doit être maintenu dans la soumission la plus complète.

Avec les quelques modifications que j'ai indiquées dans l'occupation du Tell, on peut, même en réduisant l'effectif de 10,000 hommes, dominer beaucoup mieux le pays qu'avec des établissements qui sont une superfétation inutile sur le littoral.

On le voit, il n'est pas nécessaire de révolutionner l'Algérie pour arriver à une situation meilleure, tout en diminuant les charges qui pèsent aujourd'hui sur le budget et sur les contingents de l'armée.

Mais, au lieu d'adopter de simples modifications dans l'occupation actuelle, modifications que la raison et l'expérience commandent et qui auraient pour résultat de faire réfléchir les indigènes sur le danger de nous braver, on parle d'évacuer, non la totalité du Sahara, ce qui se comprendrait à la rigueur comme résolution systématique, mais la moitié du Sahara, celle qui vient de nous être disputée par l'insurrection : Géryville, Laghouat, Djelfa et la ligne des caravansérails de Boghar à Laghouat.

On invoque, dit-on, pour justifier cette mesure, l'exemple du maréchal Bugeaud qui, en 1840, n'a pas hésité à évacuer une foule de petits postes d'une utilité douteuse, et qui, par cette réforme, a accru les forces disponibles pour marcher à l'ennemi.

L'exemple est mal choisi, car le maréchal Bugeaud n'a évacué quelques postes du littoral que pour aller renforcer les garnisons de la ligne centrale du Tell et même planter des sentinelles avancées sur la limite du Tell et du Sahara. Au lieu de reculer devant l'ennemi, il allait audacieusement s'asseoir dans ses repaires. C'est le contraire qu'on ferait en abandonnant les cercles de Géryville et de Laghouat, avec l'annexe de Djelfa.

Le maréchal Randon, qui a ordonné l'occupation de ces points, ne manquera certes pas de bonnes raisons pour justifier son œuvre. Sa qualité de ministre de la guerre lui permet, au moins, d'être entendu.

A mes yeux, il est une considération politique qui domine tous les motifs militaires qu'on pourra faire valoir. Abandonner Géryville et Laghouat, aujourd'hui ou demain, c'est donner raison à l'insurrection, c'est encourager les populations indigènes, que notre occupation gêne, à imiter l'exemple des Ouled-Sidi-Cheikh, notamment les populations du cercle de Biskra, que nous semblons punir de leur fidélité en ne leur rendant pas la liberté, si chère aux Sahariens. En agissant ainsi, la logique nous conduira à évacuer successivement toutes nos lignes d'occupation.

Le projet seul de cet abandon est déjà un malheur, car il est connu des insurgés, dans tous ses détails, et les a très-vraisemblablement maintenus en état de rébellion, alors que tout semblait présager leur prochaine soumission (1); mais sa réalisation serait la faute la plus considérable commise en Algérie depuis 1830, car elle ne pourrait être réparée que par une guerre d'extermination contre les tribus rebelles.

L'exemple des ruines romaines qui jonchent le sol de l'Algérie a été invoqué bien souvent comme argument contre la solidité de notre occupation militaire; au moins, ne donnons pas raison au fanatisme, en ajoutant des ruines françaises aux ruines romaines.

Je ne puis me résigner à croire à l'abandon d'aucun point occupé, soit par l'armée, soit par la colonisation, car c'est un recul sans précédents et que rien ne justifie, pas même la raison d'économie, car si nous retirons nos garnisons du Sahara occidental, nous serons obligés d'y

_______________

(1) Au mois de mars dernier, M. le général Deligny, en rendant compte de son expédition sur les confins de l'Areg, annonçait, officiellement, avoir vaincu l'insurrection, en tuant son chef, en donnant l'*aman* aux habitants des oasis tombés en ses mains et en dispersant le reste dans les sables du désert, où la famine devait avoir bientôt raison des dernières résistances. Convaincu d'avoir réduit aux abois la tribu rebelle, le général commandant supérieur de la province d'Oran cessa de la poursuivre et aujourd'hui, plus audacieuse que jamais, elle ose venir porter la guerre, à la tête de forces considérables, sur notre propre territoire. Il y a là un enseignement qui doit nous engager à plus de réserve à l'avenir.

envoyer, tous les ans, peut-être deux fois par an, des colonnes mobiles qui coûteront beaucoup plus ; mais enfin, s'il le fallait, je proposerais, comme palliatif, de faire la remise de nos établissements soit civils, soit militaires, non aux Arabes, qui uniraient leurs efforts à l'action du temps pour hâter leur destruction, mais à des colonies de Berbères du Djerdjera, qui les conserveraient et les défendraient contre les attaques des tribus voisines.

On peut donner à ces colonies un caractère militaire en pourvoyant tous les hommes valides de l'armement du soldat français et en exigeant d'eux, moyennant une faible solde, une sorte de discipline et un service régulier.

Soldats-colons, les *membres de ces colonies* seraient au corps des *tirailleurs indigènes* ce que les *khiala* sont aux régiments de *spahis*.

Par cette combinaison, l'amour-propre national serait sauvegardé, et les Arabes ne pourraient se flatter de nous avoir fait reculer.

M. le baron Aucapitaine, officier des bureaux arabes, a proposé, l'année dernière, de créer, en pays arabe, des colonies de Kabyles du Djerdjera ; sa proposition recevrait ainsi un commencement d'exécution, avantageux pour les Kabyles, car ils trouveraient à leur arrivée des habitations bâties et des champs préparés, avantageux pour nous, car il substituerait un mode d'occupation à un autre et diminuerait d'autant l'humiliation d'un abandon complet.

# XXII

Domination. — Acceptée par la majorité du peuple, repoussée par la minorité aristocratique. — Prétentions de l'aristocratie : maintien de ses priviléges seigneuriaux sur le peuple, maintien du communisme territorial, renonciation à la colonisation. — L'aristocratie, dit-on, est à la veille d'obtenir ce qu'elle demande. — Dans l'incertitude, le peuple se rallie à ses seigneurs et notre domination y perd ses alliés naturels. — Causes de la haine de l'aristocratie contre la colonisation. — La colonisation, mieux que l'armée, assure notre domination. — Indécision de l'armée sur les questions posées. — Seuls, les colons défendent le programme du maréchal Bugeaud : *Tout* ou *rien.*

Parmi les indigènes de l'Algérie, la très-grande majorité du peuple est disposée, par nature et par intérêt, à accepter notre domination, parce qu'elle trouve, sous nos lois, les conditions d'ordre, de paix et de justice sans lesquelles son existence est toujours précaire ; mais, au-dessus des masses, il y a une minorité ardente et avide, celle de l'aristocratie, qui a toujours vécu en exploitant le peuple et qui repousse notre domination, parce qu'elle veut continuer, comme par le passé, à vivre aux dépens des classes inférieures.

Malheureusement, nous avons, jusqu'à ce jour, laissé trop de pouvoirs à cette aristocratie, et elle en a fait trop souvent usage au profit de ses passions cupides et contre les intérêts du peuple et les nôtres, pour que les masses, quoique intelligentes mais non éclairées, puissent discerner nettement, dans les actes du gouvernement, ses véritables intentions ; pour qu'elles puissent se rallier franchement à nous, en séparant leur cause de celle de nos adversaires communs.

Notre domination est donc précaire, quoiqu'elle rencontre les conditions les plus favorables, non pour s'imposer, mais même pour être acceptée comme un bienfait.

Elle serait complète et absolue :

1° Si le pays était gouverné et administré en vue de nous attacher les masses ;

2° S'il était occupé de manière à annihiler le mauvais vouloir de la minorité ;

3° Si, enfin, nous adoptions une politique invariable, intelligible pour tous, et qui ne fût pas en oscillation continuelle entre les aspirations légitimes des tribus et les prétentions inacceptables de l'aristocratie.

Mais il est loin d'en être ainsi.

Dans les précédents paragraphes, j'ai montré tout ce que laissaient à désirer le gouvernement, l'administration, l'occupation militaire du pays ; dans celui-ci j'espère prouver que nous ne pouvons faire accepter notre domination, ni par l'aristocratie, ni par la démocratie, si nous continuons à poursuivre une politique de bascule entre les deux classes de la population indigène de l'Algérie.

Je prends pour base de ma démonstration trois ordres de faits fondamentaux : l'égalité de tous devant la loi et la justice, la constitution de la propriété privée et la colonisation.

Tous, tant que nous sommes en Algérie, gouverneur, généraux, fonctionnaires civils, soldats ou colons, dans nos rapports privés avec les indigènes, nous affirmons l'égalité des petits comme des grands devant la loi, nous affirmons hautement que l'autorité française protége le droit contre l'injustice, et qu'elle tient en estime particulière ceux qui se rapprochent de nous, qui nous aiment, surtout ceux qui nous rendent de bons et loyaux services.

Les principes dans lesquels nous sommes élevés ne nous permettent pas de tenir un autre langage.

Parmi les indigènes, les bonnes natures, celles qui ont le sentiment instinctif des progrès moraux que la civilisation doit exercer sur leurs personnes et sur celles de leurs coreligionnaires, ont ajouté foi à nos paroles et en ont fait la règle de leur conduite. Beaucoup nous ont aimés sincèrement, beaucoup nous ont servis loyalement, quelques-uns nous ont donné, même au péril de leur vie, des preuves du dévouement le plus absolu. Eh bien ! quoiqu'il m'en coûte, je dois le consigner ici : dans ma longue carrière algérienne, je n'ai pas connu un seul indigène, ayant donné des preuves d'attachement à notre cause, qui n'ait eu à s'en repentir, impuissants que nous avons toujours été à protéger nos amis contre la vengeance de la minorité ardente qui accepte bien des rapports avec nous, mais à la condition de nous trahir.

A ne citer que les victimes du dévouement à ma personne, dans les diverses missions qui m'ont été confiées en Algérie, j'aurais à remplir des pages entières, et si j'avais à relater tous les faits authentiques, irrécusables, qui sont à ma connaissance, j'aurais à écrire un volume et à invoquer le témoignage de la presque totalité des

Français, civils ou militaires, qui ont été appelés par leurs affaires ou leur position à avoir des relations suivies avec les indigènes.

A plus forte raison, malgré le principe de l'égalité de tous devant la loi, j'ai toujours vu, sauf de très-rares exceptions, le faible avoir tort contre le fort ; j'ai toujours vu la réclamation la plus légitime du prolétaire venir échouer devant certains égards qu'on prétend dus à l'aristocratie.

On va plus loin aujourd'hui. On érige en axiome politique la nécessité de maintenir les masses sous la loi de cette aristocratie.

« Si nous tentions, dit un des adeptes de cette politique, de déposséder les classes supérieures de l'influence qui est leur apanage et de la considération dont elles sont entourées, nous commettrions une faute. Cette influence et cette considération ne se retireraient pas d'elles, du jour au lendemain; elles s'en serviraient pour ameuter contre nous ceux-là mêmes que nous voudrions affranchir. »

Cette déclaration est nette. Les classes supérieures consentent à nous tolérer, si nous voulons bien maintenir les tribus sous leur domination ; mais, si nous exigeons que la domination de la France soit la seule en Algérie, elles n'attendront pas que leur ancien prestige ait disparu pour ameuter, contre nous, ceux-là mêmes dont nous cherchons l'affranchissement.

En présence du peuple qui préfère notre domination paternelle à celle de ses anciens chefs et de l'aristocratie qui nous menace d'en appeler aux armes, si nous voulons affranchir la plèbe de son joug, que fait le gouvernement?

Les défenseurs de la cause des grands chefs indigènes

prétendent avoir obtenu la victoire la plus complète au profit de leurs clients.

Je n'en crois rien, malgré certains symptômes contraires. Mais, en Algérie, on est généralement convaincu que les sympathies du souverain sont acquises à l'aristocratie indigène.

Dans cette situation, la masse du peuple cesse d'avoir foi en nous, elle s'empresse d'aller baiser la main de ses maîtres, en leur renouvelant l'assurance du dévouement le plus absolu, au cas où nous aurions l'audace d'exiger une renonciation aux errements du passé.

Si, par impossible, ainsi que l'affirment les partisans de la féodalité arabe, les principes fondamentaux de notre Constitution devaient céder le pas aux prétentions de l'aristocratie indigène, notre domination y perdrait ses alliés naturels, sans diminuer en rien la haine irréconciliable d'hommes qui ne nous pardonneront jamais la conquête de leur pays.

Passons au fait matériel qui doit amener l'affranchissement de l'homme de la glèbe.

Depuis dix ans, nous promettons aux indigènes la propriété individuelle, au lieu et place de la possession communiste qui met la masse du peuple à la discrétion de l'infime minorité des seigneurs; ce bienfait avait été accepté avec reconnaissance, même à charge de partage par voie de cantonnement; il a été accueilli avec bien plus de reconnaissance encore quand un sénatus-consulte, en rendant les tribus propriétaires incommutables de leurs territoires, est venu déclarer que la part de terres dont la colonisation a besoin serait acquise et non prélevée par voie de cantonnement.

La constitution de la propriété privée, de l'avis des hommes les plus compétents, est la mesure la plus propre à assurer notre domination et à simplifier l'administration.

« Prenez garde, nous disent encore les avocats de l'aristocratie, l'influence et la considération dont jouissent les classes supérieures tiennent surtout à ce qu'elles disposent du sol ; si vous les menacez de retirer d'elles ce moyen puissant d'action, elles n'attendront pas que vous ayez créé la propriété privée, pour ameuter contre vous ceux-là mêmes que vous voulez rendre propriétaires. »

Toujours la même prétention : les classes supérieures consentent à nous tolérer, — jusqu'à ce qu'elles puissent nous braver, — si nous ne nous résignons à leur abandonner la souveraineté sur le sol et sur les fellahs qui le cultivent.

Je me refuse à croire qu'une grande nation, prétendant, avec raison, avoir une mission civilisatrice à remplir en Algérie, puisse jamais accepter un pareil *ultimatum*.

Cependant le bruit est très-accrédité aujourd'hui, en Algérie, qu'on se bornera à reconnaître la propriété collective des tribus (1), et qu'il sera procédé à la constitution de la propriété individuelle dans des limites telles que l'aristocratie n'aura pas à s'en plaindre.

Vrai ou faux, ce bruit a pour résultat de jeter dans une grande perplexité la masse des prolétaires qui attendait la constitution de la propriété individuelle comme un acte de délivrance, et la confiance en notre domination en souffre beaucoup.

(1) Les discours des généraux et les rapports des préfets à l'ouverture de la dernière session des conseils généraux de l'Algérie semblent promettre la constitution de la propriété privée dans les tribus ; mais j'ai bien peur que ces promesses n'aient pour but que de calmer la profonde inquiétude qui règne dans les esprits.

La raison du maintien du communisme territorial est, dit-on, puisée dans la crainte de voir les prolétaires vendre une partie de leurs terres aux colons, autre objet de terreur de l'aristocratie arabe.

Et pourquoi donc?

C'est que la colonisation est le fait sans lequel la domination de la France est à peu près nulle en Algérie. Vérité méconnue parmi nous, mais parfaitement comprise par ceux des indigènes qui veulent reconquérir leur indépendance.

Cependant cette vérité est évidente comme la lumière.

L'armée, soit qu'elle gouverne, soit qu'elle administre, soit qu'elle tienne garnison ou expéditionne, coûte beaucoup et ne rapporte rien; plus il y a de généraux, d'officiers et de soldats, plus la dépense est grande; il n'est pas un de leurs mouvements, un de leurs actes qui ne se traduise en surcroît de charges pour le budget; quand la mesure sera comble, tôt ou tard, disent les indigènes, la France, fatiguée de sacrifices stériles, ou restreindra son occupation, ou abandonnera. Jadis, un député, M. Desjobert, demandait tous les ans l'évacuation; aujourd'hui, un publiciste éminent, M. Émile de Girardin, prêche la vente, la cession ou l'abandon. On peut donc espérer avoir raison de l'armée.

La colonisation, au contraire, soit qu'elle cultive, soit qu'elle commerce, soit qu'elle fabrique, produit et ne coûte rien; plus elle emploie de bras, plus elle embrasse d'affaires, plus elle crée de revenus à l'État; il n'est pas une de ses entreprises, passagères ou durables, qui n'accroisse les produits directs ou indirects du Trésor. Déjà la colonisation couvre ses dépenses de gouvernement, d'administration, de travaux publics. Encore quelques progrès, et elle donnera des excédants de recettes. La colonisation ne peut donc être atteinte par le côté financier de la question algérienne.

L'armée, par ses armes, comme par les pouvoirs dont elle est revêtue, est une puissance dont les fauteurs d'insurrection tiennent grand compte, sans doute, mais cette puissance est limitée à l'accomplissement du devoir, sans autre intérêt que celui de l'honneur à bien le remplir.

Aussi, de temps à autre, voit-on éclater des insurrections qui n'indiquent pas une très-grande terreur de nos baïonnettes et de nos sabres. D'ailleurs, avec l'armée comme avec le Ciel, il y a des accommodements : on demande l'*aman*, et, moyennant une faible contribution de guerre, on l'obtient.

La colonisation, sans armes, sans pouvoirs d'aucune nature, même sans droits civiques, a, comme l'armée, le devoir de défendre son foyer et de faire face à l'ennemi le plus bravement possible ; mais, de plus, après avoir paré au danger du moment, elle songe à celui du lendemain et surtout se préoccupe de la réparation qui lui est due. Les colons connaissent ceux qui les attaquent, ceux qui incendient leurs fermes et leurs récoltes et ils désignent nominalement les coupables de ces crimes. Alors, le pardon ne peut plus être invoqué : il faut d'abord payer les dégâts commis, puis aller en prison, si toutefois la justice ne prononce pas une condamnation plus sévère. Le colon est donc un adversaire bien plus redoutable que le soldat.

La troupe, après une expédition, rentre dans ses quartiers, sans se demander même si le nouveau châtiment infligé aux rebelles préviendra de nouvelles insurrections. La colonisation, elle, est obligée de penser à l'avenir, car elle ne s'est implantée en Algérie que pour y faire souche et, après la répression d'un acte d'hostilité, elle s'enquiert si des mesures efficaces ont été prises pour assurer la sécurité publique. De là, l'attitude différente des militaires et des colons dans les questions aujourd'hui pendantes à propos de l'Algérie. Ainsi, pendant que l'armée assiste, indifférente et passive, aux efforts que tente l'aristocratie arabe pour obtenir une part dans la domination du pays, la colonisation est sur la brèche pour déjouer l'intrigue, et, par elle, la France est avertie du danger que des concessions imprudentes peuvent faire courir à l'une de ses plus importantes et de ses plus glorieuses entreprises.

Chez les colons, la dénonciation du danger qui menace la colonie n'est pas un acte d'opposition, c'est l'expression de leur devoir envers des femmes et des enfants, de l'avenir desquels ils ont disposé, le plus souvent, sans leur consentement. Pour eux, sans une domination complète et absolue des indigènes, des grands comme des petits, il n'y a pas de salut.

L'aristocratie indigène sait que ses prétentions actuelles, appuyées par quelques chefs influents de l'armée, rencontrent une vive opposition dans les rangs des colons; elle sait aussi que chaque village, chaque ferme, est une école de civilisation, un centre de *francisation*, où hommes, femmes, enfants se mêlent, s'éclairent et s'instruisent réciproquement; elle sait que chacun de nos établissements civils est une sorte de *Liberia* dans lequel l'affranchissement individuel de pauvres *rayas* s'opère sur une assez grande échelle; c'est pourquoi tous les grands seigneurs du pays demandent, avec tant d'instance, qu'on oppose une digue aux débordements de la colonisation.

Pour préserver les masses de la contagion européenne, les classes supérieures avaient répandu dans les tribus les énormités les plus étranges sur notre manière de vivre, en nous représentant généralement comme des monstres à face humaine, comme des animaux immondes qu'on devait haïr et abhorrer au-delà de ce qu'il est possible de dire.

Des soldats, enfermés dans leurs casernes, ne pouvaient donner un démenti à toutes ces abominations. Seule, la famille du colon, en nous montrant aux indigènes tels que nous sommes, a pu renverser la barrière formidable des préjugés qui nous isolaient dans notre conquête.

Aujourd'hui, la victoire est complète sous ce rapport, et la minorité, hostile à notre domination, en prévoit les conséquences ultérieures ; de là, les efforts qu'elle tente pour reconquérir les sujets qu'elle a perdus.

Depuis cinq ans, par suite de ces efforts, la colonisation a subi un temps d'arrêt qui lui est préjudiciable, et l'on affirme que le projet de la restreindre dans des limites définies et de l'isoler des tribus, est en très-grande faveur.

L'isolement des tribus est déjà même un fait accompli, dans certaines parties des territoires de colonisation.

En résumé, voilà où en est notre domination en Algérie, après trente-cinq ans de gouvernement, d'administration et d'occupation militaires.

Une infime minorité aristocratique, très-oppressive pour la masse des tribus, très-hostile à notre autorité, demande le partage de la domination, en nous menaçant, si nous n'accédons à ses vœux, « d'ameuter contre nous les classes inférieures dont nous cherchons l'affranchissement. »

Le gouvernement et l'administration du pays sont partagés sur la réponse à faire. Quelques-uns ne peuvent se résoudre à accepter, d'autres sont prêts à consentir à tout.

L'armée proprement dite, je l'ai déjà dit, est complétement indifférente à la question.

Seuls, les colons repoussent toute mesure contraire au programme du maréchal Bugeaud : *Tout* ou *rien*, parce que, seuls, ils ont l'expérience du passé, parce que, seuls, ils ont intérêt au succès de l'avenir.

# XXIII



On a déjà pressenti quelles seront mes conclusions sur le chapitre de l'armée :

Qui trop embrasse, mal étreint.

Jamais proverbe ne fut mieux applicable à la situation.

La fonction spéciale de l'armée, celle pour laquelle elle est créée, est d'étreindre, dans les limites du devoir, quiconque veut s'en écarter. En Algérie, sa mission particulière est de prévenir les révoltes des tribus, autant que possible, et de les comprimer rapidement, pour éviter leur propagation, dès qu'elles éclatent.

Je suis obligé de constater que la révolte de 1864 n'a pas été prévenue, quoiqu'il se soit écoulé plusieurs mois entre le départ de Si-Sliman, de sa maison de commandement de Géryville, et sa rencontre avec le lieutenant-colonel Beauprêtre ; je ne puis pas ne pas constater que cette révolte, d'abord limitée à la seule tribu des Ouled-Sidi-Cheikh, a bientôt embrassé tout le Sahara de la province d'Oran, puis celui de la province d'Alger, et s'est ensuite propagée dans quelques parties du Tell ; je ne puis dissimuler à personne que nos territoires de colonisation ont été envahis dans la vallée de l'Isser de l'Ouest, dans celle de la Mekerra, dans celles contiguës de la Mina et du Chélif, et que nos caravansérails de la route de Boghar à Laghouat ont été en partie détruits, après le massacre de leurs gardiens. Malgré le désir que j'ai de ne pas assombrir un tableau, déjà fort triste, je ne puis reconnaître que l'insurrection soit étouffée, quoiqu'on ait souvent annoncé sa fin, car Si-Lala et son neveu Si-Ahmed-Ben-Hamza tiennent encore la campagne et ne paraissent pas décidés à se soumettre, ainsi qu'on l'espérait au printemps dernier.

Aujourd'hui, on ne peut plus prétendre, comme l'année dernière, que l'autorité civile et la presse algérienne gênent l'action de l'armée, car depuis le mois de juillet 1864, depuis un an accompli, tous les fonctionnaires civils sont sous les ordres des généraux et la presse sous la surveillance de l'autorité militaire.

Non, aujourd'hui, la vérité ne peut plus être voilée. Depuis un an, l'armée règne sans partage en Algérie ; et l'armée elle-même, preuves en main, serait forcée de reconnaître que, depuis 1830, jamais année n'a été plus stérile pour le développement matériel du pays ; jamais les affaires, témoignage de la confiance publique, n'ont été plus nulles ; jamais les impôts, indices de la sécurité et de l'activité générales, n'ont donné d'aussi faibles revenus; jamais les indigènes n'ont bravé, aussi audacieusement et aussi impunément, l'autorité de leurs chefs et la puissance de nos troupes ; jamais les incendies n'ont ravagé au même degré nos étal. sements ; jamais les attentats des indigènes contre le ens et les personnes des colons n'ont été plus nombreux (1).

Cependant, l'armée ne peut donner à l'Algérie, ni un gouverneur général plus éminent que M. le maréchal duc de Magenta, ni un homme jouissant plus de la confiance illimitée des colons, car, comme l'a très-bien dit M. de Gourgas, président du conseil général de la province de Constantine, si la nomination du gouverneur avait été déférée à l'élection, M. le maréchal de Mac-Mahon eût été élu à l'unanimité absolue des suffrages de la colonie.

Si, sous son règne, après une crise de six années, l'Algérie est tombée si bas, c'est que les hommes ne peuvent rien, quand les institutions sont mauvaises.

Personne, plus que moi, ne rend justice aux mérites de l'armée. Je l'ai vue à l'œuvre, pendant trente ans, j'ai pris part à ses travaux, je connais donc l'importance des services qu'elle a rendus, et s'ils n'ont pas été à la hauteur de la tâche qu'on lui a imposée, c'est que nul n'est tenu à l'impossible.

(1) Les comptes-rendus de la situation par les préfets aux conseils généraux attestent une diminution considérable dans les recettes coloniales; aussi, à Alger, pour ne pas voir cesser l'entretien des routes à la charge de la province, le conseil général, dans une de ses dernières séances, a-t-il émis le vœu qu'un impôt exceptionnel et extraordinaire frappât toutes les propriétés, préférant un sacrifice pécuniaire à la fermeture des chemins indispensables à l'exploitation des terres.

Depuis deux mois, chaque courrier de l'Algérie apporte en France la nouvelle, soit de nouveaux assassinats de colons, soit des condamnations à mort d'indigènes en réparation de ces crimes.

L'armée, je ne saurais trop le dire, a été admirable dans toutes les conditions où on l'a placée.

Au début de la conquête, en présence de l'inconnu, elle a surmonté tous les obstacles que lui opposaient un ennemi barbare et un pays plus barbare encore.

A défaut de moyens de transport, elle a porté vivres, bois et eau, sur son dos.

A défaut de cavalerie, l'infanterie, quoique surchargée, a poursuivi, de toute la vitesse de ses jambes, la cavalerie de l'ennemi.

A défaut de routes, elle a armé ses bras de pioches et a ouvert ce réseau de voies de communications stratégiques qui sillonne le pays du nord au sud, de l'est à l'ouest.

A défaut de places de guerre, pouvant servir de base à ses opérations, elle a élevé des chefs-lieux de subdivision, des chefs-lieux de cercle, des postes-magasins partout où besoin était.

Quand l'occasion de traiter avec les indigènes s'est offerte, on lui a demandé des officiers connaissant le pays, les hommes et les choses, parlant la langue arabe, elle a donné des diplomates aussi habiles que possible.

Quand, avec les progrès de la conquête, il a fallu gouverner et administrer les tribus soumises, on a trouvé, dans ses rangs, des officiers de tous grades, incontestablement plus aptes à cette mission que ne l'auraient été, alors, tous autres fonctionnaires.

Quand son concours a été réclamé pour aider les colons, soit dans leurs défrichements, soit dans la rentrée des récoltes, toujours elle a montré le plus grand empressement à suppléer à l'absence de main-d'œuvre civile.

Dans le gouvernement, dans le commandement, dans les bureaux arabes, plus d'un officier a fait preuve de talents remarquables, les uns dans une spécialité, les autres dans un ensemble d'aptitudes plus précieux encore que la spécialité, et ces officiers ont d'autant plus de mérite, qu'ils n'avaient pas été préparés, par des études antérieures, à la gestion des affaires qu'on leur confiait.

Mais, sans diminuer en rien la reconnaissance que la France doit à l'armée d'Afrique pour les services si variés qu'elle a rendus, je dois tenir compte de l'opinion unanime sur la situation de l'Algérie :

« *Elle n'a pas encore trouvé son homme,* » telle est, en France, la conclusion de toutes les conversations sur la question algérienne.

D'autres affirment sans réserve « qu'*on ne fera rien de l'Algérie tant qu'elle sera gouvernée et administrée par des militaires.* »

Fondée ou non, cette opinion porte le plus grand préjudice à l'Algérie, arrête son développement et la condamne à la situation que nous connaissons.

Quelques-uns, — et je suis de leur avis, — pensent que *le pays est mal gouverné, mal administré, mal occupé, mal dominé.*

Le gouvernement semble partager cette conviction, car, s'il était satisfait, on ne comprendrait pas qu'il eût donné à la colonie quatre régimes différents dans les six dernières années, et qu'à la suite du second voyage de l'Empereur, il fût encore question de tout remanier, de tout modifier, même ce qui semblait avoir été arrêté d'une manière irrévocable.

Je n'invoque ici le témoignage du gouvernement lui-même, que pour mieux établir l'unanimité de l'opinion sur les imperfections nombreuses du pouvoir auquel l'Algérie est soumise.

Si, passant à une contre-épreuve, je demande quels sont les satisfaits, je n'en trouve pas, car il ne m'est pas permis de tenir compte des suffrages de quelques hommes mis au ban de la société algérienne, civile et militaire, et qui semblent s'être donné la mission de conspirer la perte d'un pays qui leur refuse et leur refusera toujours la considération, quel que soit le succès de leurs intrigues.

Donc, si l'état des choses ne satisfait personne, ne serait-ce pas parce que l'armée est chargée de tout, parce que la tâche de gouverner et d'administrer dépasse ses forces, et l'oblige même à négliger les devoirs qui lui sont propres?

Quand je passe en revue, non pas l'histoire de l'Algérie dont le champ est trop vaste, mais les faits authentiques de l'insurrection actuelle, je trouve nombre de fautes qui ne peuvent être attribuées qu'au cumul de tous les pouvoirs dans les mêmes mains.

Je constate une première grosse faute, lors de la délimitation de la frontière marocaine.

Par le traité du 23 août 1845, on attribue à l'Algérie un territoire dont les habitants sont maintenus sous l'autorité de la couronne du Maroc; on divise en deux la tribu la plus homogène qu'il y ait en Algérie, celle des Ouled-Sidi-Cheikh, sans opérer la même division sur leur territoire commun, et on assigne à l'Algérie une seule de leurs fractions, les *Cheraga* ou orientaux, et on abandonne les six autres fractions, sous le nom collectif de *Gharaba* ou occidentaux, à l'empire du Maroc.

En sorte que, à leur gré, les Ouled-Sidi-Cheikh peuvent prétendre être ou sujets algériens ou sujets marocains.

Cette première erreur, commise par des commissaires militaires, eût été relevée, avant toute ratification, par le gouverneur général et par le ministre chargé des affaires de l'Algérie, — car on possédait des documents certains à ce sujet, — si l'un et l'autre n'avaient été en même temps les chefs de l'armée et n'avaient cru, à ce titre, ne pas devoir contrôler le travail d'agents dans la capacité desquels ils avaient une confiance trop illimitée.

Deuxième faute : quand, quelques années plus tard, on crut devoir organiser le gouvernement et l'administration des tribus de cette contrée, on ne tint aucun compte du traité de délimitation, et, de gré ou de force, on rangea sous notre domination, savoir : les Ouled-Sidi-Cheikh-Gharaba, les Hamian-Djenba et les Eumour-Sahra, trois grandes tribus qui, d'après l'article 4 du traité de 1845, « dépendent de l'empire du Maroc. » On alla même plus loin : on engloba, dans le territoire algérien, l'oasis de Yche, que l'article 5 du susdit traité dit, nominativement, « *appartenir au Maroc.* »

Un gouverneur général et un ministre qui n'eussent pas été en même temps chefs de l'armée, se seraient refusés à ratifier ces usurpations, avant d'avoir fait modifier, d'accord avec l'empereur du Maroc, les articles 4 et 5 du susdit traité. Ils eussent certainement compris qu'en englobant, dans un cercle algérien, des tribus pouvant légalement revendiquer une autre nationalité, on se préparait de grandes complications pour l'avenir, et, en gens assumant la responsabilité de leurs actes, ils eussent au moins pris les précautions les plus élémentaires, pour rester maîtres incontestés des territoires et des tribus placés sous le commandement de Géryville.

Troisième faute : on a conféré le pouvoir sur toutes

ces tribus frontières, à une famille de marabouts dont l'autorité religieuse s'étendait non-seulement à ces tribus, mais encore embrassait de nombreuses populations sédentaires et nomades dans le Maroc et dans les oasis arabes de la confédération indépendante du Touat. De plus, on a placé sous l'autorité du chef des Ouled-Sidi-Cheikh-Cheraga, savoir : les Chaanba de Methlili, les Chaanba d'El-Goléa, les Chaanba d'Ouargla, le groupe d'oasis d'Ouargla, l'oasis de Ngousa, avec les tribus qui en dépendent, quoique ces dernières contrées appartinssent géographiquement à la province de Constantine.

En son ensemble, le khalifalik constitué au profit d'une famille, dont le dévouement a toujours été douteux, embrassait en Algérie huit degrés géographiques de l'ouest à l'est et quatre degrés du nord au sud, sans compter sa clientèle du Touat et celle nominalement soumise à l'empire du Maroc.

Un gouverneur et un ministre, qui n'eussent pas appartenu à l'armée, auraient signalé immédiatement au général commandant la province d'Oran le danger de réunir en la personne d'un marabout, si puissant par son influence religieuse, une autorité matérielle qui allait le rendre maître absolu de la moitié du Sahara algérien, ce qui, avec son pouvoir en dehors de nos possessions, pouvait en faire un jour un adversaire redoutable ; un gouverneur non militaire aurait prescrit d'entourer le marabout de la plus grande considération, afin de s'en faire un ami, un allié, et de donner le commandement des tribus à d'autres chefs, non marabouts, afin de maintenir l'équilibre entre le pouvoir religieux et le pouvoir politique.

Quatrième faute : l'investiture ayant été donnée, contre toute prudence, au chef des marabouts Ouled-Sidi-Cheikh, on résolut de créer, dans cette partie du Sahara, un poste militaire, chef-lieu d'un cercle, dont la fonction devait être de faire contre-poids à la puissance du grand chef indigène. Géryville, bâti sur les flancs rocheux du Ksel, à 1,300 mètres au-dessus du niveau de la mer, devait jouer ce rôle.

Un gouverneur, non militaire, en étudiant le projet de cette création, — si toutefois il y a eu projet, — aurait d'abord remarqué que l'emplacement de ce poste, loin des oasis dans lesquelles les tribus nomades emmagasinent leurs provisions et leurs richesses, était fort mal choisi pour sa destination politique. Il aurait constaté ensuite qu'un établissement renfermé dans une enceinte de deux cents mètres de longueur, sur cent mètres de largeur, répondait aux besoins d'un corps de garde défensif, et non aux exigences de toute nature d'un chef-lieu de cercle, car, en Algérie, tout centre de commandement et d'administration doit avoir une garnison assez forte pour prendre l'offensive au besoin, si l'on veut que le délégué du pouvoir central soit respecté et jouisse de l'influence qui s'attache à tout chef militaire disposant d'une force mobilisable.

Enfin, un gouverneur non militaire, — l'altitude de Géryville lui étant connue, — aurait deviné instinctivement qu'un poste-magasin, entouré de neiges pendant plusieurs mois de l'année, surtout dans la saison ordinaire des expéditions en cette contrée, était un très-mauvais point de ravitaillement des colonnes, attendu que, pour y arriver et pour en sortir, les hommes et les bêtes de somme étaient exposés à supporter des pertes considérables (1).

(1) Les chemins qui conduisent à Géryville sont aujourd'hui facilement reconnaissables par la grande quantité de débris de squelettes d'animaux qu'on y rencontre.

On cite une tribu du littoral de la subdivision de Tlemcen qui a été

Cinquième faute : étant survenu un désaccord entre le chef de la tribu des Ouled-Sidi-Cheikh et le chef du bureau arabe de Géryville,— désaccord inévitable, car il y a, dans les mœurs des grands seigneurs arabes, de ces choses qu'aucun homme bien élevé ne peut tolérer, dût-il en résulter plus qu'une insurrection,— un conflit, dis-je, s'étant élevé, et Si-Sliman ayant quitté sa maison de commandement de Géryville, en annonçant qu'il ne voulait plus avoir de rapports avec l'autorité locale, on envoya sur les lieux le colonel Beauprêtre, commandant supérieur du cercle de Tiaret, avec une poignée d'hommes, pour essayer de ramener Si-Sliman, amiablement, à une plus juste appréciation de ses devoirs de bach-agha.

Un gouverneur non militaire, sachant combien était précaire notre domination dans ce coin de l'Algérie, aurait fait choix, pour l'envoyer à Géryville, d'un officier dont les mérites eussent été complétement inverses de ceux du lieutenant-colonel Beauprêtre (1), et aurait im-

requise, pendant trois mois de l'hiver dernier, pour ravitailler les colonnes à la poursuite des Ouled-Sidi-Cheikh, et qui, sur 500 bêtes de somme employées à ces corvées, en a perdu la moitié, plus un nombre assez grand de convoyeurs, morts de froid et de faim.

Les pertes en animaux, dans ces réquisitions, ont été assez considérables pour que l'impôt indigène de cette année en subisse une réduction d'un dixième, les terres n'ayant pu être mises en culture en même quantité que les années précédentes.

(1) Le commandant supérieur du cercle de Tiaret, chargé d'aller rétablir le bon ordre autour de Géryville, avait lui-même le plus grand besoin de concours, pour mettre à la raison ses administrés indigènes qui, à ce qu'il paraît, étaient d'accord pour l'assassiner à la première occasion. Cette conspiration n'était un secret pour personne dans la province d'Oran. Le lieutenant-colonel Beauprêtre et son état-major savaient donc qu'en se portant au devant de Si-Sliman, avec la cavalerie des tribus et 44 soldats français seulement, ils marchaient à une mort certaine ; les lettres écrites par les officiers à leurs camarades, avant le départ, sont des testaments qui ne laissent aucun doute à ce sujet.

Tout prouve, en effet, que les goums de Tiaret n'attendaient que la

médiatement mis à sa disposition les forces militaires nécessaires pour étouffer l'insurrection à son début, au cas où Si-Sliman eût refusé d'entendre la raison.

Sixième faute : le massacre de la colonne du lieutenant-colonel Beauprêtre étant à venger, on perdit un temps considérable à réunir des approvisionnements à Géryville, ce qui aurait dû être fait avant l'ouverture des hostilités, prévues et annoncées depuis longtemps, et ce n'est qu'après un délai de deux mois qu'il fut possible d'arriver à Aïn-Sidi-Bou-Beker, pour rendre les devoirs de la sépulture aux malheureux qui avaient péri dans une lutte inégale.

Un gouverneur, qui n'eût pas été en même temps le chef de l'armée, après s'être rendu compte de ce que pouvait devenir un mouvement insurrectionnel débutant dans ces conditions, aurait donné au commandant des forces militaires de la province d'Oran les ordres les plus précis pour réparer, le plus promptement possible, l'échec subi par nos armes, et surtout éviter toute fausse manœuvre pouvant laisser croire aux indigènes que nous avions besoin de secours de France pour les combattre efficacement.

Voilà, selon moi, les vraies causes de l'insurrection des Ouled-Sidi-Cheikh, voilà comment cette insurrection a acquis assez d'importance pour que l'effectif ordinaire de l'armée d'Afrique ait été impuissant à la réprimer.

rencontre de ceux de Si-Sliman pour faire cause commune. Cette rencontre eut lieu à Aïn-Sidi-Bou-Beker, dans un entonnoir de sable entouré de mamelons et choisi, comme à dessein, pour un guet-apens. Les goums, chargés de la garde des débouchés du camp français, furent les premiers et les seuls à fusiller nos soldats pendant les deux dernières heures de la nuit. Les Ouled-Sidi-Cheikh, ignorant la disposition de notre campement, n'intervinrent qu'au point du jour. On sait le reste. Aucun Français n'échappa au massacre.

Il m'en coûte de mettre sous les yeux du public des faits attestant, à ce point, l'imprévoyance d'hommes réputés presque infaillibles, mais l'Algérie est dans une situation critique qui ne permet pas de jeter un voile sur la vérité. Tout homme de bien doit concourir à son salut, et, moins que tout autre, je dois hésiter à remplir ce devoir, car ce ne peut être en vain que j'ai consacré ma vie à l'étude des questions algériennes sous tous leurs aspects.

Maintenant, faut-il démontrer que les opérations militaires eussent été bien mieux conduites, si les généraux et les états-majors n'avaient eu qu'à s'occuper de l'ennemi et non, cumulativement, de gouvernement et d'administration?

Au moment où l'insurrection a éclaté, les troupes se trouvant disséminées un peu partout, on a perdu dans chaque province un temps considérable pour les réunir et former des colonnes mobiles. Si les généraux n'avaient été en même temps gouverneurs des provinces, cette dissémination paralysatrice de leurs forces n'eût jamais été possible.

Dès que les premières colonnes ont été formées, les généraux gouverneurs des provinces se sont portés aux avant-postes et, bientôt isolés du Tell, ils n'ont pu organiser sa défense; aussi a-t-il été envahi sur quatre points, ce qu'on devait chercher à éviter avant tout.

Par suite de la diversion de l'ennemi dans le Tell, on n'a pu atteindre les tentes des Ouled-Sidi-Cheikh qu'après une année de marches et de contre-marches, et, encore, faute de troupes suffisantes, au lieu de compléter la victoire en s'emparant des approvisionnements des insurgés, ou en campant sur le champ de bataille, pour dicter des lois aux vaincus, on a dû battre immédiatement en retraite.

Chose plus pénible à avouer : entre deux postes français, dans un pays qui devait être connu comme les environs de Paris ou d'Alger, une colonne a failli périr de soif, sans savoir où trouver de l'eau.

On a attribué à très-grand mérite, à M. le maréchal de Mac-Mahon, de s'être informé, dès son arrivée à Alger, s'il y avait des troupes à Sidi-Bel-Abbès, et d'avoir donné l'ordre, par le télégraphe, d'envoyer sur ce point, à marches forcées, tout ce qui serait disponible à Oran, — ce qui a évité la ruine des établissements agricoles placés sous la protection de ce chef-lieu de subdivision. — Mais cet acte de prévoyance, qui fait, en effet, le plus grand honneur aux connaissances de l'illustre maréchal, ne témoigne-t-il pas d'un acte de très-grande imprévoyance du général commandant la province d'Oran, et n'enseigne-t-il pas que le gouvernement et l'administration du pays doivent être complétement distincts du commandement spécial des troupes?

Tant que l'Algérie, sous ce rapport, ne sera pas complétement assimilée à la France; tant que la séparation complète des pouvoirs politiques et militaires n'y sera pas la règle, comme dans la métropole, il n'y a pas à se faire d'illusion : l'Algérie sera mal gouvernée, mal administrée, mal occupée, mal dominée.

Le remède à tous ces maux est dans la séparation des pouvoirs. Le chercher dans d'autres combinaisons est une nouvelle erreur.

# QUATRIÈME PARTIE

## CONCLUSIONS GÉNÉRALES

## XXIV

Assimilation de l'Algérie à la France. — Cette conclusion est celle des faits depuis 1830. — *Première période*, de 1830 à 1840. — Causes de la prise d'Alger. — Projets d'abandon et d'occupation restreinte. — Abd-el-Kader nous oblige à la conquête totale. — Affaire de la Macta. — Traité de la Tafna.

Je termine cette longue étude en résumant, en une seule, les conclusions particulières des trois chapitres qui précèdent.

Cette conclusion générale est celle-ci :

ASSIMILATION DE L'ALGÉRIE A LA FRANCE ; *progressive pour les indigènes ; absolue et immédiate pour les colons et pour l'armée.*

Cette conclusion est celle des faits depuis 1830 ; elle

49

est celle de l'opinion publique en France et en Algérie ; elle est celle des gouvernements qui ont précédé l'Empire ; elle est celle du premier programme de Napoléon III :

« En face de Marseille, nous avons un vaste royaume à assimiler à la France. »

Elle est enfin celle d'Abd-el-Kader lui-même, qui, dans sa reconnaissance pour notre généreuse nation, trouve que ce n'est pas l'Algérie seulement, mais l'Afrique et l'Asie entières, que notre gouvernement doit rendre françaises.

Je dis que cette conclusion est celle des faits, depuis 1830, et, par faits, j'entends parler bien plus de la force irrésistible des événements que des actes conçus, préparés, accomplis par une volonté dirigeante.

Singulière histoire que celle de l'Algérie ! Comme bien d'autres, elle se résume dans cette vérité éternelle : *l'homme s'agite et Dieu le mène.*

Napoléon I<sup>er</sup>, dans les dernières heures de recueillement qui précèdent sa mort, en dictant ses instructions à son fils, pour le cas d'un retour de sa dynastie sur le trône de France, lui indique les rives méridionales de la Méditerranée, comme étant un champ bien plus fertile, pour l'expansion française, que toute autre tentative de conquête en Europe.

Napoléon I<sup>er</sup> avait fait étudier, en 1808, par le commandant du génie Boutin, les atterrissages de la place d'Alger, ses fortifications, les hauteurs qui les dominent, et il avait lui-même arrêté le débarquement à Sidi-Feruch, peut-être prévu le combat de Staouëli, et indiqué la prise du fort l'Empereur comme devant amener la capitulation d'Alger ; de même, il avait fait étudier par la commission scientifique d'Egypte le percement de l'isthme de Suez.

La conquête de l'Algérie, la réunion de la Méditerranée à la mer Rouge, étaient deux grandes entreprises que Napoléon I<sup>er</sup> avait pu concevoir, étudier, méditer, mais qu'il ne pouvait réaliser, quoique aucun souverain n'eût jamais disposé d'une aussi grande puissance ni d'aussi vastes ressources.

Œuvres de paix, ces deux grandes conceptions ne pouvaient être réalisées sous un règne inauguré par la guerre et terminé par la guerre.


Le gouvernement de la Restauration, au moment de sa chute, conquiert Alger.

Pourquoi ?

Il y a deux motifs à cette grave résolution : l'un occasionnel, l'autre efficient.

Sous le Consulat et sous l'Empire, deux Israélites algériens avaient fourni à nos armées des céréales pour une somme qui fut fixée, par un règlement ultérieur, à sept millions que la France devait payer en douze annuités. Sur cette somme, une partie seulement avait été envoyée à Alger et le reste avait été déposé à la Caisse des dépôts et consignations, en vertu d'une saisie opérée par des négociants marseillais, créanciers des fournisseurs israélites Busnak et Bakri. Le dey, qui avait un intérêt dans les livraisons faites à la France, protesta contre les revendications de notre commerce et, dans une réception solennelle de tous les consuls européens, le 30 avril 1827, il se laissa aller à un mouvement d'impatience envers notre consul-général, M. Deval. La chute d'un chasse-mouches, qui toucha notre consul au bras, devait entraîner celle de l'Oudjak d'Alger.

Telle est la cause occasionnelle de la conquête de l'Algérie. Bien d'autres avanies, même suivies de mort, avaient été subies, antérieurement, par nos représentants dans la régence d'Alger, et, cependant, Alger était resté debout. Bien plus, toutes les puissances chrétiennes, moins la France, payaient encore annuellement, au dernier pacha, tant en tributs qu'en présents obligatoires, des sommes s'élevant à près d'un million de francs. Il faut donc chercher, dans d'autres motifs, la cause déterminante d'une conquête difficile pour un gouvernement déjà sapé à l'intérieur et qui ne devait pas tarder à disparaître.

Cette cause, la voici :

La vapeur venait d'être appliquée à la navigation maritime ; elle mettait à notre disposition une force qui avait été refusée à Charles-Quint, à lord Exmouth, à Napoléon I<sup>er</sup>, et, en échange de ce don, qui doit amener la régénération du globe, *et renovabis faciem terræ*, la Providence imposait à la France la conquête de l'Algérie : *gesta Dei per Francos*.

La main de cette Providence va se révéler plus nettement dans les actes qui vont suivre.

De 1830 à 1835, Louis-Philippe ne sait que faire de la conquête de la Restauration ; il a, dit-on, obtenu la reconnaissance de son gouvernement par l'Angleterre, à la condition de ne pas conserver Alger. Cette vague rumeur, sans fondement, fait que la France, sans autre motif, ne veut pas l'abandonner. On restera donc à Alger pour être désagréable à la perfide Albion, style du temps.

Cependant des nuages s'amoncelaient autour de nous, dans toute l'Europe, et Alger était un véritable embarras pour un gouvernement qui avait été successivement forcé de prendre Anvers et Ancône, et qui avait contracté l'engagement de ne pas laisser périr la nationalité polonaise.

Deux grandes commissions parlementaires, composées de pairs, de députés, de conseillers d'État, sont envoyées sur les lieux pour décider ce qu'il y a de mieux à faire de la conquête. Elles visitent avec peine la partie la plus rocheuse du massif d'Alger et vont d'Oran à Miserghin, à travers les palmiers nains, sans trouver un champ qui pût être vendu 500 francs. Aucun des commissaires n'ose faire part à ses collègues de ses pénibles impressions.

Enfin, au retour, avant de quitter le lazaret de Toulon, les deux commissions se réunissent pour savoir ce qu'elles vont proposer à la France.

A l'unanimité, chaque membre vote pour l'abandon; à l'unanimité aussi, chaque membre vote pour ne pas assumer la responsabilité d'une proposition si contraire aux vœux de la nation.

On avait déjà essayé, mais inutilement, de céder les provinces de Constantine et d'Oran à des princes tunisiens, parents d'Hosseïn-Bey, qui, pendant toute la durée de l'expédition, avait montré les dispositions les plus favorables à notre égard. Un traité avait été signé à cet effet et avait même reçu un commencement d'exécution, par l'installation de l'agha Kher-Ed-Din, avec quelques troupes tunisiennes, dans le château-neuf d'Oran. Le prince Ahmed devait être notre vassal dans la province d'Oran et le prince Moustafa devait gouverner la province de Constantine au même titre, toutefois après l'expulsion du bey Akmed, dernier représentant du pouvoir des Turcs. Mais les chambres françaises s'étaient refusées à la ratification d'un traité qui ressemblait à un commencement d'abandon.

Ce précédent ne permettait pas aux commissaires du gouvernement de se faire aucune illusion sur l'accueil réservé à des propositions du même ordre; ils décidèrent donc qu'il y avait lieu de conserver les places d'Alger, d'Oran et de Bône, en laissant au temps et aux événements le soin de statuer sur l'avenir de ces possessions.

Le mot vague de *possessions françaises, dans le nord de l'Afrique,* date de cette époque d'irrésolution.

Pendant que les susceptibilités nationales, à l'égard de l'Angleterre, obligeaient le gouvernement à garder au moins un pied à terre sur la côte africaine, surgissait, à une vingtaine de lieues au sud d'Oran, un apprenti marabout qui, en voulant nous expulser du pays, devait nous y maintenir.

Instrument aveugle de la Providence, c'est lui qui va statuer sur tout ce qui se fera ou ne se fera pas, en Algérie, pendant une seconde période de douze ans, de 1835 à 1847.

Sa mission commence par le drame sanglant de la Macta, journée terrible, dans laquelle une faible colonne, commandée par le général Trezel, lutte à la fois contre la réunion de tous les obstacles qu'on peut rencontrer à la guerre : fatigue extrême des troupes, température élevée, route inconnue dans un marais de dix mille hectares dont les plantes ont deux et trois mètres de hauteur, incendie subit de toutes les herbes sur les quatre faces de l'armée. La fumée asphyxie les uns, le feu prend aux cartouchières, aux vêtements, aux sacs des autres ; le convoi de blessés s'embourbe dans la vase et n'en peut sortir. Ceux-ci, pour éviter les flammes, se jettent à l'eau, où ils périssent ; ceux-là, par petits détachements, gagnent les hauteurs ; tout le corps d'armée est bientôt fractionné par groupes isolés les uns des autres ; chaque groupe, rapidement enveloppé par un ennemi nombreux, lutte dans la proportion d'un contre dix, si ce n'est plus ; puis, après six heures, six grandes heures d'une telle guerre, le combat cesse tout à coup faute de combattants.

Abd–el–Kader a perdu, moins quelques hommes, tous ses bataillons réguliers ; il a perdu sa cavalerie régulière, l'élite de son armée ; il a perdu la plupart des aghas et des kaïds des tribus, quelques–uns de ses parents, un frère, ses meilleurs amis, et il lui reste à peine assez de chevaux pour enlever ses morts et ses blessés. Abd–el–Kader se proclame vaincu, battu à plate couture, et rentre à Mascara au milieu d'un deuil général.

Je possède le relevé exact des pertes de chaque tribu, de chaque corps, et l'état nominatif de tous les chefs tués dans cette journée décisive pour l'avenir de l'Algérie, et ce relevé, comparé à celui des autres grandes batailles soutenues par les indigènes contre nous, témoigne qu'en aucune circonstance les défenseurs de la foi musulmane n'ont compté plus de victimes dans leurs rangs.

De son côté, le général Trezel avait dû faire tirer à mitraille sur 24 prolonges chargées de blessés et envahies par des égorgeurs ; il avait perdu son ambulance, personnel et matériel, tout son convoi de bagages, une pièce de canon, 280 hommes tués, 500 blessés, sur un effectif de 2,500 combattants. Ce brave officier général qui, plus d'une fois, s'est jeté dans la mêlée, l'épée à la main, mais que les balles et les yatagans ont respecté, lui aussi, s'avoue vaincu, et dans un rapport, qui restera un monument de l'honorabilité militaire, il se déclare modestement seul responsable d'un soi-disant échec subi par nos armes.

On sait ce qu'il advient en France quand on croit notre honneur militaire en souffrance. Un fils de Louis–Philippe, l'héritier présomptif de la couronne, ira lui–même, sous le commandement du maréchal Clausel, non pas venger une défaite, car Abd–el–Kader est aussi un des vaincus de la Macta, mais affirmer, au nom du gouvernement, que l'Algérie est et restera désormais une terre française.

Cependant la France n'a encore aucune idée de sa mission en Algérie et elle va en donner une preuve solennelle.

Le maréchal Clausel décide qu'Abd-el-Kader est révoqué de ses fonctions d'Emir-el-Moumenin, c'est-à-dire de marabout élu par les siens pour combattre les étrangers infidèles, et nomme à sa place, avec le titre de bey de Mascara, un Bosnien, Ibrahim-Bousnak, auquel toute la province devra obéir.

Ibrahim reçoit l'investiture en grande pompe; on lui donne un parasol pour que ses futurs sujets puissent admirer, dans l'ombre, sa figure vénérable; on lui forme une fanfare indigène, dans l'espoir, sans doute, qu'elle aura la puissance des trompettes de Jéricho; toutefois, on a soin d'ajouter à ces symboles un corps d'irréguliers, recruté à la hâte et qui doit constituer sa garde.

Tout cela fait beaucoup de bruit et de tapage pendant un mois, mais à peine entré à Mascara pour y être installé, le brave Ibrahim déclare qu'il n'y peut rester sans une garnison française, ce qu'on était décidé à l'avance à ne pas lui accorder.

Ibrahim rentre donc à Mostaganem où on lui conserve, jusqu'au traité de la Tafna, le titre de bey de la province d'Oran, avec tous les accessoires de solde et d'honneurs attachés à sa haute dignité.

Celui qui dirige tout, à notre insu, et qui avait fait choix d'Abd-el-Kader, pour être l'exécuteur de ses volontés, a dû sourire, plus d'une fois, en voyant nos efforts pour nous soustraire à ses décrets immuables.

Pendant deux années, Abd-el-Kader nous promènera du Chélif à la Tafna, pour nous apprendre à connaître le pays, mais surtout pour initier notre armée aux mille petits secrets de la guerre africaine. C'est dans cette période que les lois de cette guerre sont posées par le général Bugeaud et qu'à son école se forment ces officiers qu'on a appelés les *généraux numides,* je ne sais trop pourquoi.

Pendant deux autres années, de 1837 à 1839, Abd-el-Kader vivra en paix avec nous, pour deux motifs qui ne sont pas spécifiés dans le traité de la Tafna, mais qui sont écrits en lettres majuscules dans le livre encore inédit des destinées providentielles de l'Algérie, dont la publication sera un jour de quelque utilité.

Voici ces deux motifs, avec les considérants qui les accompagnent :

Attendu, d'une part, que l'Algérie doit être française, et que la France ne prend pas encore au sérieux la mission que je lui donne, je charge Abd-el-Kader, qui connaît le pays et ses habitants : 1° de soumettre les tribus à un commencement de régime gouvernemental nécessaire à leur civilisation ultérieure ; 2° de choisir tous les points futurs de l'occupation française et d'en jeter les fondements, afin qu'ils puissent être utilisés du jour au lendemain ;

Attendu, d'autre part, que les Français doivent, peu à peu, progressivement, apprendre d'Abd-el-Kader tous les secrets relatifs au gouvernement et à l'administration de l'Algérie, je décide que, parmi les agents de la France près de l'émir, deux au moins étudieront, à des points de vue différents, toutes les questions que pose le problème de la domination d'un peuple musulman par un peuple chrétien ;

Attendu que deux années sont nécessaires à la préparation des événements de la période suivante, j'impose deux années de paix aux deux partis en présence ;

Mais, attendu encore que la province de Constantine n'a pas besoin de l'initiation d'Abd-el-Kader, à raison du plus grand développement qu'y a pris la colonisation romaine et des traces qu'elle y a laissées, j'ordonne que la France agira directement et sans intermédiaire sur cette province, afin qu'elle puisse plus tard, par comparaison, se faire une idée plus nette des moyens d'action à employer pour la régénération du sol et pour la civilisation de ses habitants.

Signé : PROVIDENCE.

Donc, la Providence nous oblige, pendant qu'on apprend les choses de la guerre et de la paix dans l'Ouest, à commencer une œuvre mixte dans l'Est.

Dès le début, nous ne savons pas lire dans ce grand livre duquel j'ai extrait l'exposé des motifs précédents, et nous commettons une faute qui nous coûtera encore un revers.

Nous décidons que Constantine sera prise, pour être remise à un bey, qui gouvernera la province en notre nom et, avant d'être en possession de la capitale, nous nommons le bey, nous lui donnons le parasol et un corps de musique, insignes de sa nouvelle dignité, *in partibus infidelium*.

Le choix de celui qui est devenu plus tard le général Yusuf, aujourd'hui commandant la 10. division militaire en France, ne pouvait certainement être meilleur, mais, pour lui comme pour nous, il est préférable qu'il n'ait pu être mis en possession de son beylik de Constantine.

C'était encore de l'occupation restreinte et la Providence n'en voulait pas plus dans l'Est que dans l'Ouest.

Après les premières tentatives d'installation de beys tunisiens à Oran et à Bône, après la récidive de la même erreur à Mascara dans la personne d'Ibrahim-Bousnak et à Constantine dans celle de Yusuf, nous avions besoin d'une correction significative, et nous la reçûmes, d'une façon cruelle, sous les murs de Constantine en 1836.

Après un bombardement inutile et une tentative infructueuse d'escalade de la Porte d'El-Kantara, nous dûmes abandonner nos malades et nos blessés dans les grottes du Mansoura et nous mettre en retraite sur Bône.

Et quelle retraite, par des chemins détrempés, par une pluie battante, sans vivres ou à peu près, et avec des nuées d'ennemis sur les bras !!

Mais nous avions appris à connaître le chemin de l'intérieur, et, l'année suivante, un assaut glorieux nous livrait la capitale d'une belle et riche province que nous devions, cette fois, administrer par nous-mêmes et non plus par l'intermédiaire d'un bey.


La prise de Constantine dans l'Est, et la rupture de la paix de la Tafna dans l'Ouest, inaugurent le commencement d'une nouvelle période providentielle qui nous conduit jusqu'en 1847.

Nous allons voir se dessiner tout ce qu'il y a de fatal dans les événements qui caractérisent cette période intermédiaire.

Mais ici se classe, par ordre chronologique, un petit épisode sur lequel j'appelle l'attention.


Pendant qu'une armée considérable se réunissait à Bône pour aller réparer l'échec subi, l'année précédente, sous les murs de Constantine, le consulat, institué près d'Abd-el-Kader, par le traité de la Tafna, pour la protection des intérêts français dans la partie de l'Algérie abandonnée à l'émir, prenait possession de son siége à Mascara et poursuivait l'exécution de celles des clauses du susdit traité qui restaient en souffrance.

La reddition réciproque des prisonniers de guerre était dans ce cas.

Nous profitâmes, le colonel de Maussion et moi, de la première conférence avec Abd-el-Kader pour réclamer de lui des ordres à ce sujet.

Il croyait nous avoir rendu tous nos prisonniers.

Cependant les nègres, esclaves ou non, appartenant aux tribus des Douaïr et des Zmala, déjà alors nos auxiliaires, n'avaient pas été restitués.

Les nègres ! nous dit Abd-el-Kader, cela fait partie du butin, avec les chevaux, les troupeaux, etc., et le traité ne spécifie pas d'échange à ce sujet.

Notre religion, réplique M. le colonel de Maussion, nous apprend que tous les hommes sont frères, et nous défend d'accepter l'interprétation que tu donnes au traité.

Votre religion ! —ce mot paraît étonner Abd-el-Kader, — mais vous n'en avez pas, nous dit-il ; car, si vous étiez chrétiens, comme vous le prétendez, vous auriez des prê-tres, des églises, et nous serions les meilleurs amis, at-tendu que le Coran, notre livre sacré, nous ordonne de vivre en paix avec les chrétiens et de respecter la religion de Jésus, fils de Marie, qui est une religion révélée, comme celle de l'Islam qui en est la confirmation.

A cette époque, il est vrai, l'Église d'Afrique comptait à peine quelques paroisses dirigées par un archiprêtre, l'abbé Montéra, je crois, lequel résidait à Alger. Le culte était à peine installé à Oran, quoiqu'une chapelle venait d'y être ouverte. D'ailleurs, en 1837, notre occupation, dans toute l'Algérie, était limitée à Alger, à Oran, à Arzeu, à Mostaganem, à Bougie, à Bône et à quelques dépendan-ces de ces points. En de telles conditions, la création d'un évêché eût été prématurée, cependant elle avait déjà été sollicitée, avec les plus vives instances, par la pieuse reine de France, Madame Marie-Amélie.

Nous dûmes faire comprendre à Abd-el-Kader qu'il était dans l'erreur en cherchant la preuve de notre foi religieuse dans les marques extérieures du culte; que si, en effet, ses agents ne lui avaient pas encore parlé de nos prêtres et de nos églises, c'est que l'exercice public de notre religion exigeait des conditions matérielles d'installation dont nous n'avions pas encore eu le temps de nous occuper, absorbés que nous étions par les travaux de la guerre, mais que la paix allait permettre de réaliser.

Après ces explications, Abd-el-Kader voulut bien nous croire chrétiens, et, pour nous donner la preuve de son respect à notre religion, il consentit à faire rendre aux Douaïr et aux Zmala ceux des nègres leur appartenant qui pourraient être retrouvés, malgré l'opposition légitime qu'il devait rencontrer chez les détenteurs de ces nègres, le noir étant considéré par les musulmans comme butin appartenant au capteur.

La communication à la Reine du procès-verbal de cette conférence eut pour résultat la création immédiate de l'évêché d'Alger (1).

Sans doute, la restauration de l'Église d'Afrique ne pouvait être différée plus longtemps, mais, entre tous les faits caractéristiques de l'implantation de notre société en Algérie, la création du diocèse d'Alger, à la suite d'une

_______

(1) La conférence dans laquelle il fut question de notre religion, entre Abd-el-Kader et les agents qui représentaient la France près de lui, eut lieu à Ersebia, dans la plaine d'Eghrôis, à la fin de 1837; la publication de la bulle pontificale qui érige l'évêché d'Alger est du 9 août 1838; l'ordonnance royale qui nomme Mgr Dupuch évêque du nouveau diocèse est du 25 du même mois.

observation d'un prince musulman, plus puissante que les sollicitations d'une reine chrétienne, reste et restera dans l'histoire du pays comme un témoignage d'une direction autre que celle des gouvernements.

# XXV

Suite de la conclusion des faits. — *Deuxième période, de 1840 à 1847.* — Occupation et organisation du pays par Abd-el-Kader. — Comment l'émir nous oblige à la conquête totale. — Nouvelles tentatives d'occupation restreinte, toujours suivies de revers. — Capitulation de Ben-Salem, préparatoire de celle d'Abd-el-Kader. — L'émir dépose les armes.

Pendant l'armistice de deux années qui suit le traité de la Tafna, Abd-el-Kader consacre tout son temps à organiser le pays et surtout à le doter de trois lignes de défense, devenues, depuis, nos trois lignes d'occupation militaire à l'intérieur.

L'organisation était simple, comme tout ce qui doit répondre à des besoins de guerre.

La partie de l'Algérie coalisée contre nous comprenait quatre khalifaliks dont les capitales : Mascara, Tlemcen, Miliana, Médéa, étaient situées sur la ligne centrale du Tell.

Chaque khalifalik comprenait de 6 à 8 aghaliks, lesquels étaient subdivisés en un nombre de kaïdats correspondant à peu près à celui des tribus composant l'aghalik.

Le khalifalik constituait un corps d'armée et un petit État autonome.

Le khalifa, l'agha et le kaïd étaient les gouverneurs et les administrateurs civils et militaires de leurs circonscriptions territoriales. Ils avaient à pourvoir aux dépenses publiques, au moyen de leurs ressources propres.

Dans chaque aghalik, la tribu prépondérante, celle qui fournissait l'agha, était réputée *maghzen* (1), et toutes celles soumises à l'autorité de l'agha et du maghzen étaient généralement considérées comme *rayas* (2). Le maghzen obligeait les rayas à payer les impôts, à fournir les corvées et à marcher à l'ennemi quand il y avait lieu. Les rayas cherchaient le plus possible à échapper à l'avidité des maghzen.

Alors, on ne pouvait voyager en Algérie sans entendre, suivant le rang social de la tribu, l'une des deux plaintes suivantes :

*Nos rayas rechignent ;*

*Le maghzen nous mange.*

Les Turcs, pour ne pas trop peser sur les populations, n'avaient que deux ou trois tribus maghzen par province ; Abd-el-Kader les multiplie, pour mieux tenir sous sa main toutes les ressources vives du pays ; en conservant l'organisation de l'émir, nous en avons encore augmenté le nombre, pour nous faire le plus grand nombre possible d'amis, parmi les tribus aspirant au titre de maghzen. Mais, depuis longtemps déjà, les gouverneurs généraux cherchent,

(1) *Maghzen,* mot à mot *magasin* : par extension ceux qui remplissent les magasins de l'État en vidant ceux des contribuables.

(2) *Raya,* classe inférieure de la société musulmane, affranchie du servage, mais sur laquelle tombent toutes les charges publiques.

avec raison, à supprimer les agha et à faire disparaître la distinction, contraire à nos mœurs et à tous les principes de nos lois, entre des tribus qui oppriment et d'autres qui sont opprimées, et quoique certaines personnes préconisent aujourd'hui les maghzen, il y a lieu d'espérer qu'ils ne tarderont pas à disparaître dans une meilleure réorganisation de l'Algérie.

Mascara, Tlemcen, Miliana, Médéa étaient, je l'ai dit, sur la ligne centrale du Tell, les capitales des quatre provinces soumises au commandeur des croyants. Ces villes étaient en même temps les quatre grandes places de guerre du pays : là étaient les dépôts des réguliers, les magasins généraux d'habillement, du campement, des armes, des munitions, en un mot, tout ce qui était nécessaire à nous combattre.

Ces villes préexistaient et Abd-el-Kader s'est borné à utiliser les ressources qu'elles lui offraient pour la défense de son pays ; mais il ne tarda pas à comprendre qu'elles étaient trop rapprochées de nos établissements de la côte, pour pouvoir nous les disputer. Afin de parer à cet inconvénient, il se proposait de les raser, après les avoir remplacées par une seconde ligne de défense sur la limite frontière du Tell et des steppes, et même, par une troisième, sur la limite des steppes et du Sahara.

C'est dans ce but que sont successivement créés les postes de Takdemt, de Seida, de Zebdou, de Taza, et de Boghar.

C'est dans le même but qu'Abd-el-Kader entreprend l'expédition d'Aïn-Madhi et qu'il érige, plus tard, Laghouàt, Bou-Sada et El-Bordj, dans le Ziban, en chefs-lieux de khalifaliks sahariens.

Ce plan, pour un général de Bédouins, était admirablement conçu, mais Abd-el-Kader n'eut pas le temps de le réaliser, avant la reprise des hostilités en 1839. Ainsi, il ne put faire raser ni Mascara, ni Tlemcen, ni Miliana, ni Médéa. Les villes de Mazouna, de Ténès et de Cherchell furent seules ruinées et leurs habitants transportés dans l'intérieur. Ainsi encore, il ne put s'établir solidement ni à Laghouat, ni à Bou-Sada, ni à El-Bordj. Toutefois, le plan de l'occupation rationnelle du pays était nettement dessiné, sans que nous pussions même soupçonner son importance stratégique, car, il faut le reconnaître, avant la publication très-utile des travaux de la commission scientifique de l'Algérie, les connaissances que Schaw, Peysonnel et Desfontaines nous avaient léguées sur le pays, quoique très-précieuses, ne nous permettaient pas d'avoir une opinion quelconque sur la valeur relative de tel ou tel point à occuper, même sur la possibilité d'y entretenir des troupes nées sous un autre climat. Abd-el-Kader, enfant du pays, le connaissant, par lui ou par les siens, beaucoup mieux que qui que ce soit, doit donc tracer le plan de notre occupation, mais là se borne sa mission. Celui qui dirige les hommes ne veut pas qu'il détruise nos premiers gîtes d'étapes et il ne les détruira pas.

Mais là où se révèle plus particulièrement la mission providentielle d'Abd-el-Kader, c'est dans le soin particulier qu'il prend de conduire notre armée, de l'entraîner malgré elle, là où il faut qu'elle aille.

Nous ignorons la bonne route pour aller d'un point à un autre. Abd-el-Kader va installer son camp sur cette route. Nous savons qu'il est là; nous nous hâtons de nous y rendre, dans l'espoir de l'atteindre et de remporter sur lui une victoire décisive. Illusion ! Abd-el-Kader nous attend à l'étape suivante, et ainsi jusqu'au bout. Mais le but est atteint : la route, relevée par les officiers d'état-major, est désormais connue de nous dans ses plus petits détails.

Abd-el-Kader pousse plus loin la sollicitude : chaque

fois que, chemin faisant, nous traversons le territoire d'une de ses tribus maghzen, il s'arrête et nous donne quelques heures de poudre, un peu plus ou un peu moins, suivant l'importance de la tribu. C'est un avertissement d'avoir toujours les yeux ouverts sur cette tribu, dès qu'elle ne sera plus gouvernée par délégation.

Quand notre éducation est faite sur un point, il nous appelle sur un autre et comme le pays est grand, très-grand, il consacre huit années à nous le faire visiter en son entier, sans oublier ni un col, ni un ravin, ni un plateau, ni une plaine, ni une montagne, nous montrant l'importance relative de chaque point par celle qu'il lui attribue lui-même.

Une carte itinéraire de toutes les allées et venues d'Abd-el-Kader, pendant ces huit années, serait le tableau le plus instructif qu'on pût trouver. Pour mon usage personnel, j'ai dressé sa route dans la grande insurrection de 1845-1846 (aller et retour) et, je dois le déclarer, ce travail m'a révélé bien des secrets sur les rapports existant entre les tribus soumises à notre domination et celles restées fidèles au drapeau de l'émir.

Je ne suivrai pas nos colonnes derrière les pas d'Abd-el-Kader, ce serait imposer trop de fatigue au lecteur. Je me borne à rappeler à la mémoire de ceux qui les ont oubliés trois faits importants qui caractérisent notre prise de possession du pays.

En 1844, Abd-el-Kader cherchait à faire du Ziban le centre d'un nouveau khalifalik du Sahara oriental et à venger sur notre Cheikh-el-Arab, Bou-Aziz-ben-Gana, les échecs successifs que ce dernier avait fait subir à Ben-Azouz, alors notre prisonnier à l'île Sainte-Marguerite. Le duc d'Aumale, qui commandait la province de Constantine, se trouva donc dans la nécessité, pour soutenir efficacement le chef investi par nous, d'aller expulser de Biskra le khalifa de l'émir et d'occuper cette ville. Mais, Biskra est trop éloignée de Constantine pour qu'on prenne la résolution immédiate d'y laisser une garnison française dont le ravitaillement eût été difficile et onéreux. On prend un terme moyen. Pour soutenir un chef indigène, pense-t-on, une garnison indigène, à laquelle le Cheikh-el-Arab procurera les ressources du pays, doit suffire, et en lui donnant pour chefs des officiers français, avec un médecin et des artilleurs également français, on croit pouvoir se retirer sans inquiétude. L'influence considérable du grand chef indigène, que nous opposons au khalifa d'Abd-el-Kader, semble, d'ailleurs, justifier cette témérité. Nous avions déjà oublié qu'Ibrahim-Bousnak et Yusuf n'avaient pu, dans des conditions semblables, être installés, le premier bey de Mascara, le second bey de Constantine. Ainsi, le Cheikh-el-Arab, même avec une garnison mixte, ne pouvait représenter notre autorité à Biskra, quoiqu'il fût dans son pays et au milieu de tribus soumises, depuis des siècles, à sa famille, et depuis quinze ans, à sa personne.

En effet, à peine la colonne expéditionnaire est-elle éloignée de quelques jours de marche, le duc d'Aumale apprend que la garnison a assassiné ses officiers, pendant leur sommeil, et a livré de nouveau le fort de Biskra au lieutenant d'Abd-el-Kader.

Cette fois, il n'y a plus à hésiter : Biskra, repris, est occupé par une garnison complétement française. C'était écrit. La Providence exige qu'une grande nation comme la France n'accomplisse pas ses volontés à moitié.

Voici un second exemple des exigences providentielles.

Au commencement de 1845, Sidi-bel-Abbès n'était encore qu'un petit camp, avec une petite garnison protégée par une simple fortification passagère. Malgré l'importance de ce point, on reculait devant les charges de l'occupation définitive. Mais, par un beau jour, le 30 janvier, les Arabes du voisinage, les Ouled-Sliman, fraction des Beni-Ahmer, entrent par surprise dans l'enceinte du camp pour y assassiner la garnison. Heureusement, nos soldats peuvent sauter rapidement sur leurs armes et se défendre. Les conjurés, au nombre de 58, paient de leur vie la leçon qu'ils veulent nous donner. Le danger couru par nos braves soldats fait comprendre que Sidi-bel-Abbès doit être le chef-lieu d'une subdivision. Aujourd'hui, c'est un des plus beaux établissements militaires de l'Algérie.

Le troisième exemple de la difficulté de faire représenter notre autorité, sur un point quelconque de l'Algérie, sans une force suffisante pour la rendre respectable, est fourni par Laghouat.

Là aussi, nous avons cru pouvoir gouverner par délégation, à l'aide d'un grand chef indigène, appuyé sur un détachement de spahis commandé par un officier français, mais, en octobre 1852, le chérif Mohammed-Ben-Abd-Allah, qui, depuis deux ans, agite le Sahara algérien, parvient à se faire ouvrir une des portes de Laghouat, pendant que nos spahis battent en retraite par une autre porte, et six semaines après, le 4 décembre, nous étions obligés de donner un assaut meurtrier à la ville pour expulser l'ennemi et l'occuper définitivement.

Cette nouvelle leçon sera-t-elle la dernière dont nous aurons besoin pour comprendre ce qu'exige l'accomplissement de notre mission en Algérie?

A Géryville, aussi, nous avons marchandé avec l'occupation, et nous savons aujourd'hui ce que cette faute nous coûte d'hommes et d'argent. Ces sortes d'économies se sont toujours traduites en pertes énormes et surtout en déconsidération de notre prestige militaire.

A Biskra et à Sidi-bel-Abbès, la Providence nous a traités avec les ménagements dus à de premières fautes; à Laghouat et à Géryville nous avons expié plus chèrement la récidive.

Chose très-digne de remarque dans les enseignements de la Providence : si elle nous rend responsables de nos erreurs, elle sait aussi parer aux malheurs qui pourraient être la conséquence d'événements en dehors de notre volonté. Ainsi, un an à l'avance, elle prévoit que la révolution de février peut avoir un contre-coup fatal en Algérie, et voici comment elle s'y prend pour le conjurer.

En février 1847, le khalifa du Sebaou, Ben-Salem, celui des lieutenants de l'émir qui peut nous faire le plus de mal, par l'influence qu'il exerce sur la Kabylie encore insoumise du Djerdjera, offre au maréchal Bugeaud de déposer les armes, à la condition que le gouvernement français mettra à sa disposition un navire pour le transporter, lui, sa famille, son état-major et les principaux d'entre ses serviteurs, sur la côte de Syrie, d'où il gagnera Damas.

Ce faisant, Ben-Salem prépare les voies à la capitulation d'Abd-el-Kader.

Heureusement le maréchal Bugeaud était à Alger, où la marine entretient toujours des bâtiments disponibles, et il put distraire du service un bateau à vapeur pour l'envoyer à Dellys y prendre Ben-Salem et sa suite et le conduire là où il avait demandé.

Aucun incident ne vint compliquer cette première transportation. Abd-el-Kader en fut informé par Ben-Salem lui-même, et, dès ce moment, la pensée d'imiter son khalifa, au cas de nécessité absolue, pénétra peu à peu dans son esprit.

La fin de 1847 approchait et Abd-el-Kader était encore au Maroc, mais il n'avait plus avec lui que 1,200 cavaliers et 1,000 fantassins.

Le 12 décembre, en exécution du traité signé à Tanger en 1844, Abd-el-Kader est attaqué sur la rive gauche de la Mlouïa, par une armée de 30,000 Marocains commandés par deux fils de l'empereur Mouley-Abd-er-Rahman.

Le 21, il est forcé de traverser la Mlouïa sous le feu de l'ennemi. Dans sa retraite, il perd la moitié de ses fantassins et la meilleure partie de ses cavaliers.

Le 22, en entrant sur notre territoire, par le col de Kerbous, il y rencontre nos spahis et se trouve réduit à se soumettre.

Comme Ben-Salem, Abd-el-Kader demande à être transporté à Constantinople, à Saint-Jean-d'Acre ou à Alexandrie, avec sa famille et celles de ses principaux officiers, une centaine de personnes environ.

Le général de Lamoricière accepte, le duc d'Aumale ratifie.

Le 25 décembre 1847, Abd-el-Kader s'embarque sur la frégate l'*Asmodée*, qui le conduit à Toulon.

L'émir eût préféré partir directement pour le Levant, comme son ancien lieutenant; mais, sur la frontière du Maroc, on manquait de moyens de transport, et puis, le gouvernement avait à s'entendre préalablement avec le sultan de Constantinople et le pacha d'Egypte sur les conditions de l'hospitalité à accorder à un prince qui nous avait fait la guerre pendant quinze ans, et auquel on ne pouvait cependant pas permettre de rentrer en Algérie quand il le voudrait.

Il était écrit, sans doute aussi, que le général Trézel, acteur important dans le grand acte d'inauguration de la mission d'Abd-el-Kader, serait ministre de la guerre au moment où, le rôle de l'émir terminé, il y avait à prendre quelques sages précautions.

Mieux que tout autre, le général Trézel est l'homme pour comprendre les devoirs que lui impose la situation. Avant de permettre à Abd-el-Kader de quitter Toulon, il doit demander aux gouvernements musulmans dont l'hospitalité est sollicitée des garanties sérieuses pour la tranquillité de l'Algérie.

Des négociations de cette nature prennent du temps et, pendant ce temps, la révolution du 24 février est un fait accompli.

Pour le bonheur d'Abd-el-Kader et pour le repos de l'Algérie, le gouvernement de la République juge prudent de conserver l'émir et sa famille en France.

L'inconnu de la situation politique de la France ne permettait pas d'accepter l'éventualité possible d'un retour d'Abd-el-Kader en Algérie.

Constatons, en terminant ce paragraphe, tout ce qu'il y a de fatal dans les événements qui terminent cette seconde période.

Désormais, le concours de l'émir ne nous est plus nécessaire pour apprendre à connaître le pays. Son congé lui est signifié par deux fils de l'empereur du Maroc.

Il peut rejoindre à Damas son maréchal-des-logis Ben-Salem, soit par la voie du Sahara en bravant nos colonnes, soit par la voie de mer en imitant la conduite de son lieutenant.

Il s'arrête à ce dernier parti qu'un précédent lui recommande comme étant plus simple.

Peut-être eût-il hésité à déposer les armes entre les mains du maréchal Bugeaud; le duc d'Aumale venait de le remplacer.

Si le jeune prince avait eu à Nemours plusieurs navires à sa disposition, peut-être eût-il expédié l'émir directement sur l'Orient; mais l'*Asmodée* était seule en rade, et son service exigeait qu'elle ne fût pas longtemps absente. Force est donc de prendre la route indirecte de Toulon.

Si le général Trézel n'avait pas été ministre de la guerre, peut-être, à l'arrivée de l'*Asmodée* à Toulon, eût-on transbordé l'émir sur un autre navire, pour le conduire immédiatement en Orient.

A Toulon, on retient Abd-el-Kader le temps strictement nécessaire pour échanger quelques dépêches avec Constantinople et le Caire.

Avançons ou reculons, de deux mois seulement, l'horloge des événements, l'heure du 24 février sonne et Abd-el-Kader reste libre de s'inspirer des circonstances pour reprendre l'offensive en Algérie.

Dieu ne le voulait pas.


Les indigènes ont fait la remarque suivante :

La chute d'Hussein-Dey a été suivie de celle de Charles X ; la capitulation d'Abd-el-Kader a précédé de deux mois l'abdication de Louis-Philippe.

Punition du ciel, disent les musulmans.

Nous aussi, chrétiens, nous devons y voir le doigt de Dieu, mais d'un Dieu qui impose à chacun sa tâche et veut qu'elle soit accomplie.

# XXVI

Suite de la conclusion des faits. — *Troisième période*, de 1848 à 1865.
— Révolution de février : l'Assemblée nationale vote les crédits nécessaires pour l'établissement de 12,000 colons ; le réseau général de
la colonisation est tracé. — Epreuves matérielles et morales auxquelles
les colons sont soumis. But providentiel de ces épreuves. — Nouvelles tentatives d'occupation et de colonisation restreintes. — L'opposition rencontrée oblige l'Empereur à revenir à son premier programme.


J'arrive à la dernière période : celle de 1848 à 1865.

Désormais, le drapeau de la guerre sainte tenu par
Abd-el-Kader a disparu et la conquête par les armes est
réputée terminée. L'épée de l'armée a fini son rôle ; à la
charrue de la colonisation à poursuivre le sien. C'est l'ordre logique de la formule du maréchal Bugeaud : *ense et
aratro.*


On sait comment débute cette dernière période.

L'état des finances de la France ne lui permet guère

de consentir à de nouveaux sacrifices pour le développement de la colonisation algérienne, car, à grand'peine, le gouvernement peut assurer la solde des troupes et des fonctionnaires pendant les premiers mois qui suivent la révolution de février.

Cependant le travail manque à Paris, ainsi que dans toute la France, et le licenciement des ateliers nationaux provoque la terrible collision de juin, qui, loin d'atténuer le mal, l'aggrave en retardant la reprise des affaires. Le gouvernement, néanmoins, est mis en demeure d'aviser.

Le chef du pouvoir exécutif est un général arrivé la veille de l'Algérie et qui vient d'y passer vingt-quatre années. Naturellement, il cherche un remède à la grève de toutes les industries parisiennes en tournant ses regards vers l'Algérie, où le travail a toujours excédé les forces de ses habitants et où l'œuvre de la colonisation demande des masses de bras, et des bras de toutes les aptitudes et de toutes les capacités.

Sur la proposition du général Cavaignac, l'Assemblée nationale vote un crédit de 50 millions, pour être spécialement appliqué à l'établissement de colonies agricoles et aux travaux publics destinés à en assurer la prospérité.

La nécessité à laquelle obéit l'Assemblée nationale devient pour l'Algérie le commencement d'une ère nouvelle : celle de la colonisation, dégagée de toute préoccupation stratégique. Le réseau de l'occupation civile va donc être tracé, comme celui de l'occupation militaire l'a été dans la période précédente.

Supprimons les faits providentiels de la soumission d'Abd-el-Kader, de la révolution de février, de l'avénement, assez peu prévu, du général Cavaignac comme chef de la nation et, certes, l'Algérie n'eût pas reçu, du 8 octobre au 10 décembre 1848, environ douze mille immigrants appartenant à la population ouvrière de Paris.

Quelle est la part de la prévision humaine dans ce progrès capital pour l'Algérie? J'y vois le doigt de Dieu et rien de plus.

Il est regrettable que la situation financière de la France, — autant que d'autres motifs, — n'ait pas permis de poursuivre, jusqu'à épuisement des crédits votés par l'Assemblée nationale, l'œuvre commencée par elle, car le gouvernement actuel eût trouvé la colonisation assise sur des bases inébranlables.

En 1851, une nouvelle crise politique agite la France et la colonie donne l'hospitalité à un grand nombre d'hommes compromis que la métropole repousse.

Tous y arrivent avec le désespoir d'avoir été enlevés à leurs familles et à leurs intérêts, tous aspirent au jour heureux où l'apaisement des passions politiques leur permettra de rentrer dans la mère patrie, toujours si chère aux exilés; cependant beaucoup, séduits par la beauté du climat, par la facilité des relations et des affaires, par une indépendance plus grande de l'individualisme, résultat des mœurs bien plus que des institutions, beaucoup, dis-je, renoncent au retour et décident leurs familles à venir les rejoindre.

Ainsi, la transportation, cette mesure impolitique qui devait arrêter l'émigration spontanée, en classant l'Algérie parmi les séjours destinés aux proscrits, a pour résultat contraire d'attirer dans le pays des habitants de toutes les parties de la France, appartenant à toutes les classes de la société, les uns pour y voir un père, un époux, un ami, les autres pour y régler des affaires brusquement interrompues et, de ces allées et venues, des bons rapports établis entre la colonie et la métropole, il advient qu'un certain nombre de personnes, n'ayant jamais songé à l'Algérie, viennent s'y fixer librement.

La Providence a encore, seule, dirigé ce mouvement, comme elle manifestera son intervention dans les actes qui vont suivre.

On dirait, à dater de 1852, qu'elle tienne plus particulièrement à démontrer son action souveraine sur l'Algérie, en déjouant tous les efforts tendant à substituer une direction humaine à la direction divine.

La France vient de confier ses destinées à un prince dont le règne sera surtout remarquable par sa puissance de création. A l'intérieur, il donne à toutes les affaires une impulsion inconnue jusque-là et, sous sa baguette magique, la métropole subit une sorte de métamorphose. A l'extérieur, la nation reconquiert par les armes son rang de première grande puissance continentale et le prestige de l'Empereur s'étend sur tous les peuples de l'Europe.

Il semble que si un génie aussi puissant tourne ses regards vers l'Algérie, elle doive, comme la France, comme l'Europe, comme le monde entier, ressentir les effets d'une volonté à laquelle rien ne résiste.

C'est le contraire qui aura lieu, cependant. L'Algérie, sa prospérité, sa grandeur, seront une des préoccupations constantes de Napoléon III, et plus il fera d'efforts pour qu'elle ne fasse pas tache dans son règne, plus il constatera lui-même l'impossibilité d'obtenir un résultat satisfaisant.

Le jour où il accepte la couronne et où il définit l'Empire : « L'Empire c'est la paix, » il ajoute de suite : « En face de Marseille, nous avons un vaste royaume à assimiler à la France. »

Cependant, treize années après que ces paroles sont tombées de si haut, M. de Girardin, l'homme du fait, affirmant tout ce qui s'affirme, niant tout ce qui se nie, demande que l'Algérie soit rendue à Abd-el-Kader.

Le lendemain de la création de l'Empire, l'Empereur promet à l'Algérie une constitution.

Après treize années révolues, après que le Sénat, le Conseil d'État, le Conseil privé ont été successivement chargés de la préparer, cette constitution reste encore à l'état de promesse.

Entre temps, l'Empereur s'aperçoit que la tâche est trop lourde, pour un seul homme dont les moments sont d'ailleurs réclamés par d'autres soins, et il appelle à son aide son cousin, le prince Napoléon, pour lequel on crée le ministère de l'Algérie; bientôt prince et ministère disparaissent et aujourd'hui l'Algérie n'est plus représentée à Paris que par un simple bureau de correspondance.

Redevenu seul, en présence du problème à résoudre, l'Empereur prend l'énergique résolution d'aller lui-même, sur les lieux, voir, entendre, interroger. Jamais souverain, ni en France, ni à l'étranger, n'a donné de preuves plus éclatantes de son dé ouement personnel à une colonie.

Eh bien! si je demande aux colons, le seul élément à consulter en ces matières, parce que, seul, il est réellement intéressé dans la question, si je demande aux colons quel est le résultat des deux voyages de l'Empereur, instinctivement tous me répondent : « Nous sommes perdus, si l'Empereur revient nous voir une troisième fois. »

Je ne partage pas cette opinion, quoiqu'elle soit, aujourd'hui, celle de la très-grande majorité des colons, — bien différente, comme on le voit, des espérances d'il y a quatre mois ; — je ne la partage pas, parce que si les résultats du premier voyage sont connus, ceux du second ne le sont pas, officiellement du moins.

L'Empereur a, il est vrai, consigné dans un mémoire confidentiel ses vues sur l'Algérie et proposé une série de mesures à discuter dans les conseils de son gouvernement, mais elles ne sont pas encore adoptées. C'est ce mémoire, incomplétement connu par les indiscrétions de la *Presse* et de quelques journaux étrangers, qui a semé l'inquiétude chez les colons ; toutefois la renonciation à quelques-unes des mesures connues suffira, je l'espère, pour les faire revenir de leur impression première.

L'Empereur a constaté, dans son voyage, combien la vérité sur les affaires de l'Algérie était difficile à connaître ; depuis son retour, il a pu apprécier combien il était plus difficile d'y faire adopter des mesures ne ressortant pas de la nécessité impérieuse des choses, car, même la mise à exécution de celles les plus favorablement accueillies par l'opinion publique y rencontre souvent des difficultés insurmontables. Ainsi, à son premier voyage, l'Empereur a spontanément doté les hôpitaux civils de l'Algérie de concessions territoriales, en vue de leur créer des revenus, Le décret, par lui rendu à ce sujet, est resté lettre morte, malgé l'urgence et la légitimité de pourvoir aux besoins de l'assistance publique (1). A son second voyage, sur la demande de l'autorité locale, l'Empereur a pris

(1) Voici ce que je lis à ce sujet dans le procès-verbal de la séance du conseil général d'Alger (23 septembre 1865), consacrée à l'examen du chapitre relatif à l'assistance publique :

« Un membre rappelle qu'un décret impérial du 18 septembre 1860 avait décrété la constitution, en faveur de chacune des trois provinces, d'une dotation immobilière dont les revenus devaient être exclusivement affectés aux dépenses des hôpitaux civils. Il est regrettable que ce décret n'ait pas reçu d'exécution jusqu'à ce jour.

« M. le préfet répond qu'en France ces dotations ont été faites principalement par des legs particuliers et qu'elles ont été l'œuvre des siècles. Le conseil sait du reste que c'est le manque de terres domaniales, surtout dans la province d'Alger, qui a arrêté jusqu'ici l'accomplissement de la pensée impériale. »

M. le préfet se trompe : Il y a encore 900,000 hectares de terres domaniales appartenant à l'État en Algérie, et la province d'Alger, sans

sur lui de supprimer la douane sur la frontière marocaine. Quoique le représentant de l'empereur du Maroc, sur la frontière, ait donné avis de cette bonne nouvelle aux armateurs de caravanes des oasis voisines, la douane continue à prélever des droits, s'il faut en croire les derniers journaux de la province d'Oran.

Quand des mesures de cet ordre restent inexécutées, comment espérer obtenir l'accomplissement de celles qui rencontrent l'opposition unanime de l'opinion publique?

Pendant cette période, dans laquelle l'impuissance des hommes à diriger les affaires de l'Algérie devient encore plus manifeste que dans les précédentes, la Providence ne perd pas son temps cependant. Elle s'occupe, mais à

être aussi riche que celle de Constantine, possède au-delà du nécessaire pour faire honneur à la signature impériale.

D'ailleurs, le décret du 18 septembre 1860 n'a pas plus été mis à exécution dans les provinces d'Oran et de Constantine, quoique cette dernière soit particulièrement riche en terres domaniales.

M. le préfet servirait bien mieux la cause des malheureux à assister, s'il avait la franchise de dire que les terres pouvant être affectées à l'accomplissement d'une bonne œuvre du souverain sont situées en territoire militaire, et que l'autorité civile n'a aucune action dans ce territoire.

Cela vaudrait mieux que de parler de legs particuliers, quand on réclame l'exécution d'un décret impérial, et de dire que la dotation des hôpitaux de France est l'œuvre des siècles, quand on devait ne pas attendre un mois pour réaliser la volonté de l'Empereur.

Si le décret invoqué par le conseil avait reçu son exécution, on ne serait pas aujourd'hui dans la nécessité de recourir à des expédients impuissants, pour couvrir les frais de l'assistance publique. En mettant une partie des dépenses des hôpitaux à la charge de communes pauvres, c'est forcer les maires de ces communes à refuser l'hospitalisation aux malheureux.

Advienne une épidémie, et l'on verra si le système adopté peut tenir.

Là où il n'y a rien, l'indigent, comme le roi, perd ses droits.

L'Empereur avait trouvé la véritable solution ; mais il y a, en Algérie, des obstacles devant lesquels toute puissance humaine vient échouer. La non-exécution du décret du 18 septembre 1860 en est une nouvelle preuve.

sa manière, du seul élément qui personnifie en lui l'avenir de la colonie. Elle fait des colons, tenant plus à la qualité qu'au nombre, car, pour asseoir les bases d'un édifice solide, de bons matériaux sont nécessaires.

Les armées traînent volontiers à leur suite une classe d'hommes, de femmes, de filles, très-utile sans doute, mais qui n'est pas « la fine fleur des petits pois, » comme le disait, en termes vulgaires, il y a vingt ans, un ministre de la guerre à la tribune de la Chambre des députés. L'Algérie, comme tous les points où l'on rencontre des troupes, a reçu sa part dans ce contingent volontaire que fournissent les villes de garnison de France. Après avoir accepté les services spéciaux de ces auxiliaires, alors qu'ils étaient peut-être nécessaires, la Providence, en bonne mère, ne leur a pas donné un congé jaune, mais les a envoyés faire fortune en Crimée, en Italie, en Chine, en Cochinchine, au Mexique, ne conservant en Algérie que la bonne graine des travailleurs, celle destinée à faire de bons colons.

Toutefois, avant d'admettre ces derniers au rang de ses élus, elle s'était réservé de les soumettre à des épreuves matérielles *et* morales un peu dures, mais qui sont le noviciat obligé de toutes les grandes carrières.

Épreuves matérielles : défrichement des palmiers nains, dessèchement des marais, maladies endémiques, épidémiques et autres; attaques de l'ennemi par le fer, le plomb et le feu.

Épreuves morales : crises économiques et politiques, incertitude du présent et de l'avenir, calomnies sans cesse démenties, sans cesse renaissantes, enfin projets mal définis, mal connus, mal interprétés peut-être, au-dessus desquels plane cette terrible proposition :

« L'Algérie n'est pas une colonie proprement dite, mais un royaume arabe. »

Le résultat de ces épreuves, non encore terminées, est le suivant :

Épuration nouvelle de tout ce qui n'est pas trempé assez fortement, au physique et au moral, pour constituer une population d'élite ;

Affirmation plus grande de la foi et de l'attachement du colon à son œuvre ;

Démonstration plus probante de la force de la colonisation contre les efforts coalisés de ses adversaires ;

Sympathies plus vives de la métropole pour une œuvre d'autant plus glorieuse qu'elle aura été plus difficile ;

Enfin, terme prochain de tant d'épreuves, par le triomphe complet et définitif de la cause de la colonisation.

Avant peu, un esprit éclairé, comme celui de l'Empereur, comprendra « que le même individu, le même corps, les mêmes fonctionnaires, comme le dit très-bien mon ami, M. Jules Duval (1), ne peuvent accomplir, en même temps, avec zèle et capacité, *la fonction destructive de la guerre* et LA FONCTION CRÉATRICE DE LA COLONISATION ;» alors, il se rendra compte pourquoi tous ses efforts ont été stériles depuis 1852 ; pourquoi, en ce moment, ses projets les mieux intentionnés rencontrent la plus vive opposition dans l'opinion publique, au sein de son gouvernement et même PARMI LES CHEFS LES PLUS ÉMINENTS DE L'ARMÉE.

Le doigt directeur de la Providence est encore là.

L'Empereur vient en Algérie pour connaître par lui-même les hommes et les choses. Il voit, il écoute et il reçoit, de toutes mains, les documents qu'on veut bien lui remettre. A son retour en France, dans le calme de la méditation, il formule une série de mesures qu'il croit les

_________

(1) *Économiste français*, septembre 1865.

plus propres à assurer la prospérité du pays. *La plupart des mesures proposées s'appuient sur des documents militaires* et ont pour résultat d'accroître encore les pouvoirs de l'armée, mais en faisant peser sur elle une plus grande responsabilité, en lui imposant un peu plus de travail et d'activité. Le ministre de la guerre et le gouverneur général trouvent, dans les propositions du souverain, plus à combattre qu'à approuver. *N'est-ce pas là l'argument que la Providence devait employer pour démontrer à Napoléon III l'impuissance des procédés militaires,* — abstraction faite de la valeur intrinsèque de ces procédés et des hommes qui les appliquent, — *dans une œuvre éminemment civile, ne pouvant être conduite à bonne fin que par des procédés et par des personnages civils?*

L'Empereur est autorisé, aujourd'hui, par l'opposition qu'il rencontre, à donner à ses projets une direction inverse, c'est-à-dire à asseoir les fondements de notre établissement en Algérie, non plus sur l'armée, mais sur la base, beaucoup plus solide, beaucoup plus durable, de la colonisation. La logique lui en fait presque un devoir. Si l'Empereur en tentait l'épreuve, je n'en doute pas, il rencontrerait l'approbation unanime.

Serait-il téméraire de voir dans les difficultés que rencontre l'Empereur un moyen mis à sa disposition par la Providence pour assimiler l'Algérie à la France, pour la doter d'un gouvernement civil et politique, sans que l'armée puisse le rendre responsable d'un changement aussi radical, puisqu'il serait provoqué par ses propres objections? Quant à moi, habitué à demander aux choses algériennes leur interprétation providentielle, je ne vois pas d'autre solution à la crise actuelle, crise déjà trop longue pour ne pas avoir un terme prochain.

Courage donc, colons! votre entreprise est impérissable et l'ère nouvelle de prospérité, de triomphe et de grandeur que l'Empereur vous a promise en quittant l'Algérie ne peut pas être une vaine espérance.

Dieu le veut.

L'histoire de trente-cinq ans nous apprend que telle est sa volonté immuable.

FIN.

# NOTES ADDITIONNELLES

L'auteur de ce travail n'a pas la prétention d'examiner toutes les questions posées dans la *Lettre de l'Empereur à M. le gouverneur général, duc de Magenta, sur la politique de la France en Algérie*, attendu que la Lettre impériale n'a été publiée qu'après l'impression de cet ouvrage. Il s'est borné à réfuter les erreurs accréditées sur l'Algérie, depuis quelques années, à combattre certaines mesures réactionnaires contre la colonisation et ayant reçu déjà un commencement d'exécution, enfin à signaler les causes générales et particulières du malaise dont souffre l'Algérie.

S'il y a lieu, l'examen des propositions du chef de l'État seront l'objet d'un travail complémentaire, dès que la publicité donnée à ces propositions autorisera leur étude.

---

Dans la deuxième note de la page 134, je termine par les lignes suivantes :

« Inutile de le dire : la tribu des marabouts Ouled-Nessa, d'où le feu est venu, dans les journées du 24 et du 25 août, n'a éprouvé aucune perte. C'est partout comme cela. »

Les pertes des marabouts, comparées à celles des colons, sont relativement nulles ; cependant l'instruction judiciaire a établi que dix gourbis ou chaumières, le catafalque et les ornements du tombeau de l'ancêtre des Ben-Nessa, avaient été dévorés par le feu.

Mohammed-Ben-Arba, l'incendiaire criminel, a été

condamné par la Cour d'assises de Blida, le 19 octobre,
à la peine des travaux forcés à perpétuité.

Le lendemain, 20 octobre, la même Cour a condamné
à la peine de mort un autre incendiaire, Ahmed-Ben-Si-
Dehmou. Parmi les pertes résultant des feux allumés sur
le territoire de Marengo par ce condamné, on cite un
gourbi ou chaumière appartenant à un indigène du nom
d'Ameur-ou-Khouider.

Ces pertes, s'élevant tout au plus à quelques centaines
de francs, ne peuvent entrer en ligne de compte avec l'importance de celles des autres sinistres. Le service forestier
estime à 150,000 fr. les dégâts causés, dans les bois de
l'État seulement, par le feu allumé chez les Ouled-Ben-
Nessa.

-----

Additionnellement à ce que j'ai dit, pages 142 et 143,
sur l'incombustibilité des chênes-liéges, il y a à ajouter le
fait suivant :

En 1843, une colonne, commandée par M. le général
Baraguay-d'Hilliers, eut à aller combattre, dans les cantons forestiers de la province de Constantine, une insurrection fomentée par le marabout Si-Zerdoud, et souvent
elle n'eut, pour faire cuire ses aliments, d'autre bois que
des chênes-liéges. Au lieu de flammes et de feu, ce bois
donnait, avec la plus grande difficulté, une fumée âcre
qui détermina de nombreuses ophthalmies graves dans le
corps expéditionnaire. A la suite de ces ophthalmies, plusieurs soldats restèrent aveugles et durent être admis à la
retraite, entre autres un nommé Mathis.

M. le docteur Vital, membre du conseil général de la
province de Constantine, pourra s'assurer de l'exactitude
de cette nouvelle preuve de l'incombustibilité du chêne-
liége, en consultant les souches des registres de visite et
de contre-visite de l'hôpital militaire de Constantine.

-----

J'ai omis, pages 246, 247 et 248, en parlant du contrôle dans l'armée et du contrôle dans le gouvernement et dans l'administration militaires de l'Algérie, de signaler une exception qui porte avec elle son enseignement.

En France, l'armée, quoique placée sous les ordres des généraux commandant les divisions et les subdivisions territoriales, est inspectée annuellement par d'autres généraux étrangers au commandement.

En Algérie, les généraux commandant les troupes sont, le plus souvent, chargés de l'inspection générale annuelle, de sorte que ces officiers, déjà surchargés du gouvernement et de l'administration de provinces grandes comme le tiers de la France, appelés souvent à supporter les fatigues de la guerre, cumulent encore les attributions de contrôle dévolues à d'autres officiers généraux dans la métropole.

Pourquoi cette exception?

Les règlements la condamnent et la raison indique que les généraux d'Afrique ont assez de besogne pour qu'on ne les charge pas des inspections générales.

---

J'éprouve une vive satisfaction à pouvoir rectifier une erreur que la *similitude de nom* m'avait fait commettre dans la note, page 121.

Ce n'est pas M. Lambert, *inspecteur des forêts*, mais son *homonyme* qui a écrit dans les *Annales forestières* l'article auquel j'ai fait allusion, et avec lequel M. l'inspecteur a décliné toute responsabilité par une lettre insérée dans le numéro du 14 octobre 1865 du journal *la Patrie.*